美国农业保险制度演进研究

张囝囡，郭洪渊◎著

中国社会科学出版社

图书在版编目(CIP)数据

美国农业保险制度演进研究/张团囡，郭洪渊著．－北京：中国社会科学出版社，2013.3

ISBN 978-7-5161-2185-6

Ⅰ.①美… Ⅱ.①张… ②郭… Ⅲ.①农业保险－保险制度－研究－美国 Ⅳ.①F847.126.6

中国版本图书馆CIP数据核字（2013）第044612号

出 版 人	赵剑英
责任编辑	李 是
责任校对	吕 宏
技术编辑	李 建

出版发行	中国社会科学出版社
社 址	北京鼓楼西大街甲158号（邮编 100720）
网 址	http：//www.csspw.cn
	中文域名：中国社科网 010－64070619
发 行 部	010－84083685
门 市 部	010－84029450
经 销	新华书店及其他书店

印 刷	北京市大兴区新魏印刷厂
装 订	廊坊市广阳区广增装订厂
版 次	2013年3月第1版
印 次	2013年3月第1次印刷

开 本	880×1230 1/32
印 张	10.25
插 页	2
字 数	256千字
定 价	32.00元

凡购买中国社会科学出版社图书，如有质量问题请与本社发行部联系调换
电话：010－64009791

前　言

　　农业不仅是人类社会最古老的物质生产部门，也是人类社会赖以生存下去的最为基础的生产部门。然而，在农业生产过程中，受自然条件的影响大，其风险性远远高于其他产业。据统计，每年有许多国家受到不同程度的农业自然灾害的影响。农业自然灾害的存在和某些灾害的难以防范和避免，客观促进了农业保险制度的产生和发展。国内外的大量实践经验证明，农业保险制度不但是构成农作物的收入安全网不可缺少的重要部分，更为重要的是它是使各个国家的农业实现持续发展的必要条件和最为根本的保障。因此，农业保险制度的发展与完善日益受到世界各国政府的重视。目前包括美国在内的一些国家，如加拿大、西班牙、日本等国是农业保险经营较好的国家，所以上述各国农业保险制度的发展日益受到学界的关注。

　　美国是当今世界上农业保险历史较长并实施效果较好的国家之一，其发达的农业保险制度为该国农业经济的发展与农民生活的稳定乃至国家总体经济的发展与繁荣作出了重要的贡献。正因如此，本书把研究的视角放在了美国农业保险制度演进的研究，以期对中国的农业保险制度的构建和发展提供借鉴。

　　本书是以制度变迁理论与庇古的福利经济学理论为基础的，采用按照时间序列并纵向分析的方法，对美国农业保险制度的演进进行了系统地分析与评价，总结并分析了美国农业保险制度演进的基本特征与演进的基本逻辑。主要研究内容包括如下四个方面：

第一，借鉴一些经济理论构建理论分析框架。借鉴新制度经济学的制度变迁理论、庇古的福利经济学理论对美国农业保险制度的演进构建分析框架。同时，在美国农业保险制度的演进研究过程中融入了经济学分析方法，认为农业保险准公共物品属性对政府介入农业保险提出了要求，而农业保险的信息不对称问题不仅对政府的加入而且对私人保险公司的加入提出了要求。

第二，美国农业保险制度演进的分阶段研究。本书对美国农业保险制度演进的三个阶段，即政府单独经营农险阶段、政府与私营保险公司共同经营农险阶段、政府监管下私营保险公司经营农险阶段进行了较为细致、深入的研究。探索了制度变迁的动因、背景，各阶段的立法举措、发展措施，以及制度变迁的绩效评价等。

第三，总结并分析美国农业保险制度演进的基本特征与逻辑。本书在分阶段研究的基础之上，提出美国农业保险制度演进具有如下三个基本特征并进行了详细的分析：第一，美国农业保险制度演进体现的是政府主导下的强制性制度变迁；第二，美国农业保险制度演进体现的是以福利为取向的美国农业保险制度的演进；第三，美国农业保险制度演进具有对制度安排的路径依赖。本书提出并分析了国家效用最大化构成了美国农业保险制度演进的基本逻辑。

第四，研究的结论与启示。基于前面的研究，本书提出了研究的结论，即美国农业保险制度的建立与发展离不开政府的支持，该国目前农业保险的经营管理体制是一个较为合理、有效的选择，从建立到发展再到进一步发展，是多种因素凝聚在一起共同作用的结果。本书就中国的现状提出，应加大政府对于农业保险的财政支持力度、合理设计适合中国农业保险的经营管理体制、制定农业保险迫切需要的专门法律法规、不断完善中国农业保险的机构监管、建立中国的农业巨灾保险管理机制、重视农业保险人才的培养与农业保险的信息服务等，本书正是从这几个方面探讨了美国农业保险制度的发展对中国开展农业保险的启示。

中国是一个农业大国，也是农业灾害频发的国家，但是中国农业保险制度的发展较美国相比存在着很大的差距，而且难以发挥农业保险对农业的保障作用。虽然，近年来农业保险问题得到了中央政府的重视，有些地区的农业保险试点也取得了成绩，但是农险总体发展水平亟待提升。美国早在19世纪末20世纪初就已开展农业保险，而农业保险制度则于1938年正式确立，至今已经历了几十年的发展历程。美国的农业保险制度是当今世界农业保险领域最为成功的典范之一，是逐步发展与完善起来的，并且美国政府为此一直付出了巨大的资金投入与政策的支持。因此本书没有把研究视角单纯地放在美国目前的农业保险制度上，而是立足于其整个农业保险制度的演进历史的研究，希望从其农业保险制度的发展过程中得到更多的启示与借鉴。

研究美国农业保险制度演进是一个比较大的课题，涉及的内容较广，限于作者的水平，书中内容的不够全面以及观点的提出与分析的不到位是在所难免的，恳请有关专家及读者批评指正。

目　录

绪　　论

一　研究问题的提出

农业不仅是人类社会最古老的物资生产部门，也是人类社会赖以生存下去的最为基础的生产部门。农业生产是人类有意识地利用生物的生长机能以获得生活所必需的食物和其他物质资料活动的过程。没有农业就没有人类社会的存在和发展。在人类社会的经济发展过程中，农业的主要贡献在于：提供了人类生存所必需的生活资料，提供了其他部门发展必不可少的劳动力，提供了其他部门发展所需要的原料。① 农业的地位首先在于它直接为其他部门提供食物、原料和市场，向其他部门输送资金和其他生产要素，同时为人类社会提供更适宜的生态和生活环境。其次，农业与其他部门存在各种前向和后向的联系，农业的发展必然引发相关部门一系列的反应，无论是过去、现在还是可以预见的将来，农业都是人类社会的衣食之源与生存之本。卡尔·马克思曾经说过："超越劳动者个人需要的农业劳动生产率，是一切社会的基础。"② 可见，唯有农业发展到一定的程度，才能确保其他经济部门的发展，才能保证人类社会的发展。

---

① 胡跃高：《农业总论》，中国农业大学出版社 2000 年版，第 9 页。
② 同上书，第 8 页。

　　然而，从产业的特性来看，农业产业是把自然的再生产过程与经济的再生产过程交织于一体的产业部门。农业生产既是劳动力、劳动关系以及劳动产品等经济现象的经济再生产过程，也是自然环境与生物有机体进行能量与物质转换的自然现象的自然再生产过程，而农业的自然再生产是农业产业有别于其他产业部门的不同之处。正是这一不同之处，使农业在生产的过程中受自然条件的影响较大，对自然因素，如自然环境、自然过程等具有极高的依赖性与敏感性，而人类本身对于自然条件的掌握能力与控制程度在一定的时间范围以及空间范围之内又是有限度的。农业依赖于大自然，必然受制于大自然，而自然因素的无常变化、难以预测与控制，必定成为影响农业投入获益与否的关键性因素。因此，农业部门面临的风险与其他产业相比，更加复杂、更加频繁、更加凶险。

　　根据统计，每年许多国家都会受不同程度的农业自然灾害的影响。美国是农业自然灾害频繁发生的国家，遭受的主要灾害包括旱灾、洪灾、海啸、风暴潮、地震、膨胀土、滑坡、强风与台风等。根据美国农业部的报道，美国农业自然灾害的原因及构成是，干旱占自然灾害的 57.1%，水灾占 16.7%，霜冻占 9.9%，病虫害占 8.1%，冰雹占 5.1%，风灾占 3.1%。[①] 其中，干旱、洪灾是其最为严重的自然灾害。对于洪灾，7% 的美国国土面积受到洪水的威胁，每年美国总统宣布的灾区当中，洪灾大约达到 2/3，这使美国的农业生产遭受较大的影响。1980 年至 2001 年的 22 年间，在美国仅与气象有关并且经济损失超过 10 亿美元的自然灾害高达 52 次，引发经济损失 2800 多亿美元。1989 年至 1993 年间，包括地震、飓风、洪水、龙卷风、大火与干旱等在

---

　　①　张廷武：《农业经济散论》，远方出版社 1993 年版，第 222 页。

内的自然灾害，使美国经济平均每年损失约在 33 亿美元，其中农业方面的损失占了较高的比例。

　　农业自然灾害的存在和某些灾害的难以防范和避免，客观促进了农业保险制度的产生和发展。而农业保险作为市场经济条件下现代农业发展的四大支柱①之一，其本身具有损失补偿、分散风险等功能，并为农业保驾护航，赔偿农业生产者的灾害损失，使他们能继续生产与经营；为潜在的农业投资者所受风险提供保障，降低其风险预期，增加对农业的投资；确保农村的金融机构当借款人遇灾后仍然可以从保险的赔偿当中收回一定数量的贷款，降低信贷风险，增加支农贷款。② 农业保险制度是市场经济国家的一种特殊的经济补偿制度，是基于分散与减轻农业自然风险的目的而建立的。正是由于农业保险制度的建立，才使得当今世界的不同社会制度下的各种农业经济活动得到正常而持续的运营保证。国内外的大量实践证明，农业保险制度不但是构成农作物的收入"安全网"不可缺少的重要部分，更为重要的是它是使各个国家的农业实现持续发展的必要条件和最为根本的保障。

　　美国农民占全国总人口的 1.8％，但世界各国进口的粮食有一半来自美国，农业是美国对外贸易中顺差最大的部门之一，连续保持近 40 年外贸盈余的记录。③ 美国农业的发达程度是和它的政府在保护与促进其农业的发展所实行的种种措施分不开的，其中开展农业保险业务可以说是最为重要的举措。近些年来，因为美国政府的全力扶持以及私营保险公司的积极加入，美国的农

---

　　① 　农业发展的四大支柱是：农业科技、农村金融、农村供销和农业保险。
　　② 　冯文丽、林宝清：《美日两国农业保险模式的比较及我国的选择》，《中国金融》2002 年第 12 期。
　　③ 　张介岭：《美国对农业保险实施政策上支持市场化运营》，《农村财政与财务》2009 年第 4 期。

业保险制度正在不断得到完善与发展。

美国的农业保险制度经历了几十年的发展历程，主要经历了政府单独经营阶段、政府与私营保险公司共同经营阶段、政府监管下私营保险公司经营农业保险阶段的不断演进。实际上，早在19世纪末20世纪初期，美国的私营保险公司就曾涉足过农险业务，由私营保险公司完全自主经营，政府并未介入，是美国农业保险制度的早期尝试，但各种农业保险经营均以失败而终结。1938年至1980年，"联邦作物保险公司"负责主持农作物保险业务的经营，这一阶段是政府机构单独经营农险的阶段。1981年至1996年为实现农业保险参与率提升以及农业保险监督成本降低的目标，在经营体制上，美国允许私营保险公司介入农险经营，从而进入政府与私营保险公司一起经营农险的发展阶段。1996年之后，政府成立"风险管理局"对农业保险进行监管，美国农业保险制度进入政府监管下私营保险公司经营农险的进一步发展阶段。在这种制度下，联邦政府的职责是负责规则的制定、履行监督与稽核的职能，以及提供再保险等。

美国农业保险作为一项比较成熟的保险制度，有力地推动了美国农业的发展[1]，对该国国民经济的发展也发挥了重要的作用，成为国际上成功的农业保险经营模式之一。[2] 目前，美国农业保险制度模式可以概括为：私营保险公司对农业保险的原保险进行经营，政府对再保险进行提供的政府扶持的制度模式。美国农业保险制度的发展轨迹是：由私人企业的早期自主尝试演变成了政府单独经营、由政府单独经营演变成了政府与私营保险公司

---

[1]　美国是世界上最发达的农业国家之一，虽然其农业总产值占其GDP的比重不足2%，全国农户只有200万人，却是世界农产品第一大出口国。

[2]　吴定富：《中国风险管理报告》，中国财政经济出版社2008年版，第121页。

合营，进而演变成今日的政府立法管理与高度调控兼有财税补贴，而私营保险公司负责农险业务的直接经营。

美国农业保险制度的演进体现的是政府主导下的强制性农业保险制度变迁。联邦政府在美国农业保险制度变迁中发挥着至关重要的作用，联邦政府权力中心通过法律的颁布，设计和操控着美国农业保险制度变迁的步骤与内容。19世纪末20世纪初，私营保险公司经营农业保险失败之后，1938年，美国颁布了《联邦农作物保险法》，并根据该法于同年成立"联邦农作物保险公司"，其代表联邦政府主持全国农作物保险的管理和经营。1980年，在对1938年法案修改的基础上美国颁布了新的《联邦农作物保险法案》，从此全面正式地在美国推行农作物保险计划。美国联邦政府通过补贴、税收优惠、再保险支持、紧急贷款、财政支持等措施鼓励和吸引私营保险公司加入到联邦农作物保险的经营中来。1993年，美国西部发生特大水灾，《联邦农作物保险法案》(1980)很难应对大面积灾害，如此特殊情况要求政府出台新政策加以推动农作物保险。因此，美国国会再次修订并发布施行颁布了《作物保险改革法案》，使得美国的作物保险又发生了变化，是美国作物保险史的又一里程碑。此项法案的主要内容包括：对原有的"巨大灾害救助计划"给予取缔、建立了巨灾风险保障制度、建立多风险的保险保障的制度、提高了对"买高"(buy-up)保险的保费的补贴以及提供了收入保险产品、建立一种新的区域风险保险计划、对于不可以参保的农作物实行非保险农作物的灾害援助计划等。1996年，根据《联邦农业完善与改革法案》，联邦政府创建了"风险管理局"，联邦农作物保险公司逐渐淡出美国农业保险业务的直接经营，美国的农业保险制度又向前迈进了一步。

中国是农业大国，农业人口占70％以上，还是目前世界上遭受自然灾害最为严重的少数国家之一，灾害种类多、分布地域广、发生频率高、经济损失大。据统计，1961 年至 1990 年的 30 年间，中国农作物生产遭受旱、涝、风、雹、冻、病和虫灾害的面积年均 5.5 亿亩（3700 多万公顷），成灾面积 2.95 亿亩（1967 万公顷），分别占年平均农作物播种面积的 29.8％和 15.9％。①中国的农业生产常年遭受着自然灾害的影响与破坏，受灾、成灾面积较大，平均每年遭受自然灾害的耕地面积占总耕地面积的 27％，成灾面积占总耕地面积的 10.7％，成灾率为 40.3 ％。②严重的自然灾害已经造成了巨大的经济损失。进入 20 世纪 90 年代以来，这种经济损失出现了显著攀升的趋势，已经成为影响农业经济发展的重要因素。表 1 是中国农业受灾和成灾面积按年份的统计情况。

然而相当长的时间以来，中国农业保险的发展，总体来说很难发挥出保险对农业生产和农民生活的保驾护航的重要作用。中国近代农业保险最早出现在 1934 年，此阶段的农业保险只是在小范围进行试办。中华人民共和国成立之后，1949 年 10 月 20 日中国人民保险公司成立，并把开展农业保险作为一项重要的职能，曾先后在北京（市）、山东、重庆（市）、苏北（行政区）、陕西、山西、四川、江西、河北、西安（市）、辽宁、吉林、黑龙江等地进行了牲畜、农作物、棉花等农业保险的试点，但是 1958 年 10 月在西安召开的全国财贸会议决定国内停止办理农业保险，从此我国的农业保险业务淡出保险业务长达二十几年，直至 20 世纪 80 年代。进入 20 世纪 80 年代，在中共十一届三中全会的政策引导下，1982 年 2 月，国务院提出了在农村试办财产保险、

---

① 陈锡文：《中国政府支农资金使用与管理体制改革研究》，山西经济出版社 2004 年版，第 320 页。

② 宏涛、张梅：《农业保险经营模式的经济学分析》，《农村经济》2004 年第 10 期。

表1　　　　　　　　中国农业受灾和成灾面积情况　　　　单位：千公顷

年份	受灾面积	成灾面积	成灾面积占受灾面积的比重(%)	水灾		旱灾	
				受灾面积	成灾面积	受灾面积	成灾面积
1978	50807	24457	48.1	3109	2012	32641	16564
1980	50025	29777	59.5	9687	6070	21901	14174
1985	44365	22705	51.2	14197	8949	22989	10063
1990	38474	17819	46.3	11804	5605	18175	7805
1991	55472	27814	50.1	24596	14614	24914	10559
1992	51332	25893	50.4	9422	4463	32981	17047
1993	48827	23134	47.4	16390	8608	21097	8656
1994	55046	31382	57.0	17328	10744	30423	17050
1995	45824	22268	48.6	12734	7604	23455	10402
1996	46991	21234	45.2	18147	10855	20152	6247
1997	53427	30307	56.7	11415	5839	33516	20012
1998	50145	25181	50.2	22292	13785	14236	5060
1999	49980	26734	53.5	9020	5071	30156	16614
2000	54688	34374	62.9	7323	4321	40541	26784
2001	52215	31793	60.9	6042	3614	38472	23698
2002	46946	27160	57.9	12288	7388	22124	13174
2003	54506	32516	59.7	19208	12289	24852	14470
2004	37106	16297	43.9	7314	3747	17253	8482
2005	38818	19966	51.4	10932	6047	16028	8479
2006	41091	24632	59.9	8003	4569	20738	13411
2007	48992	25064	51.2	10463	5105	29386	16170
2008	39990	22283	55.7	6477	3656	12137	6798
2009	47214	21234	45.0	7613	3162	29259	13197

资料来源：2010年《中国统计年鉴》。

牲畜保险等业务，从此中国的农业保险业务逐渐恢复起来，1982年至1986年历经了4年的恢复试办的时期，1987年至1992年，

中国的农业保险业务得到了大幅度的增长。可是在 1993 年至
2003 年间中国又出现了农业保险业务的长期停办萎缩。探究中
国农业保险 10 年萎缩徘徊的原因主要有三点：(1)1992 年后经
济体制改革的市场化趋向加快，致使保险公司经营农业保险的压
力减小。1994 年财政部对中国人民保险公司实行新的财务核算
制度，取消了原按 30％计提费用的规定，保险公司全面向商业
化的转轨，使前一阶段人保公司内部抽肥补瘦，助推农业保险的
机制被停止，人保公司经营农业保险的动力降低。(2)行政干预
过度。中国许多地方开展农业保险，实际上是运用当地中共与政
府的力量，采用行政手段强制农民投保，主要表现为以乡或村为
单位集体投保，将保险费以乡统筹或村提留的形式向农民强行收
取，有加重农民负担之嫌。农民的抵触情绪很大。1996 年中央
13 号文件对此保险办法明令禁止后，农险业务全面下滑。(3)这
一时期为减轻农民负担而清理创优达标评比，因而停止了"保险
先进县"活动，更有一些部门和地区在纠正个别县级保险公司办
理农业保险时措施不当，将农业保险作为对农民的乱摊派清理，
结果造成了中国农业保险从业务到队伍的全面滑坡。[①] 据统计，
1993 年中国农业保险保费收入为 8.29 亿元，占当年财产险保费
收入的 3.58％，1997 年农业保险保费收入为 15.4 亿元，占财产
险保费的 1.41％，比 1993 年下降 2.17 个百分点，2003 年中国
农业保险保费收入为 4.6 亿元，仅占全国财产险保费收入的
0.5％，农业保险的险种也由最初的 60 多个下降到不足 30 个。[②]
2003 年以后，中国的农业保险进入了新的探索与发展的时期。

---

　　① 　孙善功、李嘉晓、陈盛伟：《农业保险：发展历程、启示与思考》，《哈
尔滨工业大学学报》2009 年第 11 期。

　　② 　李志学、程猛：《美国和日本的农业保险模式及其对我们的启示》，《西
安石油大学学报》2007 年第 17 期。

2004 年至 2008 年，中央连续 5 年发布中央一号文件对开展农业保险提出了明确的要求，2004 年中央鼓励开展农险，并在 9 个省市开始农业保险试点。2007 年，中央财政首次针对 6 个省区的 5 种作物开展保费补贴试点工作，2008 年扩大到 16 个省区和新疆生产兵团（政治、经济、军事一体化的组织），目前中国的农业保险发展初见起色，并取得了一定的效果。2005 年，中国农业保险保费收入达 7.5 亿元，同比增长 89%。其中，种植业保险保费收入 6.7 亿元，同比增长 92%；养殖业保险保费收入 0.8 亿元，同比增长 80.2%。农业保险覆盖了超过 4000 万亩粮食作物，超过 1.1 亿头家禽和牲畜。2006 年全国农业保险保费收入达 8.5 亿元，为三农提供的风险保障达 733 亿元。[①] 2007 年，农业保费收入增加到 53 亿元[②]，2009 年中国农业保险的保费收入已经超过 133 亿元。[③]

虽然，近几年来，从中央政府到地方政府，对于开展农业保险的试点工作以及开展政策性的农业保险较以往相比热情较高，但从目前中国农业保险的发展来看，农业保险在中国仍然处在探索的阶段。中国农业保险的发展存在的问题主要体现在：农业保险的发展没有专门的法律法规做保证、政府对于农业保险的保费补贴需要进一步的改革、农业保险的组织架构与供给主体的管理急需规范、农业保险的监管需要改革与加强、农业保险人才的缺乏、农业保险经营缺乏总体规划、农业保险制度模式定位不清、农业保险供给短缺、农业保险需求不足、政府资金不足难以支

① 　孙善功、李嘉晓、陈盛伟：《农业保险：发展历程、启示与思考》，《哈尔滨工业大学学报》2009 年第 11 期。

② 　周才云：《我国农业保险：难题及其破解》，《理论探索》2009 年第 4 期。

③ 　庹国柱：《当前农业保险发展急需解决的几个问题》，《经济与管理研究》2010 年第 6 期。

持、保险公司经营亏损而放弃农险、农民因保险费率过高而不愿投保等。

目前，美国及加拿大、西班牙、法国、英国、日本等国是农业保险经营较好的国家，所以其农业保险制度的发展日益受到学界的关注。中国与美国同为农业大国，所以把研究的视角放在了美国。通过研究美国农业保险制度的演进，可以清晰地看到美国农业保险制度在不同阶段的发展背景、发展动因、立法举措、发展措施、改革变动、发展成效与发展局限，可以看到美国是如何建立完备的法律体系来确保其农业保险制度的运营、美国是采取了如何的补贴机制与优惠措施来促进农业保险制度的发展、美国农业保险的机构监管是如何架构的、美国农业保险制度模式经历了怎样的演变等问题，具有很高的研究价值和借鉴价值。因此，本书并没有局限于目前的美国农业保险制度的研究，而是立足于美国农业保险制度的发展历程的研究，希望从美国农业保险制度的演进过程中得到更多的启示与借鉴。因此，正有必要研究美国农业保险制度的演进，并结合我们自己的具体情况，尽快构建符合中国国情的农业保险制度，最大程度地发挥农业保险制度对中国农业生产的保障作用，促进整个国民经济的发展。

二　国内外相关研究综述

(一)国外相关研究综述

(1)有关美国农业保险的早期研究

美国关于作物保险的研究已经长达 80 多年，现对其早期(20世纪 80 年代初期以前)的研究成果进行综述。美国农业保险的早期的经济研究可以归纳为四类：1938 年以前的几项研究主要探索了政府负责的农作物保险计划采取的可能的形式；分析了FCIC 计划的较低的参与率与不良的财务状况，研究者提出了可以替代的精算方法；几项研究主要关注计划参与人和未参与人的特点的差异，研究的目的之一是说明影响农作物保险需求的因素；研究的最后一类检查了农作物保险对农场经营与发展水平的影响，此项研究主要采用了模拟分析。

美国农作物保险的早期研究可以从 Valgren(1922)的新闻简报中查到。通过对私营保险公司经验的评价，Valgren 验证了发展成功的农作物保险计划的基本原则，这些原则是对农作物保险基本要求的详细阐述，而且早在 30 年前德国的经济学家 Paul Mayet 就曾向日本政府提出过。在 Mayet 的基础上，Valgren 增加了要求，即保费，或者保险的费用必须对其购买的保护值承担起合理的关系。为了完成该要求，Valgren 建议利用农户组织以便使管理费用尽可能地保持较低消耗。

"美国农业部"关于农业保险的研究于 1936 年恢复。"美国家业调整局"在其运作计划中收集了大量的关于单个农户的小麦和棉花产量的数据，小麦数据的初步分析结果表明，它可以提供作物保险精算的基础(Agricultural Finance Review，1935；Green，1938)。

1942 年在美国国会暂停了 FCIC 之后，人们的研究开始转向其他的保险精算方法，即可以尽量地降低逆向选择。Sanderson(1943)提出了一个建立在天气与产量关系的计划。他利用回归方程预测天气因素对于产量的影响。根据这个计划，每个州都有可使用的估计方程。预计产量的增加将决定各州农户支付的每单位面积(如英亩)的保费。这个计划的另外一种情况，也是利用回归方程，得出固定的保险费和最低的产量保护。Sanderson 的计划并未得到广泛的关注，可能是由于在选择适当的解释变量的时候存在潜在的困难。

在分析了美国北部大平原的半干旱地区的极端产量波动之

后，Pengra(1947)建议实施在干旱年不鼓励种植的作物保险计划。他坚持认为，如果在这些预期较低的降水年份一个计划能够限制或者全部剔除小麦的播种面积，保险的费用以及农民承担的损失将被大大减少，尽管存在着保险保护的获益。然而，即使是这样的年份农民经常仍会选择种植，不会理会因此而产生的农作物损失的全部风险。因此出现了这样一种强有力的推测：雨水可能稀少的年份鼓励了人们利用闲置的土地，从社会学的角度来看这将引起资源的配置不当。

Halcrow(1948，1949)提出了区域产量的保险计划。根据该计划，保险费与赔偿将建立在具有正常的相同的农作物条件的区域产量的基础之上。如果平均产量降到低于特定的水平，该地区的所有参保农民都将得到赔偿。执行该项计划的明显困难是，它不能为该地区境较为恶劣的农户提供适当的保险。因此这项建议没有被采用。

Lee(1953)提出了柑橘温度保险作为美国西部南加利福尼亚柑橘霜冻保险的替代。由于温度数据存在着可利用性，种植者将因为温度低于附近气象站的特定的水平得到赔偿。此项建议也因为执行起来可操作性差而没有得到采用。

美国的农作物保险允许对那些随着时间的推移而没有受损失的农民减少缴纳保险费。Myrick(1970)对此以及计划的其他特点进行了检查，因为基础费率存在着贷项但没有借项，因此基础费率必须被加权以平衡信贷。Myrick认为这没能鼓励参保率，因为对于新的参保人来说保险费要高于平均值。他介绍了一个新的既包括贷项又包括借项的费率计划，这将降低新的参保人员的保险费率。他也制定了一项减少新参保人员费率的规定，如果新参加保险者的个人的产量记录表明其具有较少的损失费用的历史。

关于保险计划参与人和非参与人的特点的最初研究的一个例子来自 1942 年"斯坦福食物研究机构"发表的一项研究。以对美国几个州的个体农场的调查为基础，Clendenin（1942）得出小的农场比大的农场更倾向于购买保险的结论。在把被调查者的财务实力分为好、中、弱之后，他发现，财务实力弱的一组某种程度上来说更喜欢购买保险，但对于高风险地区来说却并非如此，因为那里的费率对于参保来说是一个障碍。调查也表明承租人略比业权人和非农业的地主更可能参加保险。令人惊诧的是，高度依赖小麦收入的农场与多样化的农场相比，前者不大可能参加保险。通过对县的费率与参保水平的数据的检查，Clendenin 观察到在两者之间存在反向的关系，在保费低的县种种农户参保率大，因此他得出保险的需求对于价格是敏感的结论。

农作物保险参与人和非参与人的特点的几项调查纳入了"大平原地区项目 GP-8"项目。该项目总结了 6 个州和 500 多个被调查人的调查结果，Loftsgard（1967）注意到："通过这些特点的比较，把参与保险和没有参与保险的人对比并没有特别之处，对于所有被研究的州，所观察到的唯一的一致性是参保人比未参保人的年龄略微大些，并且更多地依赖出售谷物后现金的收入。"参保的大多数农民反映，之所以这样做主要是为了保护生产支出的投资，而对于未参保人来说，之所以参保的主要原因是保护水平太低。当农民被问到他们个人对于保险计划的看法时，许多人表达了对于损失核查与赔偿支付之间时间过长的不满。大多数的参保人和非参保人赞成改变计划以便能够承包单独的土地或大片的土地。农民倾向于反对签订多种作物合同，因为这会减少他们获得赔偿的机会。

Shipley（1967）调查了得克萨斯州的 FCIC 参与率、土壤形式、地下水的利用之间的关系，认为那些水供应和土壤条件差的农民的参保率明显要高。在检查了参保人、优先参保人与非参保人的人口特点和其他的特点后，他发现，在年龄、教育、受抚养家属的数量、经验或者产量没有明显的差异。大约一半的被调查的农民认为农作物保险可以作为多样化的风险管理工具的替代。

Bray 和 Starr(1963)调查了内布拉斯加州的 FCIC 的参与人。Bray 发现大多数的被访人员非常赞成较高水平的承保，并说他们愿意为增加的保护支付较高的保险费。农作物保险表明，在获得信贷方面对农民有帮助。Starr 调查的农户认为，不断增加的产量是承保水平不充足的原因。

在北达科他州，Delvo 和 Loftsgard(1967)调查了拥有 FCIC 保险的农民和在 1960 年至 1962 年期间取消了 FCIC 保险的农民。在低中风险的农作物种植地区，参保人经营大型的农场，而在高风险的作物种植地区，未参保人经营大的农场。平均作物产量与生产费用对两组来说是大体一致的。未参保人认为获得赔偿的可能性太低而不值得参加保险。

Jones 与 Larson(1965)以弗吉尼亚州与蒙大拿州的调查数据为基础的研究发现，参保的农民比未参保的农民在某种程度上面临更加危险的形势，他们的种植品种较少，不太多样化，也不太可能进行灌溉，因此收入更少、储蓄也更少而有较高的债务。参与保险的种植者多有大量的银行借款。

Beeson(1971)在 1969 年对田纳西州的烟草种植者进行了个人采访调查。那些没有购买 FCIC 保险的农民的总农场收入与总资产明显的高。参与保险的农民从烟草的种植中获得了较高比例的收入，没有保险的农民从牲畜中获得了较高比例的收入。与Jones 和 Larson 的弗吉尼亚与蒙大拿调查发现相反，没有保险的农民多有大量的借款。

Barber 与 Thair(1950)使用了模拟研究的方式，通过模拟研究，建议使用两种可能会使农产品收入更加稳定的计划，一种是较高的产量的承保范围，另一种是高于平均产量的年份的保费支付。

Heisig(1946)对蒙大拿州的种植小麦农场作了类似的研究，结论是 1919 年至 1944 年间参加了农作物保险的农场，除了几年有小的赤字之外，大部分的年份能获得足够的收入并能保证现金运转的支付和家庭生活的支付。相反，没有参加保险的农场在 26 年中有 5 年有大的"赤字"。然而，他也指出即使参加了保险，在出现旱灾的年份也会出现收入不足而要用储备金支付债务和更换设备与机器。

Rodewald(1960) 对蒙大拿州的种植小麦农场作的另一项研究是检查作物保险对企业生存的影响。由于家庭生活完全需要靠农场生产，只靠作物保险是不能完全保证生存的。然而，作物保险的采用减少了借钱的需求，与此同时保险增加了获得信贷的可能性。

在另一个模拟研究中，Miller 和 Trock(1979)发现作物保险达到产量保护 50%的水平对于稳定科罗拉多州的旱地冬小麦的收入要比灾害支付计划更为有效。然而这项分析没有考虑两者的相对费用，即对于作物保险保费收入的计算没有进行评定。

Kramer 与 Pope(1982)分析了 1981 年的作物保险计划对于减少弗吉尼亚州的一个谷物农场风险的效果。利用随机占优分析，对购买保险和没有购买保险的农场的谷物净回报概率分布作了比较，结果表明作物保险对于管理风险可以是具有吸引力的选择。King 与 Oamek(1981)作了类似的研究，他们也采用了随机占优分析。调查发现对于科罗拉多州旱地小麦的生产者，作物保险是有吸引力的，尤其是在灾害支付计划减少的时候。

（2）　美国农业保险近 30 年相关研究

1980 年农业保险才开始在美国正式全面推行，关于农业保险的研究，现就以下几个方面加以综述。

第一，对于联邦农业保险立法的评价。

多年来，美国联邦农业保险立法定期地改革农业保险计划，其目的就是鼓励更多的生产者、更多的作物品种以及更多的区域加入保险。对于联邦农业保险立法，学者们评价较好。

U. S. General Accounting Office(1981)研究了《1980 联邦农作物保险法案》对于 1981 年农业保险计划的效果，发现法案实施后承保的农田面积从原先的 2630 万英亩增加到了 4770 万英亩，1981 年 FCIC 增加了 1340 个县保险计划并增加了 252 个县。

Bruce L. Gardner 与 Randall A. Kramer(1982)认为，《1980 联邦农作物保险法案》扩大了联邦作物保险计划，使作物保险成为了美国农业减害保护的主要形式，该法案的一个重要目的就是创建一个联邦补贴的作物保险制度。

Barry K. Goodwin 与 Vincent H. Smith(1995)评价《1994 年作物保险改革法案》的规定，认为该法是采用了更加广泛的巨灾保险范围，意在替代特别灾害救济的议案。他们认为联邦多风险作物保险，区域产量保险以及灾害救济计划是作物保险改革立法计划的结果，并处在变迁的状态。

Keith H. Coble 与 Thomas O. Knight(2002)认为，《1980 联邦农作物保险法案》是美国现代作物保险新纪元的基础，更为重要的是该法推出了保费补贴并允许私营保险公司经办农业保险，该法实施之后联邦作物保险计划开始扩大，承保的作物各类与承保的农田面积都远远高出 1980 年之前。

Ruben Lubowski, Shawn Bucholtz, Roger Claassen, Michael Roberts, Joseph Cooper, Anna Gueorguieva, Robert Johansson(2006)认为《1994年作物保险改革法案》极大地推动了作物保险补贴与农民的参保率。

第二，联邦作物保险的需求。

对于美国联邦作物保险需求的研究总体上经历了从模拟研究到带有总需求数据的经济计量研究，再到利用农场水平数据的经济计量研究。研究结果一致表明，对于保险具有更高回报期望的那些农民更有可能参加联邦作物保险。在大多数的研究中，农场与农场经营者的特点被认为是对农业灾害风险的担心。很明显，从政策角度来看，研究出来的需求弹性或参加保险的弹性是最重要的成果。

尽管被研究的作物与地区存在着很大的差异，但是来自农场的弹性研究（Calvin，1992；Just and Calvin，1990；Coble et al.，1996；Smith and Baquet，1996）的结果均表明，作物保险的需求是缺乏弹性的。有趣的是，事实表明这些弹性估算在联邦作物保险产生重要变动时仍然很稳定。1998年的特别灾害救济议案为1999年作物年提供了原计划额外30％的作物保险补贴。

Knight和Coble(1997)采用实际的参保数据对需求进行了衡量，把参与率的指标分为总体参与率和农户水平上的参与率，得出参与率与农场的规模呈正相关；农业生产的多样化会降低保险的收益，从而降低参保率；产量波动越大或收入风险越大的农户越倾向于投保。

Coble与Barnett(1999)检查了此项变化对保险费用的影响。当把参保率作为被保险的面积衡量的时候，点弹性为0.65，这和先前估算的范围是一致的。

Serra，Goodwin和Featherstone(2003)通过对20世纪90年代美国堪萨斯州(Kansas)农场数据的研究，结果显示：农作物保险需求弹性降低，这是和90年代末政府补贴大幅增加相符合的，同时也反映了新的收入保险产品使生产者对保费改变的敏感度降低。

Sherrick 和 Barry 等（2004）研究了影响农业保险参与率的一些因素，如经济风险水平、风险管理工具、贷款、年龄和教育、土地使用期限、预期产量、家庭规模、畜牧业及非农产业等，结果表明规模、年龄、预期产量风险、风险管理项目的重要性会影响到农业保险的需求。

第三，联邦作物保险的道德风险。

联邦作物保险的多种灾害性农业保险（Multiple Peril Crop Insurance，简称 MPCI①）的道德风险的理论模型研究已经得到了较好的发展，并且它们一致地支持道德风险对于农业投入和产出具有影响的结论，以及预期的赔偿是不定的，除非对于风险偏好以及投入的风险特点做出较强的假定。因此关于这方面的研究开始转入实证的研究。

化学在农业上的投入成为了道德风险的几项实证研究的焦点。Horowitz 和 Lichtenberg（1993）估算了在美国中西部 10 个州的玉米生产者的化学品的投入与保险的选择。结果表明，农户在参加了 MPCI 保险之后增加了氮肥、杀虫剂、除草剂的投入。Smith 和 Goodwin（1996）的研究表明 MPCI 保险的参加对所研究的农场的化学品的投入支出具有重要的负面影响。Babcock 和 Hennessy（1996）利用爱荷华州的玉米实验的样本数据，根据氮肥的使用来估算产量分布的条件，结论是，大部分普遍使用氮肥的地区，氮肥的使用保证了农作物的基本产量并且最佳的氮肥使用量会随着各种不同类型的风险保险额的减少而减少。

Quiggin，Karagiannis 和 Stanton（1993）检查了 MPCI 保险

---

① 善于 MPCI 的详尽讲座见第三章第三节。

的参与率、投入使用以及通过收入和投入份额公式估算的产出之间的关系。尽管他们没有把道德风险与逆向选择的影响区别开来，但是得出的结果表明，MPCI 保险的参与人和未参与人相比大大地降低了产出（收入）并降低了对于不同投入的支出。Vercammen 和 Van Kooten（1994）检查了当承保类别是以历史产量的变化的平均值为基础时年保险合同的动态。他们证明了对于不断出现的道德风险行为的最优战略的可能。Coble 等（1997）强调了道德风险对于产出与 MPCI 保险赔偿的影响。他们关于堪萨斯州小麦数据的道德风险的分析发现，相对于未参保的生产者，道德风险增加了参保的生产者产量降低的机会。

第四，联邦作物保险的逆向选择。

逆向选择也在被广泛地研究，但是对该领域的大部分研究一直是间接的。过去的参保率的研究已经明确地提出了逆向选择的问题，研究认为逆向选择会出现，但是没有阐明原因。许多研究认为逆向选择是影响联邦作物保险计划精算稳定性的最重要的问题（Miranda，1991）。

Skees 和 Reed（1986）检验了能引发逆向选择的 MPCI 保险费率建立的假定，还特别检验了农场产量平均值与标准偏差之间的关系。假定的检验没能否定标准偏差与平均产量的独立性，表明此时在建立费率的实践中存在着缺陷，并明确地假定了在一个县内的农场变化的常系数。Goodwin（1994）继续进行此类的调查以便检验具有相同平均产量的农场的统一保费的有效性。关于平均产量标准偏差的回归分析没有得出一致的结果。Goodwin 的结论是以平均产量与产量变化之间的假定关系为基础的实际历史产量法（APH）①保险的费率建立的方法会产生逆向选择。

Just，Calvin 和 Quiggin（1999）发展了前面提到的多风险作

---

① 参见第三章第三节。

物保险参保激励模型，这里的 MPCI 保险的获益者被分成风险厌恶激励与期望收入激励。研究发现，参保的农民意识到参保后的风险比没有参保的农民减少了 65％还多。总体上，参保的农民意识到参保对预期收入有积极的影响，而对没有参保的农民会产生消极的影响。预期收入影响的效果对参保农民与未参保农民产生了积极的补贴激励。然而，这种预期的逆向选择的激励对参保农民与未参保农民产生了消极的影响。这种结果主要源于联邦作物保险公司的 APH 保险产量预期值没能解释参保农民与未参保农民的预期产量要比联邦作物保险公司所使用的产量是更高的。

Luo，Skees 和 Marchant（1994）检验了参保人在保险合同签订前利用了天气条件的最优预测时作物保险跨期逆向选择的潜在可能，结论是，在美国中西部的谷物保险决策中存在着跨期逆向选择的很大的潜在可能。Ker 和 McGowan（2000）通过检查作物保险公司使用天气信息优化美国政府农业部提供的再保险协议的责任分配的潜在可能性作了同样的评论。

第五，替代性农业保险计划。

区域产量保险一直被宣传可以作为 MPCI 保险的替代，对于区域产量保险计划的支持在 20 世纪 90 年代早期得以强化，这可能是由于 MPCI 保险糟糕的精算表现与较高的政府花费的原因。MPCI 保险与区域产量保险的基本差异是区域产量保险的保险产量与赔偿是以一个地理单元如县的产量为基础的。区域产量保险的优势是由于减少了农场产量与赔偿之间的直接关系，以及减少了验证农场产量与估算损失的管理费用，所以可以减少逆向选择与道德风险的出现。区域产量保险的主要弊端是损失保护是不完善的，这是由于区域产量与农场产量之间的不太完美的相关性。

与区域产量保险相关的文献大多是关于这类保险单的最优设计和保险单的完成（Miranda，1991；Smith，Chouinard 和

Baquet，1994；Carriker et al.，1991；Williams et al.，1993，Mahul，1999）。已经证明有一项有趣的案例研究，在该计划中所提议的许多建议被广泛地试验(Skees，Barnett 和 Black，1997)。

农作物收入保险以所给作物的收入或者在农场种植的所有参保作物的收入为基础提供担保。像产量保险一样，收入保险的承保范围是以农场或者区域的产出为基础的。农作物收入保险较产量保险的优势在于引发损失的不利的结果是以农场经营业绩的最优评估来明确的，因此，赔偿支付应当与需求更好地关联。收入保险的不利在于制定保险费率会增加困难，当两个或更多的随机变量的联合分布必须被评估的时候。

1996 年美国作物保险计划开始首次引入几个收入保险的设计，然而关于这些设计的文献滞后于计划的实施。Hennessy，Babcock 和 Hayes（1997），Gray，Richardson 和 McClaskey (1995)把具有替代性保险的收入保险计划与农场政策方案进行了比较分析。Stokes 提出了对于收入保险保费评定的定价方法。由于收入保险包括了产量与价格两种风险，所以考虑农场的产量与价格相关性的问题已经出现。前面提到的文献以及 Coble，Heifner 和 Zuniga(2000)和 Wang 等(1998)已经调查了这些关系并且发现了在一些作物和地区的农场与国家产量之间存在着足够的关联的事实，因此否定了价格与农场产量的独立性。

(二)国内相关研究综述

由于美国是目前世界上农业保险做得较好的国家之一，所以得到了中国学者的高度重视，并作了较多的研究。这方面的研究成果主要体现在以下几个方面：关于美国农业保险的介绍、美国农业保险与其他国家的比较、美国农业保险的其他研究。

目前在国内关于美国农业保险研究较多的文献就是关于美国农业保险的简介。这类文献概括了美国农业保险的发展简况，介绍了美国农业保险的主要险种、美国农业保险目前采取的主要措施等，多数文献最后提出美国农业保险对于中国的一些启示。目前这类文献的数目已有 20 余篇，但是某些文章存在相似之处，有些文章的内容甚至过于简短。此类研究文献以张路雄等（2002）、李军（2004）、冯文丽（2008）的研究较为深入，他们相对详细地归纳了美国农业保险的发展历程、美国目前农业保险的组织体系、美国目前的农作物保险险种以及当前采取的主要措施等。

学者们也把美国农业保险与其他国家的保险作了比较研究。美国农业保险与日本农业保险的比较研究（冯文丽、林宝清，2002；杨春杰，2006；李志学、程猛，2007；李政、金晓彤，2008）。此类文献主要是分别对目前美国与日本农业保险进行介绍，并提出中国的借鉴意义。其中冯文丽，林宝清（2002）、杨春杰（2006）总结了两国的异同，指出两个国家都非常重视农业保险立法，政府在农业保险上都具有一定程度强制性，都对参保人给予保费的补贴，还都对私营保险公司给予经济支持，都给予农业保险以再保险支持；两个国家的不同之处体现在农业保险的经营体系。

美国农业保险与中国农业保险的比较研究（刘燕，2005；林人慧，2007；潘勇辉、刘飞，2008）。刘燕（2005）从中美农业保险的经营模式、保障程度、法规建设、财政扶持、人员素质与业务水平几个方面进行了比较。林人慧（2007）对中美农业保险的生态环境，诸如历史环境、决策环境、法律环境、政策环境、经济环境、自然环境以及农业保险的主体，诸如保险公司及保险人才、投保农户等进行了比较。潘勇辉、刘飞（2008）从财政支持的角度对中美农业保险进行了比较，包括支持的模式、支持的标准、支持的项目、支持的层次、税收支持以及支持的绩效等方面。他们通过对中美农业保险的比较之后，都对中国今后农业保险的发展提出了建议。

美国农业保险与其他国家农业保险的比较研究（庹国柱，1996；庹国柱、李军，1996；丁少群、庹国柱，1997；庹国柱、李军、王国军，2001；潘勇辉，2008；戴丽丽，2008；汪洋，2008）。庹国柱（1996）、丁少群，庹国柱（1997）、戴丽丽（2008）的文献主要是对包括美国在内的几个实行农业保险的国家进行了简单介绍，如农业保险的模式、背景与政策等。庹国柱、李军（1996）在其著作中收集了关于美国、加拿大、日本、墨西哥、巴拿马、澳大利亚等国的农业保险的理论与政策、经历与经验等方面的文章。庹国柱、李军、王国军（2001）对美国、加拿大、日本的农业保险立法的背景、有关立法内容进行了比较，还对美国、加拿大、日本、菲律宾的农业保险的立法进行了类似的比较。潘勇辉（2008）从财政支持模式、财政支持项目、财政支持标准、税收优惠以及财政支持农业保险的绩效等，对美国、日本、西班牙的农业保险制度进行了比较，从而提出了中国在实行农业保险的选择。汪洋（2008）介绍了美国、日本、菲律宾、法国实行农业保险的有益经验与成功举措，进一步从法学的角度对四国的实践进行了适当的分析，从而提出了开展中国农业保险可吸取的养分。

美国农业保险的其他研究。冯文丽、苏晓鹏（2003）认为农业保险具有供给与购买双重的正外部性（positive externality），农业保险供给者与购买者的成本利益失衡，因而农业保险供求规模缩小，并低于社会最佳规模，最终市场失效，因而，农险经营只依赖私营公司遵守市场机制是行不通的，那么政府对农险的经营需承担责任，所以美国的农业保险制度沿着私营单轨制、国营单轨制的路径变迁；另外，农险信息不对称问题导致政府的直接经营，成本太高。故而1980年后，美国政府开始鼓励私营保险公司和政府机构一起经营农险。1996 年后，政府逐步从农业保险原保险经营中退出，使农业保险制度沿国营单轨制、公私共营双轨制、私营单轨制的路径变迁。[①]

施红(2008)介绍了美国农业保险的财政补贴机制，对于这种补贴机制在美国农业保险发展上的推动进行了肯定，指出了财政补贴的经验与教训：首先政策效果并非尽人意，例如保费精算的公平性持续恶化、农作物保险用于收入"安全网"的效率部分抵消；财政补贴耗散情况出现[②]，如保险公司和农户的道德风险导致作物保险过程出现财政补贴耗散情况、保险公司会为了保持和大农场的业务关系而对于被保农户提供有利的"赔款"；财政压力增大，如保费补贴成本增加、保险公司经营管理费用补贴以及经营净收入持续增加等。[③]

李超民(2009)分析了美国《联邦作物保险法》中体现的美国政府对农业的支持政策，从而指出中国作物保险政策也应体现出政府对农业的支持；提出建立相关作物保险立法制度，遵照法律管理作物保险事宜；建立由政府为主体投资者的政策性作物保险公司，同时接受立法机构监督；作物保险应体现出强制性，并建立强制性的巨灾保险；通过立法等手段，鼓励农户减少投机，诚实经营，提升作物保险制度的可靠性，制止逆向选择与道德风险；作物保险计划应迈向市场化经营。[④]

---

① 冯文丽、苏晓鹏：《美国农业保险制度变迁的经济学分析》，《金融教学与研究》2003 年第 1 期。

② 财政补贴耗散的依据是整个农作物保险的承保与理赔环节是否存在财政补贴漏出的情况。

③ 施红：《美国农业保险财政补贴机制研究回顾》，《保险研究》2008 年第 4 期。

④ 李超民：《美国农作物保险政策与农业支持》，《农业经济问题》2009 年第 5 期。

张玉环(2010)研究了美国农业保险项目与灾害救助项目的关系变化。研究认为：美国政府于 20 世纪 30 年代就已经开始了农业保险项目，70 年代又增加了灾害救助项目，两个项目彼此间具有可替代性，但后者的政府成本和社会成本更高，因此，自从 20 世纪 80 年代，美国政府力图以农险项目来取代灾害救助项目，最终保险项目遍及全国，灾害救助项目成为了它的补充。①

(三)对现有研究的总结与评价

由于美国农业保险制度的重要性，学界对其进行了大量的研究，但从研究内容上看，国内与国外的研究视角存在较大的差异。国外的研究视角由于立足在如何改善与提升其农业保险的水平，所以更加关注微观与中观层面的研究，如美国的早期研究主要是围绕联邦作物保险计划展开的，包括探索政府负责的作物保险计划采取的可能的形式、分析了 FCIC 计划的较低的参与率与不良的财务业绩以及提出可以替代的精算方法、分析计划参与人和未参与人的特点的差异以便探索影响作物保险需求的因素，检查作物保险对农场水平的影响。论文综述的美国近 30 年的研究涉及了联邦作物保险需求的研究、联邦作物保险道德风险与逆向选择的研究、替代性农业保险计划的研究，以及对于联邦农业保险立法的评价等。而目前国内对于美国农业保险制度的研究由于立足点是中国对于美国农业保险制度的借鉴，所以更加关注美国农业保险的介绍、美国农业保险与其他国家的比较，以及其他具有借鉴意义的研究。

既有的相关研究成果为研究美国农业保险制度提供了丰富的资料，成为本研究的重要基础，但是鉴于研究视角、理论发展以

---

① 张玉环：《美国农业保险项目与灾害救助项目关系变化》，《农村经济》2010 年第 3 期。

及所处阶段的限制，既有的研究成果仍然存在不足，因而，对于美国农业保险制度演进研究的内容有待系统、深入和加以提炼，对于美国农业保险制度的形成、演变研究缺乏经济理论的解释。由于现存的研究留有较大的空间，有待人们进一步探索，才促使了本书的写作。

三　研究的方法及创新

（一）研究方法

美国农业保险制度是目前世界上公认的比较规范、完善和有效的制度之一，对世界上的其他国家具有很强的借鉴意义。美国在不同历史时期采取不同的农业保险经营管理体制充分说明，其农业保险制度的历史演进形成于特定的历史背景，所以在研究美国农业保险制度的演进时，本书力求探究发生变迁的历史条件、经济原因以及美国总体经济政策背景。

就研究范式而言，本书关注的是美国农业保险制度演进问题，运用制度变迁理论对此加以分析，是应有之义。同时，农业保险问题的核心是农业经营主体的福利和社会整体福利的平衡和增进。因此，从福利经济学角度观察和分析美国农业保险制度的演进，也是本书的基本方法。

在运用经济学中的制度变迁理论和福利经济学理论范式进行分析和研究的过程中，本书将会综合运用到历史的比较分析和定性定量分析的一些方法。

历史分析是经济学理论研究的重要方法。本书在对美国农业保险制度演进的研究中，拟采用按时间序列进行纵向分析，试图通过从历史的发展轨迹和逻辑归纳角度进行考察。

由于美国农业保险制度的重要性、复杂性以及久远性使得相关文献较多，本书在对众多文献分类整理的基础上，对涉及美国农业保险制度的有关内容进行了比较分析。

在经济研究当中，定性分析和定量分析相结合是经济学分析基本的要求，是经济发展"质"和"量"辩证的关系在方法论中的应用。定性分析主要体现在利用所学知识就积累资料做出梳理、归纳，对复杂的经济运动过程及其关系做出逻辑分析和逻辑阐述，并能揭示一般性的发展规律。而定量分析是在定性分析的基础之上，对许多经济事实、经济现象与统计数据做出量化处理，从而达到对定性分析的深化以及精确化。本书收集了美国农业保险制度演进过程当中的相关数据资料进行定量分析，将定量分析和定性分析结合起来，使论证更加充分，结论更加客观。

(二)研究特色与创新之处

对于美国农业保险制度演进研究的研究特色与创新在于以下几点：

(1)不仅从历史的角度研究了美国农业保险制度的演进，而且在其演进的研究中加入了经济学分析。在美国农业保险制度的建立阶段，即政府单独经营农险阶段，本书分析了农业保险的准公共物品属性，指出农业保险是具有正外部性特征的准公共物品，因此，美国农业保险制度的建立，即美国政府开始介入农业保险是具有充分的经济学基础的，农业保险准公共物品属性对政府提出了要求。在美国政府与私营保险公司共同经营农险阶段，本书分析了农业保险市场的信息不对称，认为政府与私营保险公司共同经营农险会有更加雄厚的财力、人力和技术来应对信息不对称下的道德风险与逆向选择的问题。对美国农业保险制度的演进的研究中加入了经济学的分析，可以使人们进一步思索农业保险经营管理体制的选择，从而给中国农业保险制度的经营管理体制的选择以启示。

在研究美国农业保险制度演进过程中，需要大量的有关农业保险制度演进的数据与资料，本书在资料的选取中，注意了资料的翔实性、新鲜性，注重了资料的准确度与权威性。英文文献主要关注了国外的相关著作、文章，重点参考了美国政府农业部的官方网站。

(2)在分阶段研究基础之上，提出了美国农业保险制度演进的基本特征，并对此进行了分析。研究认为：美国农业保险制度演进体现的是政府主导下的强制性制度变迁、体现的是以福利为取向的演进过程、具有对强制性制度安排的路径依赖的特征。中国学者庹国柱(2002)曾提出：从制度变迁的方式来看，美国农业保险制度变迁是一种强制性制度变迁，但庹氏并未对此进行分析。本书在庹氏的强制性制度变迁观点的基础之上，又提出了美国农业保险制度演进的另外两个特征，并对此三个特征进行了分析，在观点上具有创新。

(3)本书提出了美国农业保险制度的演进逻辑是国家追求其效用最大化，并设定了国家效用函数，对此进行了分析。

四　本书的结构和内容

全书由绪论与六章内容组成。

绪论部分。首先提出了美国农业保险制度演进研究问题，由于美国农业保险制度是当今世界比较成功的范例，对于中国农业保险制度的构建具有重要的意义。接下来对相关研究成果加以综述，指出对于美国农业保险制度演进研究的内容正有待系统、深入和加以提炼，对于美国农业保险制度的形成、演变研究尚缺乏经济理论的解释，现存的研究留有较大的空间有待进一步探索。最后阐明了本书的研究方法和创新之处，以及总体结构与内容。

第一章，农业保险制度演进分析的理论问题。本章包括作为制度安排的农业保险、制度变迁理论与福利经济学理论三个部分。

第二章，美国政府单独经营农险阶段（1938 年至 1980 年）。本章阐述了美国农业保险制度建立的动因；从经济学角度分析了美国农业保险制度的建立；论述了本阶段美国农业保险制度的架构与存在的问题；最后进行了小结。

第三章，美国政府与私营保险公司共同经营农险阶段（1980 年至 1996 年）。本章指出了美国农业保险制度发展的背景；讨论了美国农业保险计划的主要目标；介绍了本阶段美国农业保险制度发展过程中所采取的主要措施；对美国政府和私营保险公司共同经营农险进行了经济学的分析；对本阶段美国农业保险制度变迁的成效进行了评价；最后做出小结。

第四章，政府监管下美国私营保险公司经营为主阶段（1996 年至今）。本章首先论述了该阶段美国农业保险制度演进的制度环境；然后介绍了本阶段农业保险制度发展的主要立法举措以及本阶段农业保险制度发展的主要措施；再对本阶段美国农业保险制度变迁的成效进行评价；最后做出小结。

第五章，美国农业保险制度演进特征与演进逻辑。本章首先归纳了美国农业保险制度演进的三个基本特征并加以分析，即美国农业保险制度演进体现的是政府主导下的强制性制度变迁、体现的是以福利为取向的美国农业保险制度的演进、具有对制度安排的路径依赖。然后提出了国家效用最大化是美国农业保险制度演进的逻辑，并对此进行了分析。最后做出小结。

第六章，首先提出了本书的研究结论，然后介绍了中国农业保险制度的发展简况和存在的问题，最后提出了美国农业保险制度的经验对中国发展农业保险制度的启示。

第一章

农业保险制度演进分析的理论问题

第一节　作为制度安排的农业保险

一　保险、农业保险

（一）关于保险

关于"保险"一词，来源于英文"Insurance"和"Assurance"的翻译，其英文意思是以缴纳一定费用为代价去换取遭受危险损失时的补偿。最初是 14 世纪时意大利的商业用语，后传到英国，并有了很大的发展。不过迄今为止，关于保险尚没有公认的定义。英国《不列颠百科全书》给保险下了这样的定义：保险是处理风险的一种方法。一方面，保险人向被保险人收取费用；另一方面，被保险人在规定期限内出现意外事故而蒙受损失，保险人得按契约给予经济赔偿或提供劳务。① 在中国，根据《中华人民共和国保险法》第二条规定：保险"是指投保人根据合同约定，向保险人支付保险费，保险人对于合同约定的可能发生的事故因其发生造成的财产损失承担赔偿保险金的责任，或者当被保险人死

---

① 转引自梁爽《国际贸易保险》，大连理工大学出版社 2009 年版，第 10 页。

亡、伤残、疾病或者达到合同约定的年龄、期限时承担给付保险
金责任的商业保险行为"。

对于保险可以从不同角度来理解。从经济角度，保险是分摊
意外事故损失并提供经济保障的财务安排；从法律角度，保险是
一种合同的行为；从社会角度，保险是社会经济保障制度的重要
构成部分，是社会生活与生产的"稳定器"；从风险管理角度，保
险起到风险分散、消化损失的作用。[1]　任何存在的事物，都是由
一定的物质内容构成的，并有其自身的特征，保险作为客观存在
的经济行为，也有构成其自身的物质内容与基本特征。第一点，
经济性。保险是一种经济保障活动，体现了一种经济关系，即商
品等价关系。第二点，互助性。保险为了广泛分散风险，需要最
大限度地结合共同风险顾虑的法人或自然人，以集体的力量分摊
损失。在一定条件下，保险分担了个别单位和个人所不能承担的
风险，从而形成了一种经济互助关系。第三点，契约性。保险是
一种法律行为，是根据保险行为当事人约定的条件，以保险合同
的形式成立的。保险的经济保障活动是根据合同来进行的。所
以，从法律的角度来看，保险又是一种合同行为。第四点，科学
性。保险是以数理计算为依据而收取一定数量货币保费的。保险
经营有科学的数理基础，保险经营的科学性是现代保险存在与发
展的基础。

根据保险产生与发展的历史，保险所固有的职能就是分摊损
失与补偿损失，保险的职能包括：第一，建立基金，分摊损失。
实际上，相对于全体被保险人来说，实际遭受灾害损失的个人或
者单位是极少数的。因而，众多的保险人只有交付少量的保险

---

[1]　参见曲孝民、杨俐《保险学概论》，辽宁大学出版社 2008 年版，第 25
页。

费，就可以建立巨大的数额的保险基金。从保险基金的来源、形成的原则与方法表明，保险是将一定时期内可能发生的自然灾害和意外事故所导致的经济损失的总额，在有共同风险的投保人之间平均化了，使少数人的经济损失由所有投保人平均分摊，从而使单个人难以承受的损失变成多数人可以承担的损失，这实际上是把损失均摊给相同风险的投保人。第二，补充损失，保障经济。经济补偿主要体现在以下三个方面：补偿被保险人因灾害事故造成的经济损失；被保险人依法应负担的对第三方的经济赔偿；对被保险人或其指定的受益人支付约定的保险金。经济补偿是保险职能的关键职能，因为只有通过实际的经济补偿，保险职能的作用才能落实与发挥出来。补偿灾害损失，是社会经济发展的客观需要，也是保险产生与发展的根本原因，又是保险活动的最终目的。第三，融资职能。保险的融资职能，就是保险融通资金的职能或保险资金运用的职能。由于保险的补偿与给付的发生具有一定的时差性，这就为保险人进行资金运用提供了可能。同时，保险人为了使保险经营稳定，必须壮大保险基金，从而要求保险人对保险资金进行运用。因此，保险派生了融资的职能。第四，防灾防损职能。减少灾害事故的发生，尽量避免保险财产遭受损失和人员伤亡，这是保险人与被保险人的共同利益所在。作为保险经营者，为了稳定经营，有必要对风险进行分析、预测、评估，哪些风险可作为承保风险，哪些风险可进行时空上的分散，哪些风险不可作为承保风险。而人为的因素与风险转化为现实的损失的发生率具有相关性，通过事前预防，可以减少损失的产生。第五，均衡消费职能。人身保险与财产保险的职能基本上是相同的，但人身保险还具有均衡消费的职能。由人身保险基金的形成可见，它不是对已经存在的社会财富的损失的偿付，而是用节省下来的过去生产的财富用于未来的生活需要。这种用过去的节省来满足未来需要的功能，不应是补偿功能，而是"均衡"功能，即将人们在一定时期内所获得的生活资料在一生中进行均衡。这种均衡消费的职能是人身保险的特殊职能。

（二）关于农业保险

1. 农业风险

农业是一个典型的风险型产业，农业风险大致归为两大类，即自然风险和市场风险。

第一类，自然风险。农业的自然风险是指缘于自然界的某些突发事件或随机事件给经济带来损失的可能性。因为农业生产是劳动力、生产关系、劳动产品等经济现象的再生产的一个过程，同时又是动植物繁衍及其与自然界进行物质和能量相互转换等自然现象的再生产过程。农业的这一特点决定了其受自然条件的影响极大，而自然现象是变化多端的，相应地就存在自然风险，此正为农业产业区别于其他产业的地方。而相对而言，非农业产业的生产过程多数却能够较少受到自然因素的直接作用。

农业自然风险主要有自然灾害、意外事故等。农业自然灾害包括旱灾、风灾、水灾、地裂、雹灾、泥石流、海啸、火灾、虫灾、病灾、冻灾、崩塌、滑坡以及气温异常等，这些自然界突出因素给农业带来的风险就是农业自然风险。就其特点而言，主要表现为下列六项。其一，自然风险的不可预测性。人类对自然灾害的有效控制能力还十分有限，故难做到事先预测。其二，自然风险的破坏性。一场冰雹可能导致农田种植的作物颗粒无收；一场水灾或旱灾可造成大片农田被淹没或禾苗干枯以致大幅度减产。其三，自然风险的地域性。从地理上讲，不同区域面临不同的自然灾害，且概率不同如山区就较易发生山洪暴发之灾，沿海地区可能面临海啸、台风之险。其四，自然风险的季节性。农业生产具有季节性，加上某些自然现象的发生也具有时间差异性，两者共同作用，导致农业自然风险季节性特点。其五，自然风险的多重性。由于某些自然灾害的发生具有并发性，如旱灾与病、虫灾，虫灾与病灾有时会同时发生，还有台风—风暴—洪涝—滑坡形成的灾害链，造成农业风险的多重性。其六，自然风险的内部差异性。农业内部包括农、林、牧、渔。种植业又可分为粮食作物、经济作物、其他作物等。各种农业生产部门的生产特性不同，所面临的自然风险就有差异，农作物易遭水、旱灾之险，畜牧业多遇疾病之险，森林则易遭火灾等。

第二类，市场风险。市场风险是指某个生产经营单位在实际运营的过程中，由于外部社会经济环境变化或偶然性因素出现，使实际收益与预期收益出现相背离的可能性。市场风险是任何部门都面临的一种客观经济现象，然而农业的情形却更具有特殊性。

第一，市场风险受农业生产明显的季节性和阶段性影响。受自然因素的限制，众多农业生产者做出生产决策的时机基本上是相同的，因此各自据以做出决策所依据的价格也是同一时期的，大体相同；另外，农业生产周期也是基本一致的，这样上一时期价格的升降会引起其各个生产者下一期供应量同时同向的变化。因此，农业生产会常常处于一种不均衡状态，遭受剧烈价格波动影响的可能性很大。

第二，市场风险受产品价格和供求关系的影响。市场通过价格与供求关系的相互影响、相互调节来决定整个社会生产的种类、数量与采用的方式。由于农业生产的周期长，生产的决定与产品的销售在时间上被分割，因而农产品供求受价格影响的变化往往需要一个过程，有一定时滞。这种特殊性决定了农业对市场变化的应急能力低下，更易遭受市场风险。

第三，市场风险受经营规模的影响。农业的经营单位一般规模较小，在中国尤为明显，因此在一般农产品市场上很难形成垄断价格，加上农民获得信息的不充分，致使农业的市场风险性大。

第四，市场风险受农业生产显著的地域性影响。生物尤其是植物和鱼类的生长繁殖，对气候条件的反应特别敏感，因而要求也比较严格，这就形成专业化生产的农业区域。这种生产若遇有交通阻隔、流通不畅等就会遭受价格波动的影响而形成市场风险。

除上述自然风险和市场风险外，农业还受意外事故、社会风险、道德风险等的影响。农业受森林火灾，牲畜摔跌、窒息，野兽伤害，触电、山体倒塌，被野兽、牲畜、禽类猎食造成的损失等意外事故影响较大。农业还存在因社会或人为因素而造成农业生产损失的可能性，如为防止传染病蔓延，执行当地政府命令捕杀并掩埋或焚烧；作物偷盗、森林盗伐、哄抢等社会危险。来自农民自身的道德风险亦是不容忽略的，如农民购买保险后，故意不认真耕种或不注意田间管理，以致产量减少而导致保险公司不得不补偿，等等。

2. 农业保险的概念及特征

从一般意义上来讲，农业包括狭义与广义的理解。从狭义的角度，农业单指粮食作物、经济作物、蔬菜以及其他作物的生产及其有限的延伸；从广义的角度，农业也包括农、林、牧、副、渔各业的生产及其有限的延伸。与狭义的农业和广义的农业相对应的是，依据保险的标的以及对象的范围，在理论与实践的过程当中，农业保险也存在着狭义与广义的理解。从狭义的角度，农业保险专指种植业的保险和养殖业的保险，即农业生产者以支付小额保险费用为代价，把在从事种植业和养殖业生产与初加工过程中遭受的自然风险或市场风险所造成的损失转嫁给保险公司的一种制度安排。而从广义的角度，农业保险除了包含种植业保险和养殖业保险以外，也包括农业生产经营者及其家属的人身保险与财产保险。

本书分析与探讨的农业保险仅限于狭义的农业保险的概念，即农业保险是保险人对农业生产者在从事种植业和养殖业生产和加工过程中，因自然灾害或意外事故所造成的经济损失提供经济补偿的一种保险保障制度。此外，在国外，尤其是美国、加拿大、法国等国家的保险业比较发达，因而保险行业对和农业相关的对象均提供保障。但是在谈及农业保险的时候，一般指农作物的保险，而不包括畜禽的保险。比如，美国自 1938 年制定并颁布首部农业保险法律《联邦农作物保险法》以来，经过十多次修订，到 1994 年修订时仍称为《作物保险改革法案》，而在 1996 年修订的《联邦农业完善与改革法案》中才开始涉及牲畜保险，在 2000 年颁布的《农业风险保障法》中首次决定试办牲畜保险。加拿大中央和省级政府所颁布的农业保险法律也称为《联邦农作物保险法》，而法、德等欧洲国家的农业保险业务甚至主要是针对农作物的某些特殊风险给予保险，比如雹灾、火灾等。西方国家将农业保险界定为狭义的农作物保险，其原因主要在于，相对而言，农作物面临着频繁的气象灾害等自然灾害，风险发生频率高而且损失较大，可控性较差，政府需要给予更多的扶持和补贴，而畜禽及渔业养殖受气象等自然灾害影响的风险相对较小，而且普遍是工厂化的规模养殖和生产，专业化的消毒及疾病防控措施较严，疫病等风险可控性也较强，许多情况下可纳入商业保险给予保障。因此，本书研究的美国农业保险所涉及的 2000 年《农业风险保障法》才开始涉及牲畜保险。2000 年之前的美国同类法律针对的都只是作物保险。

农业保险是保险的重要组成部分之一，作为一种农业生产风险转嫁机制，在诸多国家构成政策保险的第一大组成部分。农业保险之所以成为政策性保险，不仅缘于农业生产的国民经济的基础地位，更因为农业生产过程所面临的风险具有特殊性。在目前的保险领域，农业保险一直被视作尖端，也是发展相对缓慢的一种保险，且不易获利，故一般的商业保险公司都不愿意经营。

农业保险作为保险的一种，首先具有一般保险的特征：

第一，农业保险的经济性。保险人（农民）参加保险的目的、对象和方法，都是针对农业生产风险损失的不确定性。灾害发生前，农民缴纳的保费是一定的，但如果灾害发生了，带来的损失则是不确定的。通过参加保险，农民可以将未来可能发生的风险转移，用一定的保费来使未来的收入变得确定，即便发生灾害，将来的收益至少也可以通过保险赔偿达到平均水平。

第二，农业保险的法律性。农业保险是以法律作为保障，以法律为基础的，按照双方所签订合同的规定，投保人向保险人缴纳保费，在合同规定的灾害发生后，保险人按照合同的规定给被保险人提供补偿。

第三，农业保险的互助性。保险人（农民）通过参加保险，使个人风险得以转移、分散。保险人通过组织众多可能遇到相似风险的保险人（农户）参加投保，建立一笔基金，当被保险人（农户）因为合同约定风险的发生而遭受损失时，可以从保险基金中获得补偿。这样一来，一个人的重损失就变成了多个人的轻负担，体现了一种"人人为我，我为人人"的社会互助精神。

第四，农业保险的科学性。农业风险的经营是有一定的科学依据的。一种类型的风险的发生对某个人来说是偶然的，但对众多人来说就有必然性。而且，农业保险的设计者们根据以往的经验并且借助一定的科学理论和分析方法，可以推算出这种风险发生的可能性有多大。保险人（农户）需要缴纳保费的数量以及灾害发生后保险人需要赔偿的额度都经过精心地计算，确定为一个合理的数值，因而农民才愿意参加保险，保险公司也愿意承担这项业务。农业保险操作起来有据可循，并且具有科学性。[①]

农业保险是当今世界保险领域的难点和尖端的课题之一。农业保险之所以难，主要是缘于农业生产经营所面临的诸多的风险特点所决定的。农业是人们利用生物有机体的生长机能把自然界的物质和能量转化为人类最基本的生活资料和原料的社会生产部门，农业的生产过程是一个由多种自然因素、经济因素以及社会因素密切结合、共同作用的较为复杂的系统工程，这就决定了不论农业的生产与经营的水平如何，都会面临着这些因素难以预测的变化导致各种灾害的发生、出现事故的危险并带来损失的可能性。而在农业生产所面临的众多危险之中，自然灾害的危害最大，自然风险的复杂性、多样性、艰巨性以及隐蔽性等特点更是在本质上决定了农业保险不同于其他保险的如下特点。

第一，地域性。各种有生命的动植物生长和发育都要具备各自所适应的自然条件，但是由于各个地区的土壤、气候等自然条件和经济条件以及社会生产技术的不同，因而农业生产具有明显的地域性差别，这就决定了农业保险应当依据各地的不同的实际情况确定具体的保险运作模式。

第二，风险性。农业保险标的物不是固定的、静止的某种财产或物体，而是一个具有生命的动物和植物，而动植物的生长、发育、繁殖都离不开一定的外界的客观条件，并且受其深刻影响以及制约。因此，农业的风险远远高于其他产业，其赔付率也较高，导致农业保险的经营风险也就非常大。商业性保险公司也多不愿意经营农业保险业务，也是各国政府对于农业保险业务给予

---

① 参见宋英杰《中国农业保险概述》，中国社会出版社 2006 年版，第 32—40 页。

必要政策扶持与补贴的主要依据。

第三，季节性。农业生产，特别是种植业生产，很大程度上受温度、气候等因素的影响，表现出极为明显的季节性特点。这就要求农业保险拥有更为专业的技术人才来详细地了解、掌握各个保险标的物的状况，考虑生产的时效性与季节性，以便在展业、防灾、承保以及理赔的过程中，能够准确、及时地对有关问题进行处理。

第四，保险金额不易确定。保险金额的确定是根据保险标的物的实际价值来确定的。但是由于农业保险的保险标的物是具有生命活力的动植物，动植物的形态又无时无刻不在变化，而成果却是在最终产品中才体现出来。所以，如果从价值的角度来考察农作物的生长过程，只能说它是处在价值的孕育阶段，而不能在每一生长阶段都以独立的价值形态出现，这就给保险金额的合理确定带来极大的难度。此外，农业保险的标的物是具有商品性的，其价格必然受到市场供求关系的影响，保险金额的确定也会受到相应的影响。

第五，保险费率的厘定难。保险费率由纯费率和附加费率两个部分构成。纯费率是保险费率的主要组成部分，是依据保险金额损失率确定的。由于农业生产的危险主要缘于自然灾害，而自然灾害的发生又极不规则，往往具有伴发性的特点，所以一种风险事故的发生会引起另一种或多种风险事故的发生，而造成的农业风险损失往往是多种风险事故的综合结果，事后很难把各种风险事故各自的损失后果区分开来。加之农业种植地域辽阔，各地区之间的灾害程度差异较大，以往积累的有关灾害事故发生情况的统计资料无法完备，这也加大了对危险发生频率测定的难度，给科学合理地厘定保险费率带来很大困难。

第六，灾后经济损失难以评定。因为农业保险的标的物都是有生命的动植物，在不同的成长阶段，标的物的价格与价值又不同，再加上各地气候等自然条件的不同，农作物、畜禽品种不同和农牧业生产水平不同等，使它们的受灾害程度也不完全相同，在灾害发生后，很多情况下，难以准确地估计其损失的额度。养殖业保险损失的估计比种植业更为复杂，这是因为畜禽比农作物要求更严格的生活条件。自然灾害、不科学的饲养管理、疾病的侵袭以及某些不适当的经济政策等，都会造成家畜的大量死亡或重大损失。诸因素交织，使得灾后损失的识别、衡量等过程操作起来极为困难。

第七，理赔工作难度较大。农业保险业务涉及层面多且广，投保人居住地分散，保险标的物分布零散，所以标的物一旦受损，现场勘察的定额、赔付兑现等工作量往往是很大的，所需要的人力、物力也就较其他险种要大得多，而且时间要求非常紧迫。例如粮食作物的损失、家禽的死亡等，若勘察不及时，将很难鉴定出其真正发生的原因。此外，由于有的地区交通不方便，也增加了理赔工作的困难。

第八，难以规范并监督投保人的行为。农作物是否遇到灾害以及灾害能够造成多大的损失，除了取决于自然的因素外，跟农户的个人行为也有一定的关系。养植的动植物的生长离不开人的行为作用。同等土地，相同的作物，人们的操作方法和精心程度不同，必然带来产量的差别。大部分自然灾害是不可控制的，但是人们却可以通过一些方法来预防灾害的发生，也可以使用一些科学技术手段来减少自然灾害带来的损失。比如，农户在植物生长过程中通过使用药物来预防虫害，最终就会使产量增加；同样的畜禽疾病，被保险人精心预防、救治也可以降低死亡率。保险公司当然希望农户做好防灾工作，但有了保险作为保障，有些被保人(农民)很有可能不那么精心地防灾防害，结果导致损失程度的增加。正是因为被保人（农民）的个人行为很难规范，保险公司也没有那么多的人力去监督农户每天的行为，所以为了约束投保人的行为，保险公司一般不会全额赔偿，而只按照平均产量水平的一定比例进行赔付，比如按平均产量的 70% 赔偿，从而使农户自己承担一部分风险，能够精心从事生产。而且，保险人一般都在条款中有免赔率和共同承担赔偿的规定，使损失由保险人和被保险人共同分担。

第九，逆向选择与道德风险问题严重。由于农业保险的运营涉及农业生产的各个阶段，标的物的不同寻常的特点又导致保险人风险的识别、认定、评估、核保、定损乃至理赔的难度大，而保险双方信息不对称的问题严重，因此农业保险中易产生道德风险和逆选择的问题。农业保险经营中的信息不对称问题尤使逆向选择和道德风险突出。逆向选择是指不利于保险人方面对于契约的选择。在农业保险中一般是指有些经营状况较差的农民隐瞒某种危险和投保动机，有目的地投保农业保险的某个险种，使危险集中，不仅损害其他投保人的利益，又可能使保险人给付的保险金额度剧增，甚至收不抵支。道德风险也是一种人为的危险，即投保农户违反诚实信用原则，有意识地制造保险事故的风险，谋取农业保险合同上的利益，骗取保险赔款。

第十，政策性。由于农业保险具有如上的特点，而不同国家不同地方的农村经济发展水平不平衡，被保险人的交付能力与保险的意识有限。因此，各个国家为了促进农业经济的发展和保障农民生产生活的稳定，多数国家都把农业保险业务纳入政策性保险，即国家制定并实施农业保险的支持政策，提供大量的补贴，以确保农业保险的运营。

总之，农业保险是保险行业的难点之一，这是源于农业保险的特殊性：第一，农业系统性风险导致可保性弱，即所有农业风险标的之间的风险发生具有高度相关性，也就是说某种风险发生会使所有标的都会遭受不同程度或同样的损失，这样一旦发生风险，损失将是巨大的。第二，农业保险运作较难，农业保险的地域性强、季节性强、风险性高、费率难以厘定、保险的金额难以确定、灾后经济损失难以评定、定损理赔的难度较大、难以规范并监督投保人的行为等。第三，农业保险面对更大的道德风险与逆向选择问题。由于农业保险的投保人较保险人具有更多的投保标的物信息，因而，保险人通常依据农业风险的平均损失概率与农业风险的预期损失确定保险的费率，农业保险的逆向选择问题给保险人的定价带来困难，进而影响其供给状况。农业生产所固有的经济再生产与自然再生产相互结合的特性，加重了农业保险的道德风险。投保人在购买了保险后，经常会出现降低或者不采取许多原来很有效的风险控制的措施。这种被保险人的行为背离则会改变风险损失的幅度或者损失的概率，加大索赔的预期。

3. 开展农业保险的必要性

(1)农业保险可以减少农民因灾害带来的收入波动，稳定农民的生活。经营农业，最怕遭遇水涝、台风、暴雨、病虫害，这些经常发生的灾害会直接导致收入减少，使农民的生活陷入困境。例如，2003 年 4 月，江西省遭受高空低槽和地面冷空气影响，部分地区遭受特大冰雹、暴雨和龙卷风袭击，造成农作物、农房及其他财产大面积受损，其中，农作物受灾面积占总损失的 70%，农业直接经济损失近 29494 万元。因为没有人投保，无法利用农业保险分担受损，受灾的农民生活困难。与此对比，1999 年，上海市郊受初夏的强梅雨和秋季的台风、暴雨的袭击，6 万多公顷水稻受淹和倒伏，由于 80% 以上的农户参加了农业保险，农民获赔 2000 多万元，即使在遭灾时，也能获得正常产量 70% 的回报，安定了受灾农民生活。

(2)农业保险可以转移农业风险，保证生产持续平稳的发展。农业是直接利用动植物的生活机能，通过人工培育以取得产品的社会生产部门。农业生产的主要对象是有生命的动植物，在很大程度上受自然条件的影响，生产周期长，不确定因素多。由于生产过程中资金的投放、物料消耗、产品收获和资金的回收等都具有明显的季节性和不稳定性，因而造成农业风险较大。通过农业保险，农民可以用较小的代价把农业生产和经营的风险转移给保险组织，而当风险发生造成损失时，农民就可以从保险组织得到经济补偿。通过保险的形式组织农民将分散的抗灾资金集中起来，互助互济，根据灾害损失程度大小，重新分配保险基金，起到及时补偿、保障农业生产稳定持续发展的作用。目前，多数的工商企业在分配中第一次扣除的保险基金，作为投入计在生产成本中。而恰恰相对于别的产业，在中国，遭受自然灾害机遇最大的农业却缺少这种扣除。如果政府制定与实施的农业政策不考虑在分配中进行这种合理的扣除，在农民的生产和生活因灾而难以为继的情况下，就不是一个完整的农业保护政策体系。因为对每个农民每个生产周期而言，虽然灾害发生的概率并不是必然的，而农户也只要在每一次初分配中扣除少量的保险金，就可以应付将来某个时期可能会遇到的灾害损失。而这种扣除(指保险金)只有进入再分配，通过实施农业保险，才能发挥它的社会效用。

(3)农业保险便于加强农业风险的管理，降低灾害的损失。农业保险在展业承保时，对投保人和投保标的都要进行审核，排除那些损失必然发生和有可能导致损失的因素。在保险期内，保险双方都要加强对保险标的的管理，如保险公司主动配合有关部门进行防灾防损，被保险人要认真执行保险条款和保险人提出的风险隐患整改意见。如果被保人不按保险公司的意见改进，造成经济损失将得不到赔偿。这样，保险关系的建立增强了农业抗御自然灾害的能力，减少了灾害所造成的损失。

（4）农业保险有利于稳定国家财政收支，加快信贷资金的流转。农业是国民经济的基础，其生产经营是否正常，将直接影响到政府的财政收支状况。保险是一种契约行为，农业保险是通过大量的农民向保险人缴纳保险费所建立起来的经济契约关系，即一旦灾害发生，保险人就将根据保险单的规定，对被保险人的实际损失履行保险赔偿责任，使受损的保险标的价值得到契约规定内的经济补偿，从而迅速恢复其生产能力。这样，一方面可以减少政府财政的救灾支出；另一方面被保险人恢复生产能力后，通过税收等形式为政府财政增加收入。在这个意义上说，农业保险起到了稳定政府财政收支的作用。另外，农业生产经营中所需要的资金有些来源于银行等金融机构，如果借款人在生产经营过程中受到自然灾害和意外事故的损害后不能及时得到经济补偿，将无法归还借款，不仅贷款者将蒙受损失，而且借款者也将背上更沉重的包袱。如果农民参加了农业保险，被保险标的一旦受灾，保险人将根据合同履行赔偿责任。被保险人获得赔偿后积极组织生产自救，迅速恢复生产，一般能保证借贷资金的归还，使整个社会的信贷资金能够顺畅地流转。

（5）农业保险可以在 WTO 的框架范围内，保护与支持本国农业的发展。按照"世界贸易组织"（WTO）的规则，价格补贴等农业补贴措施将受到限制，但农业保险则属于"绿箱"政策。根据《农产品协议》第六条、第七条和附件二的规定，下列国内支持措施属于可免除减让义务的措施：在农业研究、病虫害控制等方面的政府开支；为食品安全目的而采取的储存措施；直接向生产商提供财政或实物支持。具体包括：政府在财政上参与收入保险和净收入保障项目；自然灾害救济。《农产品协议》使农业保险成为世界贸易组织框架下，各国农业政策的重要走向之一。因此，要改变中国农产品在国际贸易市场中缺乏竞争力的现状，办法之一就是要学会一些世界贸易组织成员国的做法，充分利用规则，以农业保险的方式来补贴农业，确保国家粮食安全。

二　农业保险的制度属性

（一）制度、农业保险制度

1. 关于制度

关于制度究竟是什么的问题，实际上是难以回答的。在制度的研究史上也不容易找到一个共同认可的或者统一的答案。

"制度"一词，在中国思想史上可以追溯到战国时期，《商君书》中就曾有过这样的记载："凡将立国，制度不可不察也，治法不可不慎也，国务不可不谨也，事本不可不抟也。制度时则国俗可化而民从制；治法明，则官无邪；国务壹，则民应用；事本抟，则民喜农而乐战。"①依照辞书《辞海》的解释，制度的主要含义是指要求成员共同遵守的、按一定程序办事的规程。而汉语中"制"有节制、限制的意思，"度"有尺度、标准的意思，把这两个字结合起来，就是通过规则的限制使得人的行为保持在一定的范围之内，表明制度是节制人们行为的尺度。在英文中，"system"与"institution"两个词都可以理解为制度，但二者在词义上又存在一些差别，"system"有体制、系统、体系、规律、秩序、方法等含义，"institution"则有公共机构、协会、学院等含义。一般认为 system 侧重于宏观的、有关社会整体的或抽象意义的制度体系，而"institution"则指相对微观的、具体的制度。

在制度经济学产生之前，人们通常认为"制度"应当是法律、

---

① 转引自张宇燕《经济发展与制度选择》，中国人民大学出版社 1992 年版，第 107—108 页。

社会政治所关注的问题，制度的研究属于法学与政治学的范畴。然而，随着制度经济学的产生与发展，制度这一概念越来越和经济联系在一起，成为近几十年来主流经济学的核心概念。实际上，对于制度的理解，不同的学者，因为研究视角的不同，出发点不同，侧重点不同，进而形成了他们不同的理论观点，并形成不同的流派。

卡尔·马克思早在一百多年前就已经将制度纳入经济分析之中，并影响了之后的许多西方制度的学派。他站在古典政治经济学的角度，对社会经济制度的划分作了较为精辟的分析，并指出："人们在自己生活的社会生产中发生一定的、必然的、不以他们的意志为转移的关系，即同他们的物资生产力的一定发展阶段相适应的生产关系。这些生产关系的总和构成社会的经济结构，即有法律的、政治的上层建筑建立其上并有一定的社会意识形式与之相适应的现实基础。"在这里，卡尔·马克思把制度分成了两类，一类是生产关系的总和，也就是经济制度；另一类是上层建筑，包括政治、法律与意识形态。同时，卡尔·马克思认为生产关系（也就是制度）一定要适应生产力发展的客观规律。由此，马克思揭示了制度在经济增长中所发挥的重要作用，即生产关系适应了生产力的发展，那么促进经济发展；反之，生产关系不适应生产力的发展，那么就抑制了生产力的发展。卡尔·马克思对于制度的观点是制度是可变的，这种理解的深层含义是：正因为制度是可变的，才有制度的优劣之分，需要制度变革和革命。[①]

从经济学角度较早界定制度概念的是旧制度经济学的创始人凡勃仑（Thorstein B Veblen）。凡勃仑将制度纳进生存竞争的分

---

① 参见《马克思恩格斯选集》第 1 卷，人民出版社 1995 年版，第 79 页。

析框架，并认为社会结构的演进过程是制度意义的一个自然淘汰的过程。对制度的理解只是作了一般性的分析，他的"制度"定义是"在一个时期里所通行的思维习惯"。从严格意义上来说，这并没有形成一个完整的概念。[①]

康芒斯(John Rogers Commons)是近代制度经济学的开山鼻祖，最早对制度理论做出系统论述的经济学家，他对制度的理解是非常具体的。他是从人与人之间的关系，即交易关系来理解"制度"的。在康芒斯看来，制度产生的前提是稀缺性的"利益"冲突。"只有稀少的东西(实际稀少或预料稀少)，人们才缺乏和向往，因为他们是稀少的，他们的取得就由集体行动加以管理，集体行动规定财产和自由的权利与义务，否则就会发生无政府状态。"[②]因而，康芒斯对于制度的定义是"制度就是所谓集体行动控制个体行动"[③]。更为具体的解释就是集体对于个人利益关系的控制。这种集体行动的种类和范围较广，从无组织的习俗到有组织的机构，如家庭、公司、工会、集团、国家等等，其共有原则或多或少都是集体行动对个体行为的控制。这种集体行动既是对个人行为的控制，也是对个体行动的解放，正是因为对一些个体行为的控制，才使其他个体免受强迫、威胁、歧视、不公平竞争等伤害，享受到不受伤害的自由。不仅如此，集体行动还是个体意见的扩张，在集体行动的控制下，能够实现个体行为所达不到的范围。因此，康芒斯认为制度进一步的定义应该是：集体行动抑制、解放和扩张个体行为。[④]

---

① 凡勃仑：《有闲阶级论关于制度的经济研究》，商务印书馆 1983 年版，第 138—141 页。

② 康芒斯：《制度经济学》，商务印书馆 1962 年版，第 12 页。

③ 同上书，第 87 页。

④ 同上书，第 87—92 页。

霍奇森(Hodgson)认为，制度是通过传统、习惯或法律约束的作用力来创造出持久的、规范化的行为类型的社会组织(Hodgson，1987)。布罗姆利(Bromley)将制度视为对人类活动施加影响的权利与义务的集合(Bromley，1989)。尼尔(Neale)对制度特征的归纳比较精细和严谨。他认为某一制度可以通过下述三类特征而被识别：存在大量的人类活动(People doing)，并且这些活动是可见的和可辨认的；存在许多规则(rules)；存在大众习俗(Neale，1987)。

新制度经济学家对制度也提出了不同的理解。日本学者青木昌彦关于制度的观点是，"制度是关于博弈如何进行的共有信念的一个自我维持系统，制度的本质是对均衡博弈路径显著和固定特征的一种浓缩性表征，该表征被相关域几乎所有参与人所感知，认为是与他们策略决策相关的，这样，制度就以一种自我实施的方式制约着参与人的策略互动，并反过来又被他们在连续变化的环境下的实际决策不断再生产出来"。[①] 青木昌彦还从多重博弈、多重均衡的角度解析现实世界存在多样性制度以及制度变迁的原因。

道格拉斯·C. 诺思(Douglass C. North)(1992)，新制度经济学的代表人物，曾给制度下了这样两种定义："制度是一个社会的游戏规则，更规范地说，它们是为决定人们的相互关系而人为设定的一些制约；制度构造了人们在政治、社会或经济方面发生交换的激励结构。"同时，"制度提供了人类相互影响的框架，它们建立并构成一个社会，或准确地说一种经济秩序的合作与竞争关系"。虽然是两种说法，但诺思的"制度"就是一种规范人的

---

①　青木昌彦：《比较制度分析》，远东出版社 2001 年版，第 28 页。

行为规则。①

此外，舒尔茨（Theodore W. Schultz）在《制度与人的经济价值的不断提高》一书中认为制度是为管束人们行为的一系列规则，这些规则涉及了政治、社会以及经济行为。拉坦（V. W. Ruttan）在《诱致性制度变迁理论》一书中也认为制度是一套行为规则，它们被用于支配特定的行为模式与相互关系。柯武刚、史漫飞则认为："制度是人类相互交往的规则。它抑制着可能出现的、机会主义的和怪僻的个人行为，使人们的行为更可预见并由此促进着劳动分工和财富创造。"②

上述对于制度的研究成果表明，学者们从不同的视角给制度下了不尽相同的定义，使制度具有了丰富的内涵，同时对于我们关于制度的理解具有极高的参考价值。对于制度的不同的定义，是由于分析的目的不同而产生的。通过上述对于制度理解的梳理，对于制度的理解至少应该有如下三个方面的基本含义：

第一，制度是一系列的行为规则，它是特定的社会形态中的行为框架，可以用来规范与约束人们行为的规则、组织与惯例的安排。这些规则涉及了社会、政治以及经济的行为等，使实际的人们在现实的制度所赋予的制度条件中进行活动，约束了人们可以去做什么以及不能做什么。

第二，制度是一种社会或集体行为，即社会成员或集体成员在达成某种共识的前提下，再对具体的行为加以控制。

第三，制度具有习惯性、确定性、公理性、普遍性。制度的习惯性本是缘于历史的不断的沉淀，制度经过不断的重复而后固

---

① 道格拉斯·C. 诺思：《制度、制度变迁与经济绩效》，上海三联书店1994 年版，第 3 页。

② 柯武刚、史漫飞：《制度经济学》，商务印书馆 2000 年版，第 35 页。

定下来。制度给人们的行为划定了边界，这是确定无疑的，制度的这种确定性为人们的行为提供了稳定的预期。一个有效的规则必须是透明的、可知的，而且必定会为未来提供可靠的指导。制度的普遍性是指制度对于所有的人都是普遍适用的，如果没有特别的理由，不应有区别对待的现象。如果制度的普遍性遭到破坏，那么遵守制度规则的自觉性将会受到打击，制度应有的功能难以发挥，意味着制度本身受到破坏。①

此外，对于制度的理解，理论界普遍认为制度应当由三个方面构成，即正式制度、非正式制度以及制度的实施机制。

第一，正式制度是人们有意识建立起来的并以正式方式加以确定的各种制度安排，包括政治规则、经济规则和契约，以及由这一系列的规则构成的一种等级结构，从宪法到成文法和不成文法，再到特殊的细则，最后到个别契约等，它们共同约束着人们的行为。② 正式制度具有强制性的特点，正式制度的主要作用在于，规定人们能干什么和不能干什么，衡量和维持组织内的"公平"。

第二，非正式制度是人们在长期的社会生活中逐渐形成的习俗习惯、伦理道德、文化传统、价值观念以及意识形态等对于人们行为模式产生非正式约束的行为规则，是人们行为不成文的限制，是与法律等正式制度相对的概念。③ 非正式制度在人类行为的约束体系当中同样具有相当重要的地位，这是因为：其一，世界是复杂的；其二，人的理性是有限的。因此，当人们面对纷繁复杂的世界，很难快速、精确地、以较低的费用做出判断时，甚

---

① 参见卢现祥《新制度经济学》，武汉大学出版社 2004 年版，第 111 页。
② 同上书，第 105—123 页。
③ 同上。

至当现实世界的复杂程度远远超出人们的理性边界时，当事人便会借助于非正式制度来做出判断。非正式制度的有效性，取决于人们对这种制度的忠诚程度。意识形态在非正式制度中是最为核心的概念，它在整个非正式规则体系中居于核心地位。因为它往往蕴含着价值观念、伦理规范、道德观念、风俗习惯。同时，它还可以在形式上构成某种正式规则的先验模式。意识形态是关于世界的一套信念，它倾向于从道德上判定现行社会制度结构、收入分配等是否合理。新制度经济学认为，意识形态是减少提供其他制度的服务费用的最重要的非正式制度。首先，意识形态可以节约信息费用。其次，能够克服"搭便车"行为。再次，能减少法律及其他制度实施机制的执行费用。

第三，制度的实施机制，正式制度和非正式制度设定了人们的行为标准。制度形成之后，能否有效地执行，既需要制度本身的完善，也极大程度上取决于制度的实施传导机制的健全。制度的实施机制包括三种形式：第一种是自我实施，即各方自己约束自己遵守已制定的规则；第二种是相互实施，即各方相互监督；第三种是由第三方实施，即在各方同意的前提下，把监督和惩罚的权利交由某个有一定权威性的第三方，由此来提高制度实施的公平和效率。例如，对于国家制度，第三方是政府；对于宗法制度，第三方是宗族的长辈。实施机制是制度发挥功能的载体、媒介和手段，同时还是一种保证交易和人们相互关系的强制性保证措施。

2. 关于农业保险制度

经济学意义上的"保险"，是对意外事故损失进行分摊，进而提供经济保障的财务安排。商业化保险延伸至"农业保险"，是保险人对从事养殖业与种植业的农业生产人，在自然灾害下引发的经济损失进行经济补偿的保障制度，是现代保险机制运用于农业风险管理的创新。农业保险并非只是一种纯粹的经济补偿活动，它也是服务于一个国家的经济政策与一个国家的社会政策的经济保障制度，是农业保护或救济的手段，是惠农乃至支农的有效方式。从某种意义上来讲，农业保险就是指保险人对从事养殖业的农业生产人与种植业的农业生产人，在自然灾害下引发的经济损失进行经济补偿的保障制度。

笔者认为，农业保险亦是一种制度安排，农业保险制度是以农业保险活动存在的社会形式，农业保险制度和一般制度的特征与基本规定性从本质上说是相同的。因而，从某种意义讲，农业保险制度指有关农业保险的规则、组织与惯例安排，并通过提供组织安排与规则，界定人们在农业保险过程的选择空间，激励并约束农业保险行为，降低交易费用并分散农业生产的风险，促进农业保险活动顺利实施以及提高社会资源的配置效率，提高农业发展绩效的制度安排。

作为有关农业保险的规则、组织与惯例安排的农业保险制度，农业保险制度应当包括农业保险制度对象、农业保险制度规则、农业保险制度的承载体、农业保险制度创新、农业保险制度理念五个部分。

(二)农业保险制度的构成

作为有关农业保险的规则、组织与惯例安排的农业保险制度，本书认为农业保险制度应当具体包括如下内容。

1. 农业保险制度对象

农业保险制度对象是指农业保险制度涉及的范围与指向，由主体对象与客体对象两个部分构成。在书中还将谈到农业保险的准公共物品的属性赋予了农业保险的利益外溢性，因此农业保险制度在各个国家的发展都有政府的积极加入。美国农业保险制度的确立与发展涉及美国政府农业部、农业风险管理局、联邦作物保险公司、各州政府、农业部总监察办公室、农场服务机构等多个部门，它们是农业保险制度的主体对象。而农业保险包括了农业与保险两个领域，因而农业保险制度客体对象从理论上讲是指养殖业、种植业、畜牧业与保险业的耦合，而本书中的美国农业保险制度的客体对象在 2000 年美国颁布《农业风险保障法》之前针对的是作物保险，2000 年之后增强了牲畜保险。

2. 农业保险制度规则

农业保险制度规则是农业保险活动赖以进行的社会形式，是人们在农业保险中遵循的规则、规范与秩序，界定了各主体的责任、义务、权利，为农业保险制度的主体内容，具有约束力。在美国农业保险制度的演进过程中，形成了大量的农业保险制度的规则来规范其农业保险的活动，主要体现在法律制度的确立和法律制度的不断变革上，如《联邦农作物保险法》(1938 年)、《联邦农作物保险法》(1980 年)、《联邦作物保险委员会法案》(1988 年)、《食物、农业、资源保护和贸易法案》(1990 年)、《作物保险改革法案》(1994 年)、《联邦农业完善与改革法案》(1996 年)、《农业风险保障法》(2000 年)、《不正当支付信息法》(2002 年)、《农场法案》(2008 年)等。美国农业保险制度规则确立了美国农业保险制度演进各个阶段的农业保险经营管理体制，规定了农业保险制度各个主体的职责范围等一系列的内容，因而是本书研究的重点之一。

3. 农业保险制度的承载体

农业保险制度的承载体是农业保险制度最终生效而依赖的工具，它能够把农业保险制度的内容表达出来，是农业保险制度具体的表现形式，可以保障制度内容的实际实施。农业保险制度的承载体有两类，包括人格化载体，即保险公司主体、投保人主体、保险代理人主体、监管人主体等以及他们的主体行为；物化载体，如补贴政策、财税政策、再保险政策、保险教育培训、保险监管、技术研发等一系列的政策等。美国农业保险制度的物化载体，如保费补贴政策、保险税收优惠政策、农业再保险政策、农业保险计划、农险监管政策等，以及人格化载体，如监管人主体等，也是本书研究的重点之一。

4. 农业保险制度创新

从新制度经济学角度，制度创新的过程就是制度的产生、替代与转换的过程，用诺思的话讲，"如果预期的净收益超过预期的成本，一项制度安排就会被创新"。因此制度创新就是在追求一种可以获得外在利润同时成本达到最小的制度安排的过程。制度创新涉及利益相关各方的利益再分配，如何对激励机制进行设计，如何调动各参与方的积极性，如何降低制度的摩擦成本，是制度创新的核心。农业保险制度本身就是一种制度的创新。从发展过程来看，农业保险的发展过程就是农业保险制度的产生、替代与转换的过程，农业保险制度的每一次创新都在力求获取外在利润，同时使成本达到最小的制度的安排。本书研究的课题是美国农业保险制度的演进，这就涉及了美国农业保险制度的确立、美国农业保险制度的不断变迁，美国农业保险制度在演进中的制度的安排过程就是其农业保险制度的创新。

5. 农业保险制度的理念

农业保险制度的理念来自农业保险制度的政策定位以及农业保险的经济学分析。笔者认为农业保险的经济学分析有两点是十分重要的，一是农业保险的准公共物品属性，二是农业保险的信息不对称的问题。

笔者认为，农业保险的准公共物品属性要求美国政府介入农业保险。理论界普遍认为农业保险具有准公共物品属性，正是这种属性赋予了农业保险的利益外溢性，因而导致农业保险私人收益低于它的社会收益，私人成本高于它的社会成本，私人收益或成本与社会收益或成本不能保持一致，使得农业保险产品的资源配置达不到帕累托最优条件。外部性的存在使得农业保险资源的配置效率遭受损失，因而市场机制在农业保险资源配置的过程中出现了失灵，而如果只靠市场机制的作用，那么实现不了农业保险的有效供求。农业保险的准公共物品属性，使得政府在农业保险的过程中获取的潜在利润要远远超出保险公司和农民，所以政府有更大的动力与愿望来推动农业保险制度的变迁。如果政府通过其职能的发挥来平衡与增进农业经营主体的福利与整个社会的福利，通过对农业保险配置加以干预，例如对农业保险投保人提供保费补贴、对保险公司给予财政支持、提供再保险政策等优惠措施来解决社会收益与私人收益不一致所引发的市场机制失灵问题，那么相关利益主体的潜在利润将不断地集聚与增大，农业保险制度变迁的必然性增强，而实现变迁的可能性也会越来越大，而农业保险供给与需求不足的状况将会得到改善，从而实现农业保险资源优化配置，而通过农业保险达到增进全社会经济福利的目标就会得以实现。

因为农业保险的信息不对称，所以不仅对美国政府而且对私营保险公司经营农业保险都提出了要求。农业保险的信息不对称的问题主要是就农业保险市场的道德风险与逆向选择而言的，而美国农业保险市场同样面临着信息不对称下的道德风险与逆向选择的严重问题，这不仅对美国政府而且对私营保险公司都提出了要求，而只有政府与市场机制共同应对才提供了更好的解决之路。

美国农业保险制度的政策定位，从美国农业保险制度的确立到以后的新制度的安排，其政策定位始终坚持的是政府支持性的农业保险制度，本书对此进行了详尽地研究。

第二节　制度变迁理论与农业保险
制度演进研究

农业保险本质是一种制度安排，对农业保险制度演进的研究，从方法论上看，应该可以运用制度变迁理论展开。

一　制度变迁理论要旨

通常认为，制度变迁是一种新制度产生、替代或改变旧制度的动态的变化过程：作为一种替代过程，制度变迁是以一种效率更高的制度去替代原有的制度；作为一种转换过程，制度变迁是更有效率的制度生产的过程；作为交换过程，制度变迁是制度的交易过程①。制度变迁可在如下意义上产生：（1）在原先存在的各种制度安排保存不变的情况下，出现新的制度安排，因此新的构成因素在全社会制度结构中增加，并可能改变各种制度安排的相对地位；（2）原先存在的某些制度安排由于丧失了其生存的价值而瓦解，全社会的制度结构也随之发生变化；（3）原先存在的制度安排演化成新的制度安排，但同时旧制度安排的某些特点依然保留着，只是和原来的制度安排大不相同；（4）原先存在的制度结构当中，各种制度安排的相对地位产生了改变，但其性质和种类没有改变；（5）制度变迁也包括全社会的基础性制度或者基本制度的变化。

许多新制度经济学家认为：制度变迁是对制度非均衡的反映，制度变迁的过程就是从非均衡的制度结构到均衡的制度结构

---

① 参见程恩富、胡乐明《新制度主义经济学》，经济日报出版社 2005 年版，第 187 页。

的演变过程。所说的"制度均衡"是指人们对现有的制度结构与制度安排的一种满意或满足的状态，并且对现行的制度没有意识也没有力量去改变。进一步地，制度均衡就是在既定的制度安排的条件下，能够从资源配置中获得所有的潜在收入，也就是潜在的利润依然存在，但是如果要改变现存的制度安排，预期的成本是大于潜在的收入的。因此，制度均衡是指现存的制度结构在帕累托最优的状态，而任何对现存制度安排的改变将不会带来超额的收入和利益。"制度非均衡"是指人们对现有制度的一种不满足或不满意，这是因为从现存制度结构和制度安排获得的净收益要小于从可供选择的另外一种制度结构和制度安排中获得的净收益，即出现了制度安排的获利机会。制度均衡是一种理想的或者是一种瞬间的状态，制度非均衡才是制度呈现的经常的状态，制度变迁在制度非均衡的状态条件下产生，但制度的非均衡不必然导致制度变迁，也不等于制度变迁。

如果从供给和需求的角度来考察，制度均衡是指制度的供给适应并满足了制度的需求，而制度非均衡就是制度需求与制度供给两者未达到一致。一般来说，影响制度需求的因素包括产品与要素的相对价格、宪法秩序、技术的变化和市场的规模；影响制度供给的因素包括宪法秩序、现行制度安排、制度的设计成本、知识积累和社会科学知识的进步、实施制度变迁的预期成本、规范性的行为准则或文化因素、公众的态度和决策者的预期利益。[1] 在制度处于均衡状态时，那些影响了制度的需求和供给的因素如果发生变化，必将引发制度的非均衡。通常，制度供求的非均衡有三种情况：制度供给不足、制度供给过剩和制度供求的

---

[1] 参见程恩富、胡乐明《新制度主义经济学》，经济日报出版社 2005 年版，第 192 页。

结构性失衡。制度供给的不足表明存在潜在利润的机会，可以通过制度的创新来弥补制度供给的不足。制度供给过剩同样存在着潜在利润的机会，但需要通过减少一些制度的供给。制度安排从供求均衡状态到供求非均衡状态，再到供求均衡状态的动态调整过程，就是一个经济社会的制度变迁①。

（一）制度变迁的主体

关于制度变迁的主体的问题，一种观点认为：制度变迁没有主体，它是自然演进的过程。以诺思为代表的另外一种观点认为：制度变迁是完全由人的意志所决定的，它是人为的设计和选择的结果。诺思将制度变迁的主体区分成初级行动团体与次级行动团体。

就初级行动团体来说，它是一个决策单位，该决策单位包括单个人或者个人组成的团体。初级行动团体的决策支配了制度安排创新的进程，因此，在初级行动团体内的任何一名成员，至少可以认为是熊比特（J. A. Schumpeter）意义的企业家。初级行动团体推动了制度创新和制度变迁的进程，同时为之付出一定的成本。就次级行动团体来说，它同样是一个决策单位，次级行动团体是用来帮助初级行动团体取得收入去实施制度变迁的团体。不过，次级行动团体也是考虑自身的利益而进行制度变迁的，它所追求目标的达到，是依赖收入的再分配而获得的，可以把它看作"准企业家"团体。简而言之，初级行动团体是制度变迁的创新者、策划者、推动者，而次级行动团体是制度变迁的具体实施者②。

（二）制度变迁的动因

关于制度变迁的动因，是诺思等新制度经济学家的制度变迁

---

① 参见程恩富、胡乐明《新制度主义经济学》，经济日报出版社 2005 年版，第 193 页。

② 同上书，第 194 页。

理论的最为重要的内容。新制度经济学认为制度变迁的内在动力来自制度变迁主体对"潜在利润"，也就是"外部利润"的追求。正是由于在现有的制度结构中不能实现获利，才出现了新的制度结构与安排。只有制度创新和制度变迁成为有利可赚，人类就会进行制度的创新和制度的变迁。没有潜在的利润机会，制度变迁也就不可能出现。制度创新和制度变迁产生的可能条件是依赖制度创新和制度变迁所创造的收益一定超出所付的成本。诺思就曾经说过，如果预期的收益大于预期的成本，一项制度的安排才会被创新。当诺思所说的条件被满足的时候，我们就会看到在一个社会中存在着去变革现存制度与产权结构的愿望。

总之，在新制度经济学家看来，"经济人"就是制度变迁主体人格结构中的基本构成因素[1]。例如，T. W. 舒尔茨曾经阐述了随着人的经济价值的提升，制度需求会发生变动，原有的制度均衡会被打破，即资源相对价格产生变化而引发制度需求的变化，为制度变迁和创新提供了动力。诺思更是指出相对价格变化的出现成为制度变迁的动因，为新的制度安排提供激励。

（三）制度变迁的方式

林毅夫把制度变迁划分为诱致性制度变迁与强制性制度变迁。诱致性制度变迁指的是现行制度安排的变更或替代，或者是新制度安排的创造，它由个人或一群（个）人在相应获利机会时自发倡导、组织和实行。[2] 诱致性制度变迁必须由某种在原有制度

---

[1]　参见程恩富、胡乐明《新制度主义经济学》，经济日报出版社 2005 年版，第 195 页。

[2]　林毅夫：《关于制度变迁的经济学理论：诱致性变迁与强制性变迁》，转引自科斯《财产权利与制度变迁——产权学派与新制度学派译文集》，上海三联书店 1994 年版，第 374 页。

安排下无法得到的获利机会引起。①概括而言，诱致性制度变迁具有这样三个特点：其一，营利性，也就是只有当制度变迁的预期收益大于预期成本时，有关群体才会推进制度变迁；其二，自发性，即诱致性制度变迁是有关团体对制度不均衡的一种自发性反应；其三，渐进性，由于制度的转换、替代、扩散需要时间，从外在利润的发现到外在利润的内在化要经过许多复杂的环节，因此，诱致性制度变迁往往是一种自下而上、从局部到整体的渐进式的制度变迁过程。②

　　较诱致性制度变迁而言，林毅夫对强制性制度变迁的论述更多。他认为强制性制度变迁是指由政府法令引起的变迁。③ 与诱致性制度变迁不同，强制性制度变迁可以纯粹因在不同选民集团之间对现有收入再分配而发生。④ 强制性制度变迁的发生有其经济的合理性：其一，国家作为制度变迁的主体能够提供规模经济，它具有强制性，具有组织成本和制度实施的优势。其二，能对制度供给的不足加以弥补。因为"搭便车"与外部性的问题，个人是缺少动力实施制度安排的创新的。但是国家能强迫获益者分摊成本，进行制度变迁。其三，国家可以利用本身的优势，把制度变迁的时滞缩短。其四，国家更适合组织纯公共品制度的创新。

　　对于诱致性制度变迁和强制性制度变迁二者的差别，主要包括：第一，制度变迁的主体不一样。前者的主体是个人或者一群

---

　　① 卢现祥：《西方新制度经济学》，中国发展出版社2003年版，第107页。

　　② 程恩富、胡乐明：《新制度经济学》，经济日报出版社2004年版，第198页。

　　③ 林毅夫：《关于制度变迁的经济学理论：诱致性变迁与强制性变迁》，转引自科斯《财产权利与制度变迁——产权学派与新制度学派译文集》，上海三联书店1994年版，第376页。

　　④ 卢现祥：《西方新制度经济学》，中国发展出版社2003年版，第110页。

人(团体)，后者的主体是政府或者国家。第二，优势存在差异。前者的效率较高，这是因为它以经济原则与一致性同意原则作为依据。后者的优势在于，它能以最短、最快的速度推进制度变迁，充分发挥政府的强制力和"暴力潜能"等方面的优势，降低制度变迁的成本。① 第三，影响因素不同。通常来说，经济因素对前者的成本影响较大，政治因素与意识形态因素对后者变革的影响较大。

(四)制度变迁的时滞

诺思的制度变迁模型是一种"滞后供给"模型，即制度创新滞后于潜在利润的出现，潜在利润的出现和使利润内部化的制度安排建立之间存在着一定的时间间隔，这就是所谓的制度变迁的时滞。② 根据诺思，制度变迁的时滞有四个部分。第一，时滞1，认识与组织。该时滞是指由辨识外部利润直至组织初级行动团体所用的时间。第二，时滞2，发明。该时滞是指发明新的制度安排，即方案设计所需用的时间。第三，时滞3，菜单选择。该时滞是指在制度选择集合中搜寻并选定能使初级行动团体的利润达到最大化时所用的时间。第四，时滞4，启动。该时滞是指开始意在获得外部利润的具体操作与最佳可供选择的制度安排之间存在着时滞。影响制度变迁时滞的因素包括诸如人的有限理性、意识形态、信息成本等。根据诺思的观点，现存的法律与制度安排的状态是众多影响制度变迁时滞因素中最为重要的因素。

(五)制度变迁的路径依赖

诺思提出了制度变迁具有路径依赖(path dependence)的性

---

① 程恩富、胡乐明:《新制度经济学》，经济日报出版社 2004 年版，第 200 页。

② 同上书，第 202 页。

质并对此进行了论述。诺思指出路径依赖是分析性理解长期经济变化的关键。其原因有二，其一，制度变迁时滞的出现和路径依赖存在密切关系；其二，某一社会制度变迁的路径依赖之前的制度变迁的轨迹，并制约之后制度变迁的发展。正是由于存在路径依赖才产生某些高效率的经济社会制度的安排，以及低效率的经济社会制度的安排。

诺思认为制度变迁过程当中存在自我强化机制与报酬递增。制度演进一般有两个方向：初始制度的不断完善与强化、制度的转向，也就是新制度替代旧的制度。前一种表明制度变迁有路径依赖的特点。制度变迁的自我强化机制表现在：第一，一项制度的设计需要很多初始成本，随着该制度的推行，追加成本与单位成本下降，即制度的安排与产出效应有规模经济的特性。第二，制度变迁速度是学习速度的函数，而适应制度出现的组织能利用制度框架所提供的获利机会。第三，适应制度出现的组织和其他组织会出现协调效应，一项规则的出现将导致非正式规则与其他正式规则的出现。第四，因为适应性预期的存在，随着一项制度的推行，不确定性减少。

基于制度变迁的这种特性，诺思提出两条路径依赖：其一，如果一种特有的发展轨迹建立，那么组织学习过程、系列外在性以及主观模型都将强化此轨迹；其二，若起始阶段的制度安排带来报酬递增，那么在组织无效与市场不完全时，生产活动发展必然受阻。然而因为出现了和现存制度共荣共存的利益集团与组织，这些集团将不去投资，只会加强现存制度，由此出现了维持现有制度的政治组织，使这种无效的制度变迁轨迹继续持续。

二 制度变迁理论在美国农业保险制度演进研究的适用性

美国农业保险制度演进的历史涉及美国农业保险制度的制度变迁，即美国农业保险制度从由政府单独经营农险阶段变迁为政府和私营保险公司共同经营农险阶段，从政府和私营保险公司共同经营农险阶段变迁为政府监管下私营保险公司经营农险阶段。

从方法论上讲，制度变迁理论属于新制度经济学领域的研究范式，从研究内容的角度看，归于新经济史学的研究范畴。根据新制度经济学的观点，制度变迁本身呈现出一种不断地演进的过程，这包括了制度的更替、制度的转换过程以及交易过程。制度作为"公共物品"的一种，与其他的物品一样，它的更替、转换和交易活动同样存在各种社会约束条件以及技术约束条件。新制度经济学框架下的制度变迁理论探讨了制度变迁的内在机理，而任何一种制度的变迁都包含了制度变迁的主体的问题、制度变迁的源泉来自哪里、制度变迁的动力是什么，以及制度变迁的适应效率等诸多的因素。从新制度经济学的角度，制度变迁的关键为有效的组织，组织的类型包括经济组织、政治组织与教育组织；制度变迁的来源是偏好与相对价格的变动；制度变迁的动力是变迁主体对于"潜在利润"的追求；而制度变迁内在机理的适应效率涉及那些决定了经济长期演变的途径，涉及社会获取学习与知识的愿望，分担风险、引发创新与创造活动的愿望，乃至对社会"瓶颈"与问题解决的愿望。探讨长期制度变迁，对于路径依赖的分析是理解的关键。

从新制度经济学的制度变迁理论分析，可以辨析美国农业保险制度变迁的主体问题，其制度变迁的主体到底是个人、组织，还是国家。运用制度变迁理论，可以分析美国农业保险制度变迁的方式，其制度变迁的方式是林毅夫提出的诱致性制度变迁还是强制性制度变迁。还可以探究美国农业保险制度变迁的动因，美国农业保险制度变迁的动力体现了制度变迁主体对于"潜在利润"的追求，农业保险本身的准公共物品的特点决定了国家在农业保险制度变迁中是最大的利益获得者。由于要研究美国农业保险制度的长期变迁，因而对于路径依赖问题的分析，也是理解美国农业保险制度变迁的关键。

总之，新制度经济学的制度变迁理论是对基本制度规则的形成原因、演变原因以及制度规则对经济活动影响进行研究的理论，而发生在美国的农业保险制度的演进，正是制度规则的形成和转变的过程，因此需要以制度变迁的理论视角分析其制度的建立与演变，制度变迁理论提供了美国农业保险制度演进过程中的新制度经济学的解释框架。

第三节　福利经济学理论与农业保险制度演进分析

农业保险准公共物品属性赋予了农业保险的利益外溢性，在农业保险制度变迁过程中国家是最大的受益者。正因如此，美国农业保险制度的安排目的、农业保险制度的运行效果等，都体现了农业保险经营主体利益和整个社会福利增进之间的平衡关系。运用庇古的福利经济学的基本理论来观察和研究农业保险制度的演进问题，是深入剖析、理解和借鉴美国农业保险制度设计所必需的。

一　庇古福利经济学理论概述

福利经济学是于 20 世纪初逐渐发展起来的理论与应用一体

的经济科学。它把研究整个社会的经济发展以及社会福利改善关系作为它的研究宗旨，其研究范围十分广泛，涉及伦理学、经济学、社会学以及政治学等学科。

对于福利经济学的含义，不同学者持有不同的观点。经济学家黄有光曾说："福利经济学是这样一门学科，它力图有系统地阐述一些命题。依据这些命题，我们可以判断某一经济状况下的社会福利高于还是低于另一经济状况下的社会福利。"[①]美国经济学家哈维·罗森(Harvey Rosen)说："福利经济学是研究不同经济状态下的社会合意性的经济理论。"[②]英国经济学家李特尔(D. Little)认为，最好是把福利经济学看成是研究经济体系的一种形态比另一种形态是好还是坏，以及一种形态是否应该转变为另一种形态的问题。[③] 美国经济学家萨缪尔森(Paul Samuelson)给福利经济学下的定义是：福利经济学是一门关于组织经济活动的最佳途径、收入的最佳分配以及最佳的税收制度的学科。[④] 福利经济学的创始人庇古认为，福利经济学是研究增进世界的经济福利或者研究某一国家的经济福利的主要影响的。

（一）庇古的福利经济学思想

福利经济学主要包括四个阶段的发展：旧福利经济学、新福利经济学、相对福利经济学、后福利经济学。本书主要关注以庇古为代表的旧福利经济学。

庇古是英国经济学家，是剑桥学派领袖马歇尔的学生，1920年庇古写成了《福利经济学》一书，这本书使庇古被经济学界称为

---

① 黄有光:《福利经济学》，中国友谊出版公司 1991 年版，第 2 页。

② 转引自王桂胜《福利经济学》，中国劳动社会保障出版社 2006 年版，第 2 页。

③ 同上。

④ 同上。

"福利经济学之父"。庇古建立的福利经济学理论体系，是以马歇尔的均衡价格论为依据的，是剑桥学派经济理论的发展，是资产阶级经济学的一个新的分支。庇古提出了一整套的福利学说，并在这种福利学说的基础上提出一系列经济政策的准则。

1. 庇古对福利的解释

庇古对福利概念提出两种命题：其一，福利的要素是一些意识形态，或者是意识形态之间的关系；其二，可以把福利放在较大或者较小的范畴之下。按照此命题，庇古认为一个人的福利寓于自己的满足之中。这种满足可以由于对财物的占有而产生，也可以由于其他原因（如知识、情感、欲望等）而产生，全部福利则应该包括所有这些满足。① 庇古又认为，含义如此广泛的福利不仅研究起来是很难的，而且计算也是很难的，因此主题放在能够计量的那种福利，也就是和人类的经济生活息息相关的那些福利，进一步说，能够直接或间接地同货币量杆（the measuring-rod of money）有关的那部分社会福利，对它们进行研究即可。把以货币计量的那部分福利，称作经济福利。庇古认为，经济福利对于整个社会福利产生决定性的重要的影响，能够影响经济福利的那些因素也能够影响到总的福利。

2. 庇古论经济福利与国民收入之间的关系

庇古提出用国民收入表示全社会的经济福利，继承了马歇尔关于国民收入的基本观点，即国民收入被看成是个人的有代价的收入的总和，被看成是"可供分配的各种享受之新来源的总和"②，这样就导出了国民收入增长意味着经济福利增长的论断。关于经济福利与国民收入之间的关系，庇古进一步论述道："影

---

① 厉以宁等：《西方福利经济学述评》，商务印书馆1984年版，第29—30页。
② 马歇尔：《经济学原理》下册，商务印书馆1981年版，第196—197页。

响任何国家经济福利的经济原因，不是直接的，而是通过经济福利的客观对应物，即经济学家们所谓的国民收入形成和使用。正是由于经济福利是可以直接或间接地与货币量杆联系起来的那部分总福利，因此国民收入是可以用货币衡量的那部分社会客观收入，当然包括从国外来的收入，所以这两个概念，经济福利和国民收入是对等的，对其中之一的内容的任何表述，就意味着对另一个内容的相应表述"。[1]

庇古的福利理论从主观福利论乃至过渡到用国民收入计算福利的论点，具有十分重要的意义。庇古的理论涉及国民收入理论的三个方面，包括国民收入量的增加、国民收入的分配和国民收入的变动。庇古认为这些问题都关系到全社会福利的变动。关于国民收入量的增加，庇古认为重要的是生产资源的配置，应当通过资源在生产中的配置使得国民收入量达到最大限度。关于国民收入的分配，庇古认为任何能够增加穷人的实际收入而又不减少国民收入的措施都将增加经济福利，因此，福利经济学应当研究国民收入的分配问题。关于国民收入的变动，庇古的看法是：任何引起国民收入份额变动的因素，如果并不同时引起国民收入量的减少或收入分配均等化程度的下降，都意味着经济福利的增加。[2]

3. 庇古的收入转移理论与经济福利

庇古认为要增加经济福利就得增加国民收入，增加国民产品的数量，以及消除国民收入分配的不均。庇古在《福利经济学》一书中指出："在很大程度上，影响经济福利的是：第一，国民收入的大小，第二，国民收入在社会成员中的分配情况。"后来，庇

---

① 庇古：《福利经济学》，华夏出版社 2007 年版，第 31 页。
② 厉以宁等：《西方福利经济学述评》，商务印书馆 1984 年版，第 37—38 页。

古在《福利经济学的几个方面》一文中写道："在福利经济学中有两个命题，粗浅地说，第一，对于一个人的实际收入的任何增加，会使满足增大；第二，转移富人的货币收入于穷人会使满足增大。"这两种情况中，如果一种情况朝着有利的方向变化，而另一种情况没有发生不利的改变，那就能够认为经济福利增加了。庇古对经济福利的分析转入到对国民收入与分配问题的分析，并提出了"收入均等化"的观点。庇古的"收入均等化"学说的基本论点是，如果把富人收入的一部分转移给穷人，社会的福利就会增大。收入转移的途径就是由政府向富人征税，再贴补穷人。贴补穷人的方法可以采取各种社会服务设施，如养老金、免费教育、失业保险、医药保险、房屋供给等，因为这些收入转移将会增加穷人的实际所得。[①] 庇古提出用两种方式把富人的财产向穷人进行转移：一种是自愿转移，也就是把富人的一部分财产拿出来去举办娱乐、教育、保健等福利事业，或举办一些为资产阶级自身利益服务的科学和文化机构；另一种是强制转移，也就是政府利用收入再分配的手段，例如通过征收累进的所得税和遗产税等手段可以集中一部分国民收入，然后再利用社会福利制度的补贴和帮助，促使穷人的收入增加，也可以通过补贴为穷人生产产品的那些机构，使产品的价格下降，达到财产转移的目的，使得穷人和富人的边际效用相等。这时"福利的最大化"也就实现了。庇古还把向穷人转移收入的方法分为两类：一类是直接转移，如建立社会服务设施或进行一些社会保险；另外一类是间接转移。例如，对于穷人最迫切需要的如面包、马铃薯等食品的生产部门和生产单位，政府对其进行补贴，促使这些部门和企业的食品出售价格降低，使穷人获益；或者由政府对工人住宅的建筑进行补

---

① 　厉以宁等：《西方福利经济学述评》，商务印书馆1984年版，第41页。

贴，使房屋造价降低，房租降低，使穷人获益；或者由政府对垄断性的公用事业加以补贴，使得服务价格降低，例如对公共交通补贴，使公共交通车的票价降低。

4. 庇古提出社会资源最优配置的问题

庇古关于社会资源最优配置问题的提出是其福利经济学的另一个重要论点。前面谈到，庇古认为国民收入总量的增加是提高经济福利的关键因素。他由此推出：一个社会如果要增加国民收入量，就必须增加满足社会需求的社会产品量；而要增加社会产品量，就必须使生产资源在各个生产部门中的配置能够达到最优状态，否则就不能最大限度地增加国民收入量。[1]

庇古从生产的角度提出了"社会资源最优配置论"，这在其福利经济学中占有重要的地位。他认为通过收入转移的方式可以达到缓和贫富间矛盾的目的，但是彻底解决社会贫困的关键还在于增加社会的生产，而社会资源的最优配置就是用来解决这个问题的。

庇古首先提出了"边际私人纯产值"与"边际社会纯产值"两个概念，接下来，他以二者的相等，以及由二者相等而得出的边际社会纯产值在一切生产部门都相等，作为社会资源最优配置和国民收入达到最大量的标准。根据庇古的解释，边际私人纯产值就是指增加一个单位的投资，投资者收入所增加的值，因此边际私人纯产值等于边际私人纯产品乘以价格。边际私人纯产品则是指厂商增加一个单位生产要素所增加的产量。"边际私人纯产品是由于在任何用途或场所中，资源边际单位的增加而使该资源的投资者最初（即在销售以前）获得的那一部分物质生产或客观服务的

---

① 厉以宁等：《西方福利经济学述评》，商务印书馆1984年版，第49页。

纯产品总量。"①边际社会纯产值是指社会因增加一个单位生产要素所得到的纯产值，它等于边际社会纯产品乘以价格，而边际社会纯产品则是指社会每增加一个单位生产要素所增加的产品，庇古写道："边际社会纯产品是由于在任何用途或场所中，资源边际单位的增加而产生的物质生产或客观服务的纯产品总量，不管这种产品的任何部分由谁所获。"②

就边际私人纯产值和边际社会纯产值两者之间的关系，庇古的解释是：如果在边际私人纯产值以外，其他人还能获得利益，那么边际社会纯产值就大于边际私人纯产值。相反，如果其他人的利益受损，那么边际社会纯产值就小于边际私人纯产值。庇古把生产者的某种生产活动带给社会的有利影响叫做"边际社会收益"，把生产者的某种生产活动带给社会的不利影响叫做"边际社会成本"。③

庇古利用上述的边际产值分析方法和有关的各种边际产值概念，提出了社会资源配置学说。他说，客观上存在着边际私人纯产值和边际社会纯产值相背离的情况，这时候只依靠自由竞争是不可能达到最大国民收入量的。原因是私人投资者只对边际私人纯产值产生兴趣，在边际私人纯产值与边际社会纯产值出现差距时，私人投资者达不到使各个企业投资的边际社会纯产值相等。因此，政府应当采取适当的经济政策去消除这种背离。政府此时应当采取的经济政策是对前一类部门，即边际私人纯产值大于边际社会纯产值的部门征税，对后一类部门，即边际私人纯产值小于边际社会纯产值的部门实行补贴。庇古认为，通过这种征税和

---

① 庇古：《福利经济学》，华夏出版社 2007 年版，第 134—135 页。
② 同上书，第 134 页。
③ 厉以宁等：《西方福利经济学述评》，商务印书馆 1984 年版，第 52 页。

补贴，就可以导致经济资源从边际私人纯产值大的地方转移到边际私人纯产值小的地方去，以减少边际私人纯产值与边际社会纯产值之间的差距，其结果将使经济福利增加。①

5. 农业保险的福利功效

国内外学者经过大量的研究，普遍认为农业保险具有福利功效。学者持农业保险福利功效的观点主要有，冯文丽(2004)：农业保险的促进农业产业化、提高农业贷款人的预期收益以及经营业绩，农业保险的保证农民收入的稳定、农业保护的重要政策工具、农业保险可以支持农业收入的再分配，农业保险对经济的乘数效应；蒋丽君(2007)：促进农业产业化、保证农民收入稳定、支农性国民收入再分配，以及对经济的乘数效应；张跃华(2007)：农业保险在宏观层面有助于稳定政府财政支出，以及促进农村金融的发展，在微观层面有助于提高农民效用水平、促进农业科技推广，以及有助于农民迅速恢复生产；陈林、杨新顺(2009)：农业保险可促进农业产业化，还可以保证农民收入的稳定，是农业保护的重要政策工具，可以实现支农性国民收入再分配，提高农业贷款人的预期收益以及经营业绩，改善农业经营主体的信用地位而使农村社会福利纳入政府目标，以及对经济的乘数效应。对农业保险福利方面的研究，国外的研究比国内的更加深入和细致。Hazell(1986)，Knight 与 Coble(1997，1999)，Glauber 与 Collins (2002)，Paul 与 Krishnamurthy(1995)，Nelson 与 Loehman(1987)，帕·克·雷(1989)等人分析了农业保险对于农户的作用、农业保险的实施对于作物产出的弹性等问题，并进行了较深入的研究②。

---

① 厉以宁等：《西方福利经济学述评》，商务印书馆1984年版，第53页。
② 参见张跃华《需求、福利与制度选择——中国农业保险的理论与实证研究》，中国农业出版社2007年版，第23页。

　　根据前文所论庇古的福利经济学理论，国民收入总量增加，国民收入均等化会提高社会福利的水平。以此为标准，本书从以下几个方面论述农业保险的福利功效。

　　第一，农业保险可以稳定农民收入。"农业保险是致力于解决农业问题的一系列相互联系的一种政府行为。农业生产中最为普遍的问题是农业收入的不稳定，即农业收入太低和农业收入的极不稳定性。"（Darrell L. Hueth and W. Hartley Furtan，1994）

　　P. B. R. Hazel，Carlos Pomareda 和 Alberto（1986）的研究认为：作物保险的主要目的就是帮助稳定农民的收入，尤其是在出现灾害的年份，而确定这种目的是可以依据福利，或者资源的有效利用，或者增加农业发展银行的贷款回收率。同时他们也认为稳定农民的收入也将帮助稳定农业住户的收入。例如当地消费品和服务的生产者和经营者的收入的稳定。Yamauchi（1986）根据日本的一个村庄15个农户的案例得出了农业保险可以稳定农民收入的结论。1980年该村庄的稻谷由于夏季里反常的低温而损失严重，但是农业保险的赔偿使得农民的收入达到了常年稻谷收入的64％。Basscco，Cartas 和 Norton（1986）从几个方面对墨西哥的作物保险计划的经济影响进行检验发现，保险可以导致就业的温和增加和短期内对生产者收入产生益处。Kraft（1996）的研究认为：尽管农民购买保险需要支付农民的现有收入，使得农民获取最大收入的可能性降低，但反过来，农民低收入的可能性也在降低。总之，农业保险发挥着收入"稳定器"的作用，使得农民在遭受灾害时获取一定数量的赔偿而有所保障，农民的收入波动不是很大，有利于整个社会收入的均等化，使整个社会的福利增加。

　　第二，农业保险具有国民收入再分配的功效。农业保险具有国民收入再分配的功效，这主要体现在两个方面：其一，保险机构对于收取的农民缴纳的保费，可以在受灾和没有受灾的农民之间、受灾和没有受灾的地区之间进行再分配。其二，政府经常会向参加保险的农民与从事农业保险的保险公司提供补贴，从而实现了一国的国民收入在国民经济的其他部门与农业部门之间的二次分配。Tsujii(1986)对日本的情况进行了研究，认为农业保险计划使大量的收入向农民转移。Goodmin(2001)认为，农业保险是政府财政部对农业部门进行转移支付的一个重要工具。① 根据Goodmin 的测算：1988 年至 1999 年间，平均每支付 1 美元的保费，农民就会得到 1.88 美元的赔偿。

国民收入在受灾和没有受灾的农民之间、受灾和没有受灾的地区之间进行再分配，以及国民收入在国民经济的其他部门与农业部门之间的再分配，都能使国民收入的分配趋于均等与合理。依据庇古的福利理论，社会的经济福利也因此将得到提高。

第三，农业保险有促进农村金融发展的功效。一旦遭受严重风险的农民在要求银行贷款时更可能遭遇失败，尤其是在遭受巨灾的年份。在乡村地区，信贷市场是不完全的。也就是说，因为存在着信贷定量，许多潜在的借款人很少或不能从正规的金融机构以现行的利率获得贷款，在资金市场的大多数的限定缘于农业的较高的不确定性(Johnson，1947)，而且对于那些不能提供抵押的农民来说情况尤为严重，而不发达国家的许多低收入的农民普遍如此。

许多研究认为，农业保险的情况不仅仅是农业保险的直接受益，而且也是农业保险对信贷市场的潜在的间接影响。保险可以作为对抵押的部分替代，使得借贷者的信贷市场扩大。实际上，

---

① 蒋丽君：《农业保险：理论研究与实践探索》，中国商业出版社 2007 年版，第 45 页。

Binswanger 认为，对于作物保险需求的主要根源是来自金融制度，这是因为金融制度不能把它们的信贷合同的条款调整到借贷给特殊群体的较高的费用。

农业保险给农村信贷提供了更多的机会，从而促进了农村金融的发展，反过来农村金融的发展又促进了农业保险的发展，使社会的经济福利增大。

第四，农业保险可以促进农业产业化。Richard E. Just 和 Rulon D. Pope 认为，作物保险是生产者可以利用的应对风险的措施之一，在某种程度上，保险是对储蓄、多样化经营以及其他风险管理工具的一种替代。大量的事实表明，农业保险通过转移风险和一定程度的降低风险预期，可以促进农业的产业化进程。

对于农业生产者来说，农业保险是一种重要的转移农业风险的财务手段。这是因为：首先，农业生产者通过投入少量的保险费支出而参加了农业保险，这样就可以把难以预测的农业风险损失转移出去，构建一种客观的互助性风险保障；其次，保费支出属于农业经营中必要成本费用的一部分，通过把农业保险费计入生产成本由社会承担，就可以依靠社会力量建立起一种可靠的农业风险保障、农业灾害补偿的经济制度，这种农业灾害补偿制度可在一定程度上促进农业产业化。[1] 简言之，农业保险对社会福利产生有利影响的路径为：使农业投资者风险预期降低—投资增加—产业化程度提高—产出效率提高—国民收入增加—社会福利增进[2]。

---

[1]　冯文丽：《中国农业保险制度变迁研究》，中国金融出版社 2004 年版，第 66 页。

[2]　蒋丽君：《农业保险：理论研究与实践探索》，中国商业出版社 2007 年版，第 44 页。

二　福利经济学理论在美国农业保险制度演进研究的适用性

福利经济学是对如何增加社会福利进行研究的经济理论，是经济学的重要分支。它以发展、公平、效率作为其理论研究的核心关键，讨论既能推进经济的发展和提高效率，也能够保证制度的安排和选择的公正公平。庇古提出的福利经济学思想既强调了效率原则，即提高国民收入，同时也强调了公平分配的原则，即当市场失灵时政府给予纠正。因而，庇古的福利经济学更加关注弱势群体，主张实行累进税收以及福利措施等，通过对国民收入进行再次分配进而增加一个国家的福利；庇古提出了"收入均等化"的观点，他的基本论点是：如果把富人该收入的一部分转移给穷人，社会的福利就会增大；收入转移的途径就是由政府向富人征税，再贴补穷人；主张国家进行干预，政府应该对边际私人纯产值超过边际社会纯产值的部门征税并限制，对于具有较高的社会利益的部门，国家进行补贴，提高福利。

本书立足于美国农业保险制度演进的研究，在美国农业保险制度的演进历程中，其农业保险体现的是其社会福利制度的一部分①，即美国政府一直本着发展、公平、效率的原则，政府积极进行干预，对其农业保险采取了补贴、对私营保险公司给予财政支持、采取税收优惠、保费打折等一系列的福利政策，期望通过资源的最优配置进而增加社会福利。由于农业保险具有生产与消费的双重正外部性，农民购买了农险之后，一方面使自己的收入有了稳定的保障，另一方面使农业的再生产得以顺利实施并使国民经济得以稳定，而保险公司提供农险，一方面为农业生产提供

---

① 依庹国柱在 2002 年提出的观点。

保证，另一方面也起到了促进总体经济发展的作用，所以农业保险部门是庇古理论的边际私人纯产值低于边际社会纯产值的部门，而美国政府通过纳税人的收入对农业保险大量补贴，达到资源的优化配置，实现提高社会福利的目的，这正是庇古福利经济学理论的运用与实践。

第四节　基于制度变迁理论与庇古福利 经济学理论的分析框架

从以上的分析可见，新制度经济学的制度变迁理论与庇古的福利经济学理论提供了美国农业保险制度演进过程中的理论解释，因此本书以此为视角，构建了一个理论的分析框架。图1—1显示的就是基于制度变迁理论与庇古的福利经济学理论的分析框架。

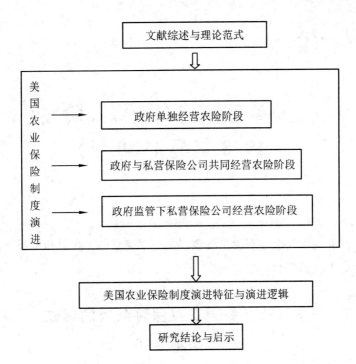

图 1-1 基于制度变迁理论与庇古福利经济学理论的分析框架

第二章

政府单独经营农业保险阶段
（1938 年至 1980 年）

美国农业保险制度是在政府主导下建立的，在最初阶段是由政府单独经营的。

第一节　美国农业保险制度的建立及其基本架构

一　美国农业保险制度的建立

1797 年，英国的梅克伦堡雹灾保险协会开始承保以农作物遭雹灾为保险标的的风险业务，从此掀开了现代农业保险的历史。由于农业保险所具有的分散风险与经济补偿的功能，自英国首创农业保险以来，世界上的许多国家相继开办农业保险，但是因为各国的经济制度结构的不同，各国起步的时间早晚不同，美国的农业保险制度是在 1938 年正式建立的，建立的标志是《联邦农作物保险法》（1938 年）的颁布。

19 世纪末 20 世纪初期私营保险公司经营农险失败的事实引起了美国政府的重视，因此，1922 年，美国议会通过了一项决议，决议决定对作物保险进行调查。该决议指定组建一个议会委员会来进行如下的调查：可利用的保险种类与费用；保险承担保护的充分性；扩大这类保险范围的任何实际方法的需要性；对于适当地和安全地发布额外的作物保险统计的可行性和充足性。

委员会于 1923 年的 4 月 24 日到 4 月 27 日举行了听证会。此次听证会代表了美国历史上农作物保险首次作为一个国家问题被对待。来自政府、农业以及保险行业的专家们在会后形成的长达 116 页的意见表明，成功的农业保险计划一定是属于国家管理的范畴，并且要求比当前更好的可利用的数据资料。委员会在夏天休会，而当秋季来临再次召开会议的时候，由于农业经济条件的恶化，国会内的农业工作人员把工作转到更为直接的救济措施。第二年也未再举行类似的听证会。

1934 年和 1936 年美国发生干旱，于是关于作物保险的辩论又被提到日程上来了，而且这次也被看作总统选举的一部分，在任总统富兰克林·罗斯福(F. D. Roosevelt)支持政府负责的作物保险计划，而他的竞争对手偏爱于私人承担保险。1936 年罗斯福总统指定一些人组建一个委员会，就政府负责的作物保险的立法写出建议书，该委员会的建议书的大部分被《联邦农作物保险法》(即 1938 年《美国农业调整法》的第五部分)所采纳。罗斯福再次当选美国总统之后，爱达荷州的议员 James P. Pope 负责《联邦农作物保险法》的起草，并在 1938 年作为农场议案的一部分被正式通过(Kramer 1983)。从此，美国的农业保险制度以法律的形式正式确立。

《联邦农作物保险法》明确写明其目的是，通过农作物保险的稳定制度来提高农业经济的稳定性，为设计和建立这类保险提供有益的研究和经验，从而提高国家的福利。该法还规定了美国的农业保险的经营机构为"联邦作物保险公司"(Federal Crop Insurance Corporation，简称"FCIC")，并规定了具体的实施办法以及综合农作物保险的范围与条件等，为 1939 年美国联邦政府能够全面地开展作物保险的业务提供了法律上的依据与保障。之后，美国政府根据变化对该法进行多次的修订并加以完善。

二　美国农业保险制度建立之初的基本架构

根据《联邦农作物保险法》的第 503 节，美国国会正式成立了全部为政府所有的 FCIC，根据第 505 节(a)建立了公司的董事会，FCIC 的总部设在哥伦比亚区，并根据董事会的规章在美国的其他的地方建立分支机构。"联邦作物保险公司"(FCIC)的工作有三个目标：(1)保护农民因作物的损失和价格的下跌而造成的收入影响；(2)保护消费者应对食物供给短缺与极端的价格；(3)通过提供农场供给的平稳流通与建立稳定的农业购买力来支持经营与就业。此外，还规定：种植者可以对他们记录的或者估计的平均产出的 50% 和 70% 进行损失投保，这些损失必须是由于干旱、洪水、冰雹、飓风、严寒、雷电、龙卷风、虫害、植物疾病造成的，以及其他的由董事会确认的不可避免的原因造成的损失。保费和损失可以以实物或者现金的方式进行偿付。

1939 年美国开始试办联邦农作物保险，至 1980 年一直由政府单独经营农业保险，其基本特征为：农业保险完全是由国营保险机构 FCIC 负责进行经营；联邦农作物的保险是多种灾害性农业保险 (Multiple Peril Crop Insurance，简称 MPCI)[①]，此种保险就主要的农作物可能出现的病虫害与自然灾害，提供作物生产价值的最根本的保障；农业保险采取的是自愿参保的方式；对于

---

① 　MPCI 具有多个保险的级别，最高可达 75%，它对产量记录较为完整和生产经验较为丰富的农民有利，因而深受这部分农民欢迎，它主要包括 APH 保险 (Actual Production History) 和 GRP 保险 (Group Risk Plan)，这在以后的第三章第三节有详细介绍。

纯保险费部分政府不进行补贴，美国政府仅对农作物保险的附加费进行承担。

第二节　美国农业保险制度建立的动因

美国农业保险制度的建立是几种重要因素促成的结果，主要有 20 世纪 30 年代初大危机下的美国农业危机，罗斯福政府对经济福利问题的考虑，政治上的权宜，以及早期私营商业保险公司经营农险失败等。

一　"大危机"下的农业危机

美国从 1929 年 10 月 24 日开始的纽约股票市场崩溃，使美国陷入了资本主义制度有史以来最严重的经济大萧条，并且由美国蔓延到整个资本主义世界。[①]美国经济进入 30 年代的大危机，大批企业破产，银行倒闭，工业生产持续 3 年下降，全国工业生产指数与危机前的 1929 年相比下降了 47.3％，工业生产下降了 55.6％，其中钢铁生产下降了近 80％，汽车业下降 95％，破产的企业达 13 万多家，国民生产总值从 1929 年的 1038 亿美元下降至 1933 年的 558 亿美元，同期国民收入从 874 亿美元下降至 396 亿美元，降幅达 54.7％。[②]在这场危机中，美国农业受到了特别沉重的打击。

从 1928 年年底起，特别是美国的大危机之后，农业又爆发了远较过去严重的危机。这次危机具有下述明显的特征。首先，

---

① 徐更生：《美国农业政策》，经济管理出版社 2007 年版，第 32 页。

② 高德步：《世界经济通史》下卷《现代经济的发展》，高等教育出版社 2005 年版，第 12—13 页。

危机以异常深重的状态出现。农产品价格在已经低落的基础上又以猛烈的速度下跌。在1929年1月农产品批发价格指数为149（该指数在1910—1914年间为100），到1933年2月下降为57。同期，农场经营者的收支比价由88跌到49。从1928年9月到1932年9月，农场经营者得到的价格平均降低58%，其中谷物跌落69%，棉花跌落61%，肉畜跌落58%。由于农产品价格普遍和大幅度下跌，农业生产总值也大幅度下降。1929年，美国农产品总值为119.41亿美元，1930年降至94.54亿美元，1931年降为69.68亿美元，1932年又降至53.37亿美元，即只有1929年的44.6%。农场净收入下降更为明显，由1929年的67亿美元降至1932年的23亿美元。① 不论在价格方面或农场经营者收入方面，下降幅度之大都远远超过以往出现的农业危机。其次，本次危机具有持久的特征。尽管1924—1928年美国的农业生产有所回升，出现农产品价格暂时相对稳定的局面，但迅速卷入30年代的大危机。1935—1937年危机暂有缓和，而1938年又进入新的危机，农产品批发价格复跌至68.5，1939年继续降至65.3，1940年还停留在67.7的水平，直至1941年，日益加重的农业危机才被第二次世界大战所中断。在从1921年到1940年整整20年间，美国农户收支比价除1925年曾一度上升到95和有5年达到91—93之外，长期都在89以下，甚至在第二次世界大战的1941年，也不过回升到93。美国农场经营者的货币收入，从1919年的145.38亿美元的高峰掉下来之后，长期保持在110亿美元的水平，大危机前的1929年也只不过有113.12亿美元，而在第二次世界大战开始时，亦仅从1940年的83.82亿美

---

① 广东省哲学社会科学研究所：《美国农业经济概况》，人民出版社1976年版，第284页。

元增加到 1941 年的 110.11 亿美元。① 还是远远落后于 20 年代危机前的水平。美国的农业危机使农场主的生活十分困难，但是农场主的困难远不止于此，一方面，他们的税收负担激增；另一方面，工农业产品差价越来越大，例如 1929 年至 1932 年间，农业生产下降了 6％，价格下跌了 63％，农业机械的生产减少了 80％，但价格只下跌 6％。因此，农场主的处境非常凄惨，据记载，烟草种植地区的农场主因为买不起孩子的鞋子和衣服，不得不让孩子辍学待在家里。

二　罗斯福政府对经济福利问题的考虑

Barry K. Goodwin 和 Vincent H. Smith(1995)在《作物保险与灾害援助》一书中写到：某种程度上来说，经济福利问题是促成联邦作物保险计划诞生的一个重要判定，对于收入分配的关注起着主导作用。F. 罗斯福总统在其著述中坚持认为，美国需要作物保险，目的是减轻因个体农户所不能控制的因素所带来的乡村地区的贫困。

为了解决深陷困境的农业危机，1929 年新上任的胡佛总统在当年 6 月签署了农产品销售法案，授权成立了"联邦农场局"(Federal Farm Board)，由其向农场主合作社提供贷款。1933 年新上任的 F. 罗斯福总统上任之后，采取了广泛的农业政策。1933 年颁布了著名的《农业调整法》，把增加农场收入与提高农产品价格的政策更加具体。然而，1934 年与 1936 年的两次旱灾导致美国农作物损失巨大，表明以价格支持为基准的"农业调整法"未能实现其预定目标。因此，建立并实施农险被提到国会的

---

① 广东省哲学社会科学研究所：《美国农业经济概况》，人民出版社 1976 年版，第 286 页。

议事日程，委员会的报告指出：通过预测农业的自然风险费用，并将其转化为农业保险费，建立保险基金，当因自然灾害农业受损的时候，用此项基金加以补偿，农场主便不会由于农业自然风险来限制土地资源的合理和充分的利用，农业保险可以发挥价格政策所达不到的作用。

罗斯福政府从对农业的价格支持政策延伸到农业保险政策，是在考虑农业保险在大灾出现时既可以稳定农民的收入，又可以实现在受灾和没有受灾的农民之间、受灾和没有受灾的地区之间进行收入的再分配，从而提升本国的经济福利。正因如此，《联邦农作物保险法》[①]中明确地写道：本法案的目的是通过农作物保险的稳定制度来提高农业经济的稳定性，为设计和建立这类保险提供有益的研究和经验，从而提高国家的经济福利。

三　政治上的权宜

Barry K. Goodwin 和 Vincent H. Smith(1995)认为美国联邦作物保险计划诞生的一个重要促成因素就是政府在政治上的权宜考虑。根据他们的观点，尽管 1934 年、1936 年美国发生了大的旱灾，使农民遭受了巨大的损失，但是期间政府并没有采取有效的措施来应对灾害带给农民的痛苦。然而从 1936 年开始，罗斯福政府把农业保险问题提到日程上来，这是因为罗斯福要面临1936 年的总统大选，而此种举措正是他争取连任，以获得更多选民的支持，赢得民心的政治权宜之举。

1933 年，罗斯福在举国上下绝望的气氛中举行了第一任期的就职仪式，由于他的"新政"，终于把美国从覆亡的边缘拉了回来。罗斯福在第一任期的政绩斐然，而且使民主党在美国人的心

---

① 即 1938 年的《联邦农作物保险法》，它确立了美国的农业保险制度。

目中成了一个"改革"的党，罗斯福成了一名"改革"的旗手。民主党和罗斯福迎来了1936年的大选，尽管"新政"为罗斯福赢得了一定的威望，但是他正面临着国内有钱有势的保守主义分子猛烈地攻击，没有人能确定他未来的政治前途。共和党全国代表大会在1936年6月10日召开，获得总统候选人提名的是堪萨斯州州长艾尔弗雷德·兰敦(Alfred Landon)，他是靠石油工业起家的，是一位笃诚的、富于勇气的公民自由运动领袖。

报业巨头威廉·伦道夫·赫斯特①认为罗斯福"忘恩负义"，转而吹捧兰敦。赫斯特称兰敦是"来自堪萨斯州的柯立芝"②，赫斯特的报道很快使兰敦变成了家喻户晓的名人。共和党的竞选纲领委员会还发表了一份文件，指责罗斯福政府歪曲了宪法、道义与美国人民的自由精神。这份竞选纲领向美国民众允诺将为美国民众提供"新政"所规定的一切，但表示各项措施如果由各州来实施，效果反而会更好。然而，兰敦犯了一些严重的错误，最为严重的是他攻击社会保障体系是"一个残忍的恶作剧"，对于作物保险他主张由私营保险公司承担，而这将导致农民承担过高的农险费用。而罗斯福则以他政治生涯的一系列举措给予了强有力的回击，对于农业保险主张由国家来承担，受到农民的欢迎。罗斯福把农业保险问题提到日程上来，就是与其竞争对手进行较量，成为赢得民心的举措之一。正因如此，罗斯福在1936年11月3日的大选中，获得了美国现代历史上最大的胜利，得以连任。

四　早期私营商业保险公司经营农业保险失败的驱动

经济学的一个基本假定为：人是具有理性的，并以追求自己

---

①　罗斯福的老对手，强有力的报界巨擘、孤立主义分子、民主党人士，他控制的报系拥有千百万名美国读者。

②　柯立芝是美国联邦第30任总统。

偏好最大化为其目标。以此假定为前提，制度是可以解决人们的利益冲突的有效方式，是个体在经济生活与社会生活应当遵循的行为准则与习惯。制度可以约束人们的行为，协调分工，规定个体追求其自身利益的最大化时活动的边界，规范合作与竞争的关系。根据新制度经济学观点，交易费用为制度赖以存在的原因。交易费用到处存在，因而需要制度。而选择不同的制度代表了不同资源配置的效率，人们偏好选择效率高的制度而不是低的制度，进而推动制度变迁。制度的存在与变迁是人们为了实现经济效率与社会福利的提升做出理性选择的结果。

林毅夫（1989）认为，制度通过其功能的发挥来实现其在社会生活与经济生活中的作用，制度的功能主要在两个方面体现出来：一个是制度安全功能，另一个是制度经济功能。制度安全功能指制度能够消除不确定性，并起到保护作用，便于人们经济决策，例如司法制度、保险制度等；制度经济功能指制度给人们的交易提供方便，节约提供制度服务费用，比如意识形态、道德、伦理、货币等。制度缺失存在较大的危害，例如激励人们掠夺他人财富的分配性的努力，而不是去做那些提高社会财富生产性的努力，制度的缺失会使社会陷入混乱状态。

实际上，早在19世纪末20世纪初期，美国就有商业保险公司尝试着经营农业保险，并无政府的任何介入，只是私营保险公司的自主经营。由于私营公司本身势单力薄，或是因为农作物的价格跌落，或是因为难以分散的风险等原因，私营公司经营的农业保险业务以失败而终结。

1899年，在农户的要求下，美国明尼阿波利斯市（Minneapolis）的一家"房地产收入担保公司"（Realty Revenue Guaranty Company）同意以每英亩5美元的价格购买农户的小麦作物，从此开启了美国历史上的多种灾害性农业保险（Multiple Peril Crop

Insurance)。在此之前，对于作物损失唯一可以进行的保险是雹灾险①与火灾险。作物收入保险的早期尝试的命运并没有文献的记载，只知道一年之后该公司就停止了该项保险(Hoffman，1925)。

1917 年，北达科他州、南达科他州，以及蒙大拿州的三个私营保险公司开始制定作物保险政策并经营农业保险(Valgren，1922)。然而由于一次旱灾，它们损失极其严重。很明显，它们的失败是由于承保面积太小而不能充分地分散它们的风险所致。"哈特福特(Hartford)火灾保险公司"在 1920 年也提供了作物保险，这项保险既担保价格风险又担保产量风险。后来，该公司的经理在国会作证时说，主要由于作物价格的突然大幅度的跌落，造成作物保险损失赔付超出保费收入，甚至达到 170 万美元(U. S. Congress，1923)。此外，之后还有几个私营公司试图努力提供作物保险，无一例外都不成功。②

制度既可以指制度的安排，又可以指制度的结构，任何一种特定制度的安排皆处在制度结构的链条当中，某一种制度安排的变革意味整个制度体系的调整，也意味会受到既有制度结构的制约。③

美国农业保险制度萌芽时期的失败，说明了资源配置效率低下与交易费用又高的制度在美国农业保险制度体系难以为继，而

---

① 雹灾险创办于 1880 年，雹灾险与火灾险属于纯商业险种，由商业保险公司完全按照市场规则自由竞争，政府既不参与也不干预，主要原因是冰雹受灾面积有限，受灾损失金额较易确定，所以这两种险种在美国的农险历史上还是一直存在的。

② Peter Hazel, Carlos Pomareda, Alberto Valdes, *Crop Insurance for agricultural Developmen*, London：The Johns Hopkins Press Ltd.，1986, p. 195.

③ 黄英君、叶鹏：《我国农业保险发展变迁的制度分析》，《兰州商学院学报》2006 年第 2 期。

当"大萧条"下的农业危机以及自然灾害给农民带来巨大的损失时，由于农业保险制度的缺失而造成的制度安全功能的缺位，使农民难以应对生活的贫困，因而在美国做出农业保险制度的安排成为必然。

诺思指出，"理解制度结构的两个主要基石是国家理论与产权理论"，没有关于国家的理论，就不能真正完成关于产权的理论，"因为是国家界定产权，因而国家理论是根本性的，最终是国家要对造成经济增长、停滞和衰退的产权结构的效率负责"。①

罗斯福政府作为制度的最大供给者，凭借其国家的暴力潜能，发挥其国家的垄断性、强制性与规模经济的优势，对美国农业保险制度做出安排。这可以说是国家为了实现经济效率与社会经济福利的提升所做出的理性选择。

第三节　美国农业保险制度建立之初由政府单独经营的内在逻辑

一　公共物品供给与农业保险

（一）公共物品及其特征

关于公共物品的问题，人们很早就已经注意到了。休谟（David Hume）（1711—1776 年）在《人性论》（1739）中写到这样的现象：两个邻人可能通过协商达成协议，共同向一片平地排水，但是这样的协议在 1000 人之间却是难以达成的，因为每个人都希望转嫁负担而坐享其成。因此，休谟认为，那些对所有人都有

---

① 诺思：《经济史中的结构与变迁》，上海三联书店、上海人民出版社 1994 年版，第 17 页。

好处和带来利益的事情,唯有通过集体进行行动或由政府参与去完成。休谟的上述分析涉及了公共物品理论的几个方面:在以自我利益为中心的个人之间具有某些可以共同消费的物品;对于这种新物品的提供过程当中存在着坐享其成的心理状态和可能性;通过政府参与才能有效地克服这种心理状态。之后,亚当·斯密(Adam Smith)在《国富论》(1776)一书中提到:除了市场的这只看不见的手以外,君主也应该对某些服务进行提供,这些服务包括三项:设立司法机关与建立和维持某些公共事业、建立国防以及某些公共设施。斯密和休谟都得出了政府必须提供某些服务的相同结论。只是休谟对其起因解释为来自人的自利本性,并以此为出发点,而斯密却强调能否对大部分公共服务进行提供关键在于个人能否充分地对公共服务进行提供,当个人不能对这些公共服务加以充分地提供时,那么君主对公共物品进行提供就是必须的了。约翰·斯图亚特·穆勒(John Stuart Mill)在《政治经济学原理及其在社会哲学上的应用》(1848)一书里对是否由政府对某些服务加以提供进行了更深入的探讨。他用灯塔的例子进行证明为何政府必须对某些服务进行提供。穆勒解释的原因是:对于那些收费相对困难的物品或服务,应该由政府加以提供。1954 年,萨缪尔森在《公共支出的纯理论》一文中说,公共物品"每个人对这种产品的消费,都不会导致其他人对该产品消费的减少",也就是说公共物品是全体成员集体享用的消费品,社会所有成员可以对该物品同时享用,而且每个人对该物品的消费都不会减少其他社会成员对该物品的消费,这是从"非竞争性"的角度谈论公共物品的定义。① 布坎南(James G. Buchanan)在《民主财政论》中所

---

① 转引自蒋丽君《农业保险:理论研究与实践探索》,中国商业出版社 2007 年版,第 35—36 页。

持观点是公共物品是"任何由集体或社会团体决定，通过集体组织提供的物品或劳务"①。

公共物品的提出是相对于私人物品而言的。私人物品是指用来满足私人需要的那些物品，它的特点是既具有排他性又具有竞争性，同时是可以通过在市场上进行交易来达到资源优化配置的一种产品。而公共物品则是用来满足社会公共需要的一种物品，公共物品是不能依赖市场交易实现有效配置的，它是具有非排他性和非竞争性的产品。② 与私人物品相比较，公共物品具有如下的特征：

第一，效用不可分割性。公共物品是向整个社会或某一区域成员共同提供的物品，而不能把它们分割成若干部分，分别由个人消费或某些集团使用，如国防设施、大型综合水利工程、运输管道等，而私人物品的效用可以分割，即便是垄断性很高的产业也存在激烈的竞争，提供的产品其效用也都是可分割的。③

第二，生产经营具有一定规模。就公共物品而言，它的生产经营规模一般需要做大，且能够实现提供成本较低的服务，其条件是公共物品生产与经营达到规模。因而，公共物品的投资一般都比较大，只依靠小规模生产经营往往是实现不了的。公共物品的生产投资与运行效果以及效益，取决于数额大的投资资本。

第三，消费无排他性。所谓无排他性，就是指某个人或团体在对一种公共物品消费的同时，并不妨碍其他人或团体对这种物品的使用，也不会减少其他个人或团体使用该物品的数量或质

---

① 转引自蒋丽君《农业保险：理论研究与实践探索》，中国商业出版社2007年版，第36页。

② 参见宗国富《中国农业保险经营模式研究》，吉林人民出版社2008年版，第41—42页。

③ 同上。

量①。正因为公共物品提供的对象不是某个个人而是多数的消费者，所以具有了无排他性。反之，私人物品的消费是具有排他性的，谁购买了私人物品，谁就拥有对其绝对的支配权，"搭便车"现象是不存在的。

第四，取得方式的非竞争性。在公共物品的取得上，每个生产者不可能展开激烈的竞争，尤其是那些关系基础设施的公共物品，原因是竞争必定产生低效率甚至资源浪费。例如，生产者们在那些关乎国计民生的公共物品，例如通讯线路、光缆、输油气管道上竞争，竞争的结果势必是付出超出收益。公共物品的此种特点，使公共物品常由国家来经营。

第五，成本和利益的外在性。所谓外在性是可以产生这样的一种效应的，即本人的效用函数，或者企业的成本函数既依赖其自身所能够控制的变量，又取决于他人所控的变量，并且市场交易关系不能影响此种依存关系。福利经济学理论认为，外在性要满足如下条件：外在性一定会产生某种福利影响的效应，而这种效应既包括积极与消极的效应，但绝不是纯粹的一种物理影响；产生外在性效应的主体包括个人、集团，或者处于人力控制的事物，受外在性影响的客体也一定是人或者人所拥有的事物；外在性的福利既包括利益也包括损失，但都是无须付出代价的；外在性具有偶然性和附随性，它既不是经济活动主导的结果，也不是有意识的行为造成的一种影响，可以称之为经济活动的副作用。也就说，公共物品必须是满足外在性条件的。投资于公共物品所产生的收益将以间接的方式渗透在整个社会和区域，而不是直接回报给投资者，或者说广大消费者就是受益人。因此，对于公共

---

①　参见宗国富《中国农业保险经营模式研究》，吉林人民出版社2008年版，第41—42页。

物品来说，政府出面组织生产经营的效率会更高，甚或远远高出私人的生产经营效率。反之，私人物品没有这样的外在性，因为私人物品的效用函数乃至企业的成本函数不受制于他人所控变量，而是取决于自身所控变量。

第六，利益计算的模糊性。关于公共物品的项目究竟能带来多少收益，是难以确切地计算出来的，因为某些公共物品对于社会以及他人的利益不是短期产生的而是具有长期性的利益的。例如，通讯线路、光缆、输油气管道等公共物品给社会和消费者带来的利益是确定无疑的，具有利益外溢的特点，但是究竟增加了多少价值，这是难以计算的。然而，私人物品的利益计算却是十分明确的。

（二）农业保险的准公共物品属性

研究美国农业保险制度的演进，对于农业保险的属性问题的认识是一个至关重要的问题，因为这有助于理解为什么美国农业保险制度的建立首先是以政府单独经营的模式出现的，而且在之后的农业保险制度的演进中虽然经营的模式在改变，但是始终离不开政府对农业保险的大力支持。

对于农业保险的属性，国内学者虽然从不同的角度提出了各自的观点，但普遍认为农业保险具有准公共物品的属性。李军（1996）提出农业保险的特点，社会效益高而本身经济效益低，具有明显公益性；同时它又具有一定的排他性，即必须符合一定的条件才能参加保险，比如农民不缴纳一定的保费就不能参加，所以农业保险应当属于准公共物品，而不是私人物品[1]。庹国柱、王国军（2002）通过分析得出这样的结论：农业保险产品从根本上

---

① 李军：《农业保险的性质、立法原则和发展思路》，《中国农村经济》1996年第1期。

来说既不是完全意义上的私人物品，也不是典型的公共物品，所以农业保险产品是介于私人物品和公共物品之间的一种物品，但更多地趋近于公共物品①。陈璐(2004)从公共经济学的角度研究认为，农业保险属于混合产品②中的第三种类型，是具有利益外溢特征的产品，农业保险既具有公共产品又具有私人产品的性质，存在正外部性，使消费者和供给者的成本利益失衡，而供需双方又都无法确切地对正外部性效用进行收费，最终导致效率的损失。③ 冯文丽和林宝清(2003)从福利经济学的角度，论证了农业保险是一种准公共品，揭示了农业保险具有生产的正外部性和消费的正外部性④。费友海(2006)认为，农业保险产品并不具有私人物品的特征，而具有大部分公共物品的特征，但又不完全同于纯公共物品，而是介于纯公共物品和纯私人物品之间的准公共物品，与一般私人物品相比较，农业保险产品具有效用的不可分割性、消费的排他性、取得方式的非竞争性、经营的规模性和成本收益外部性等准公共品的基本特征⑤。可以看出，学者们关于

---

①　庹国柱、王国军:《中国农业保险与农村社会保障制度研究》，首都经济贸易大学出版社 2002 年版，第 102—103 页。

②　兼有公共产品和私人产品的某些性质，这类产品被称为混合产品(mixed goods)。混合产品有三种类型：边际生产成本和边际拥挤成本都为零的产品；边际生产成本为零，边际拥挤成本不为零的产品；具有利益外溢特征的产品。第三种类型具体是指有些产品所提供的利益的一部分由其所有者享有，是可分的，从而具有私人产品的特征，但其利益的另一部分可以由所有者以外的人享有，是不可分的，所以又具有公共产品的特征，这种现象被称为利益外溢现象。

③　陈璐:《政府扶持农业保险发展的经济学分析》，《财经研究》2004 年第6 期。

④　冯文丽、林宝清:《我国农业保险短缺的经济学分析》，《福建论坛》2003 年第 6 期。

⑤　费友海:《对农业保险制度模式与运行机制的经济学分析》，西南财经大学硕士论文，2006 年，第 32—33 页。

农业保险产品的属性问题的提法虽不完全相同，但一致的是，农业保险产品是具有外部性的产品，它既不是公共物品也不是私人物品，是和公共物品相似的物品。

若把农业保险产品与前面描述的公共物品的特征进行对比会发现：第一，农业保险在效用上具有不可分割的特性。从各国的农险实践来看，农业保险是一种政策性险种，很大程度体现了政府的行为。由于农业在多数国家国民经济中的地位，因此政府常常采取一些措施，动员全社会分担农业的风险，因为农民投保后，农险的受益者不仅仅是投保的这些生产者，而是包括整个社会的所有成员都将因此受益，所以说农业保险产品体现了其效用是不可以分割的。第二，农业保险的经营规模相对较大。依赖大数通常的法则经营的农业保险，如果其经营的规模不达到一定程度，就达不到在时间和空间上分散风险的效果，如果发生灾害，赔付率将会更大。经营农业保险的成本和其保险规模是负相关的，农业保险经营的规模越大所需的成本就越小。第三，农业保险在消费上具有排他性。农业保险通常的规定是，谁买了保险谁将从保险中受益，没有缴纳保险费的人是不会得到保险公司补偿的。因此，农业保险的消费是与公共物品的"消费无排他性"不同的。但农业保险是存在"搭便车"现象的。例如，防灾防损是农业保险的辅助职能，可以达到减少风险损失与降低经营成本的作用，但是保险公司在做防灾防损的工作时，没有缴费的农民就会"搭便车"而从中获益。第四，农业保险产品的获取方式不存在竞争性。从市场竞争性的角度，农业保险产品的获取基本上是不具有竞争性的。如果在一个竞争的市场上，将农业保险产品投入市场，既会出现有效需求不足又会出现有效供给的不足，农业保险的需求曲线与供给曲线难以在一个平面内相交。第五，农业保险产品的成本和利益具有外在性。因为农业保险产品具有利益外溢的特征,所以农业保险的私人收益是小于它的社会收益的,而私人成本是大于它的社会成本的,这种私人收益或成本与社会收益或成本的不一致性,使得经济运行的结果不能满足帕累托效率的条件,造成资源配置的效率受到损失,市场机制在配置农业保险资源的过程中失灵,因此如果单纯地依赖市场机制的作用,农业保险的有效供求是实现不了的。第六,农业保险的利益计算存在模糊。农业保险的主要功效是分散和减轻自然风险对农业生产的影响,这种功效在农民的生产遭受自然灾害并受损的情况下,保险受益人能够较快地得到补偿。但是需要关注的是由于农业在国民经济中的地位,农民受益的同时,整个社会的福利水平也在提高,故农业保险的利益计算存在模糊。

通过上述对农业保险产品属性的归纳以及对其与公共物品属性的比较可知,农业保险是具有正外部性特征的准公共物品。

二 农业保险供给的政府介入

前述农业保险是具有正外部性特征的准公共物品,这一方面表现在农民对农业保险的消费(或称需求),另一方面表现在保险公司对农业保险的生产(或称供给)。就农民而言,购买了农业保险之后所获取的个人利益是低于他们为社会所带来的利益总量的。而就保险公司而论,提供了农业保险之后所获取的个人利益要低于它的供给成本。农业保险具有生产与消费双重的正外部性,社会的其他成员在没有支付任何费用的情况下,可享受农业稳定的好处。农业保险的供给人与购买人出现了利益与成本的失衡,农业保险的供给规模与需求规模都缩小了,并低于社会的最佳规模,导致市场失灵。就是这种需求与供给的双重的正外部性,使得农业保险形成了"需求不足,供给有限"的状况。

(一)按照私人物品在市场交易,农业保险产品的供给与需求

曲线很难相交

通常来说，保险产品同其他私人物品一样，它的交易量与交易价格都是由有效需求与有效供给博弈决定的。然而农业保险市场的情况却不一样，农业保险的供给曲线与需求曲线很难相交，也就是说农业保险很难成交。

事实上，虽然有许多农民具有参加农业保险的意愿，但从整体上去看，对于农业保险还是缺少有效需求。这是由于农业保险市场的农产品损失率较高以及费用率较高，从而使得农业保险保险费率较高，农民成了事实意义的风险偏好者。此外农民还有依赖于政府的灾害救济等其他风险分散的选择方式，许多原因导致农业保险名义需求似乎很大而实际上有效需求并不充足。同样地，从保险人的角度来分析，因为农业保险的风险率较高与成本较高，使得经营农业保险出现低利润率乃至负利润率的情况，导致在自愿投保与没有补贴的条件下，保险业务的经营者转而经营其他可以获利的保险险种，或者转向其他的部门，从而在根本上对农业保险的有效供给产生抑制，农业保险的有效供给出现不足。因为农业保险出现了有效供给和有效需求的双重不足，所以其供给曲线和需求曲线很难相交。

如果是自愿投保，即农业保险按商业化的方式和市场规律进行经营，由保险公司自己负担盈亏，政府不给任何形式的政策性支助的话，那么形成如图 2—1 所示。假定农户对农业保险产品的有效需求曲线是 D，因为农户较低的收入水平以及对农险收益不高的预期等因素的影响，导致农户对农业保险的有效需求比较低，因而需求曲线 D 的位置就较低。假定商业性保险公司关于农业保险的供给曲线是 S，因为农业保险存在费用率较高、风险较高、平均利润水平有限以及信息不对称等因素的影响，所以保险公司关于农业保险的供给曲线的位置比较高。在这种情况下，

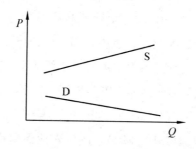

图 2—1 自愿投保情况下农业保险供需示意图

较低的需求曲线与较高的供给曲线则不能相交。

（二）农业保险消费的正外部性和有效需求的不足

农业保险是具有正外部性特征的准公共物品而不是私人物品。其特征之一就是正外部性具有利益外溢的特点，也就是说农民作为投保人参保之后，一方面直接享有农业保险所带来的部分利益，例如农民获得了生产生活以及收入的稳定；而另一方面除农民之外的全体社会成员将获得另一部分利益，而农业保险会降低农民生产的风险成本，扩大生产规模，使农产品价格降低。农民的农业保险的"消费"，其利益外溢的特点导致边际私人收益小于边际社会收益，也就产生了正外部性。

如图 2—2 所示，参保人（农民）购买了农业保险而消费的边际私人收益是 MPB，全部社会因农民消费了农业保险而获得的

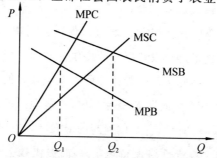

图 2—2 农业保险消费的正外部性和有效需求的不足

边际社会收益是 MSB。农业保险的利益外溢的特点导致边际社会收益大于边际私人收益，也就是 MPB＜MSB。若政府对农民投保不进行补贴的话，参保农民只得全部承担农业保险的购买成本，这时他的边际私人成本 MPC 将大于全部社会的边际社会成本 MSC，也就是 MPC＞MSC。农民与社会分别遵从边际收益等于边际成本的原理（MB＝MC）来决定农业保险市场的最佳均衡量 Q_1 及 Q_2。此时私人最佳消费量 Q_1 少于社会的最佳规模 Q_2，即农业保险市场出现了有效需求的不足。

（三）农业保险生产的正外部性和有效供给的不足

农业保险生产的正外部性表现在该险种的赔付率、外部风险以及经营的成本高，这样保险经营者在农业保险的经营上就会严重亏损，私人边际成本高出社会边际成本。农业保险承保对象的范围比较广，可能遇到的风险种类就较多，风险的发生频率较高，损失的程度比较严重。特别是自然灾害会导致农业保险遭遇共变风险，也就是说在遭遇较大规模的自然灾害时，全体投保的农户会于同一时间集体遭受损失。因而，承保农业保险的风险不但会出现概率很高，且损失也较集中，其所涉面广，因而赔付率大大高出一般的财产保险。

如图 2—3 所示，在对外部性不考虑时，保险公司的边际社会成本和边际私人成本（MSC＝MPC）是相等的。依照边际收益和边际成本相等（MB＝MC）的原理，保险公司依据 MPB＝MSC 决定的均衡数量来进行农业保险的提供。然而，因为农业保险存在着正外部性，因此保险公司的边际私人收益是低于边际社会收益的（MPB＜MSB）。依据 MSB＝MSC 的原理，社会的总产出量应是 Q_2。就保险公司而言，按利润的最大化，提供产量 Q_1 相对来说是合理的。若依价格保持在 P_1，而提供社会期望产量 Q_2，势必造成保险公司的经营亏损。

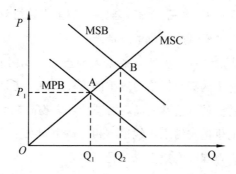

图 2—3　农业保险生产的正外部性和有效供给的不足

因此,如若政府对商业保险公司的农险业务不给予任何补贴、税收优惠和资金帮助等扶持,由于农业保险的正外部性,将带来的结果是:保险公司的边际私人成本大大地高出边际社会成本,造成边际私人收益低于边际社会收益。保险公司的最佳供给量达不到社会期望最佳供给量,即比社会期望的最佳供给量要少。此时,若依据保险公司的最佳供给量去生产的话,势必造成农业保险的供给缺乏,导致市场失灵。若依据社会期望的最佳供给量对农业保险进行提供的话,保险公司的农险经营将会出现亏损或者萎缩,因而不得不放弃农业保险的经营。

(四)美国政府介入农业保险

通过农业保险准公共物品属性的经济学分析知道,农业保险是具有正外部性的物品。作为一个国家国民经济发展基础的农业,其从业者(农民)购买了农业保险之后,一方面使自己的生产收入得到稳定的保障,另一方面也使农业的再生产得以顺利实施并稳定国民经济。同样,保险公司提供农业保险一方面为农业生产提供保证,另一方面也产生了对社会的宏观作用。此外,农业生产具有经济再生产与自然再生产交织在一起的特征,所以农业保险面对的是较高的风险、较高的赔付率以及严重的亏损。因而，就参保受益人（农民）而言，购买了农业保险所获取的个人利益往往也低于他们从事农业生产带来的利益总量；就商业保险公司而言，出售农业保险所获取的个人利益低于他们的供给成本。农业保险具有了购买与供给的双重的正外部性。正是农业保险这种正外部性特征的准公共物品，若按照私人物品在市场交易，农业保险产品的供给与需求曲线很难相交。由于农业保险消费的正外部性导致农业保险有效需求存在不足，还由于农业保险生产的正外部性导致了农业保险有效供给亦存在不足。可见，农业保险单纯地依赖私营保险公司（尤其有些还是实力不足或不强的公司）遵从市场力量去经营是不可行的，美国19世纪末20世纪初期私营农险失败的事实就是证明。因此，美国农业保险制度的建立，即美国政府介入农业保险是具有充分的经济学基础的，它是由农业保险的准公共物品属性所决定的。

目前，理论界普遍认为农业保险的准公共物品属性使农业保险的经营必须有政府的介入。陈璐（2004）认为，农业保险有准公共产品的性质，具有明显的效益外溢性，无论农业保险的消费者还是生产者都无法确切地对正外部性效用进行收费，而且产生的正外部性效益不易分割，因而很难采用收费方式回收投资，即使可能分别收费，其交易成本也太高，所以不能满足商业保险公司所追求的利润最大化目标，因此，必须要有政府的参加。[1] 费友海（2006）认为，作为准公共物品的农业保险的外部性导致市场机制不能对农业保险资源进行有效配置，保障农业保险的有效供求，从而导致农业保险市场机制失灵，这为政府干预、建立政府补贴型的政策型农业保险制度提供了理论依据。[2] 郑适（2007）认

---

①　陈璐：《政府扶持农业保险发展的经济学分析》，《财经研究》2004年第6期。

②　费友海：《农业保险属性与政府补贴理论探析》，《广东金融学院学报》2006年第3期。

为，发展农业保险离不开政府的支持，一方面农业保险是准公共物品，它具有外部性和非排他性，是一个国家农村与农业发展政策的重要组成部分；另一方面，从实践来看，农业保险的第一需求人是政府，然后才是农民。因为对政府来说，农业保险对于稳定农业的生产、保证农业的安全、减轻灾后的救济压力、推进农业的稳步发展具有不可替代的作用。[1]　姚壬元(2009)认为，作为准公共品的农业保险供给应当有政府的参与，因为市场机制所提供的数量会大大低于社会最优水平，具有正外部性的农业保险，其社会边际收益高于私人边际收益，而私人边际收益小于边际成本，因此，其市场供给和需求均不足，需要政府的介入，通过非市场的方式予以解决。[2]

正是由于农业保险是具有正外部性的准公共物品，在农业保险的经营过程中，国家是最大利益的获得者，所以美国政府挑起了经营农业保险的担子，使美国的农业保险逐步进入发展的轨道，并且在迄今长达70多年的发展历程中，虽然农业保险经营的模式在改变，但始终没有脱离政府。

第四节　农业保险制度初创时期存在的问题

初创的美国农业保险因为政府单独经营，制度运作还处于试验与摸索的时期，所以长期面临着两个问题：与保费相比过高的赔偿和农户的低参保率。1956年至1980年间美国农户的参保率低于可承保面积的10％。通过损失率[3]来观察农险赔偿，总体来

---

①　郑适：《关于政府补贴农业保险的政策研究》，《长白学刊》2007年第4期。

②　姚壬元：《政府介入农业保险：理论依据与政策内容》，《现代管理科学》2009年第9期。

③　损失率为FCIC对承保作物损失的赔偿除以从农户所收取的保费，通常作为对于保险精算稳定性的衡量。

说多数年份损失率超过 1，期间也有表现较好的年份。

美国农业保险计划从一开始就面临着两个问题：农户的低参保率和与保费相比的过高的赔偿。这两个问题可以通过"损失率"公式，即 FCIC 对承保作物损失的赔偿除以从农户所收取的保费（包括政府支付保费补贴）得到反映。FCIC 在最初的几年持续地遭受损失，在 1939 年至 1941 年损失率平均为 1.54。因此 1943 年停办 1 年多，1945 年在试验的基础上才恢复。至 1945 年为止，每种保险作物的损失率都高于 1。1947 年所有保险作物的损失率才首次降到 1 以下。然而，就所参保的县而言，1948 年的计划被严重地削减。1948 年至 1952 年间，FCIC 的总损失率是低于 1 的，同时许多农民并没有在 1951 年与 1952 年的干旱中破产，但是计划没能积累储备金。20 世纪 50 年代末期，损失率也是比较好的。但是，随着 20 世纪 60 年代农业保险计划的扩大，使 FCIC 的财政地位受损。1973 年美国议会灾害救济计划议案的通过，与 1975 年和 1977 年该议案的更新被认为影响了美国作物保险计划的业绩，这种零费用风险管理工具的应用降低了购买所有风险保险的吸引力。[①] 1974—1980 年 FCIC 的赔偿达到 9 亿美元。[②]

1939 年农业保险仅仅对一种农产品小麦进行了保险，几乎 1/3 的参保者得到了赔偿，总量达 260 万蒲式耳，损失率为 1.52。农业保险计划管理的一些基本问题造成了 1939 年的高赔

[①]　Ariel Dinar, *Economics of Agricultural Crop Insurance：Theory and Evidence*, Norwell：Kluwer Academic Publishers, 1994, pp. 27—28.

[②]　解释这种低参保率和高损失率的原因是信息不对称下的逆向选择。保险人由于缺乏单个农户的信息，所以平均地对待每个农户并且把每一年当成正常背景对待。但是农户对自己的情况还是非常了解的，并根据所掌握的信息决定是否购买保险。逆向选择问题从一开始就困扰着 FCIC。

付率。例如，在许多县理赔人员并没有获得充分的农场数据，而对许多可能出现的情况，在制定保费水平时，没有经验的估算员过分地依赖各县的平均值，很明显这将导致对农户不同产量的低估(Clendenia，1942)。

1939 年农险导致较大的承保损失的另一因素是小麦生产合同的执行拖后，这导致了逆向选择。保费计算是在种植计划制定之后，然而许多农户直到种植之后才收到保费通知单。几乎一半的最初申请投保的人没有对通知单做出反应，因此取消了他们的合同。可以推测，取消了申请的那些农户其作物的生长条件较好(Clendenia，1942)。

1939 年农业保险计划的糟糕业绩导致了对保费和产出的方法的计算发生了改变。因为没有经验的委员会经常过高地估算产量，尤其是对产量低的农户，因此 FCIC 为未来的几年建立了"关键农场"制度。根据此制度，在政党产量较高的 50 个到 100 个农场中为每个县选出代表性的样本。为了对单个农场估算产出和损失费用，就会从"关键农场"的清单中挑出一个可以比较的农场，利用它的数据并做出适当地调整(FCIC Annual Report，1939)。FCIC 也建立了对各县产量的核查。农场产量和保费比率通过一个因子程序与估算的县平均值放在一起。单个农场的数据被成比例地提升或降低，直到它们的平均值与县核查的产量值相同。

之后，农业保险计划的参保率呈现平稳上升。1939 年参保农场的数目是 165775 个，1940 年是 360596 个，1941 年是 371392 个。尽管参保数量的增加以及产量和保费计算的方法有修改，但联邦作物保险计划继续支付超出所收保费的赔偿(FCIC Annual Report，1943)。

小麦保险计划前 3 年令人失望的运作结果使得美国联邦财政

部拿出了 2800 万美元的运营费和承保损失费的补贴，约合每年给每个农场大约 31 美元的补贴。农户参保率较低，所以很明显农业保险计划不能靠自身支撑。例如，把运营费增加到保费当中，将占平均参保的小麦种植人的净收入的 13% 或毛收入的 4%（Clendenia，1942）。每年近 400 万美元的承保损失对政策制定者来说是棘手的事情，因为这些损失是在相对收成较好的年份出现，而同时这将被累计下来作为未来收成不好年份的支付赔偿。

1942 年美国农险增加新的作物品种，开始对棉花进行保险，它与小麦的农险一样遇到了类似的困难。1942 年和 1943 年，农险赔偿远远超出保费。两年间的管理费合计 350 万美元，并且承保的损失达到 1100 万美元（Benedict，1953）。

小麦和棉花的保险计划在 1943 年的美国国会听证会上受到严厉的批评。"1943—1944 农业拨款议案"（The Agricultural Appropriations Bill for 1943—1944）不允许 FCIC 在 1943 年 7 月 31 日后增加任何新的作物保险品种。国会取消作物保险计划的两个主要原因是：作物计划运作的 5 年产生了巨大的承保损失；作物计划的农户参保率低。尽管国会一直愿意补贴计划的管理费，但是国会还是希望在正常的收成年景下保费足够支付所产生的赔偿金（Agricultural Finance Review，1943）。

作物保险计划没有很长时间的停顿。1944 年的下半年，美国国会通过了"1938 年农业调整法"的修改，从而使农险计划得以复苏和扩展。1945 年美国国会允许对收获期的小麦、棉花和亚麻进行保险。然而由于干旱、过量的降雨和棉铃象甲虫造成的损失，棉花保费金额出现了巨大的超支（FCIC Annual Report 1946）。1945 年在试验超支的基础上对 15 个县的棉花和 12 个县的烟草进行保险（Agricultural Finance Review，1945）。对于棉花的计划有两个选择：产出计划和投资成本计划。产出计划对一个生产年度的农场平均产量的 75%进行保险，投资成本计划对农民在其作物的投资的 75%进行保险。烟草作物保险计划也提供两个选择：投资成本计划与产出质量计划。

1946 年美国作物保险又呈现了新的特点。FCIC 试验实行小麦的 3 年期的合同，这可以减少逆向选择问题的出现和降低出售保险的费用。作物收成好坏的一个重要指标是种植期的土壤，而许多农民仅仅在土壤条件不好的时候购买保险。3 年期的合同至少减少了第二年与第三年的这类问题。对于棉花的保险也出现了连续的合同。如果农民或 FCIC 不取消它，这项合同将连年保持效力。

1947 年，FCIC 首次保费收入超出了赔偿的支出。然而，美国议会却立法通过当年大幅度缩小 FCIC 运营范围的决定，因此，1947 年 FCIC 实施农险数量从 2500 个县减到 375 个县。尽管实施农险计划的范围被缩小，FCIC 被提供了更大的空间进行试验性的替代保险。1948 年，两个新的试验性计划开始试验实行(FCIC Annual Report，1948)。

20 世纪 30 年代的干旱促使了政府负责的作物保险的建立。20 世纪 50 年代早期的干旱证明了农业保险对于生产者的不断产生的价值。1951 年和 1952 年，农险赔偿达到了 4200 万美元，许多农民避免了破产。试验阶段农业保险的第一个五年(1948—1952 年)，保费超出赔偿金，农险盈余是 225 万美元，损失率有 3 年少于 1，5 年的损失率是 0.97。这表明农险计划正在稳定的基础上运行，尽管储备金的积累没有预计的快。例如，5 年之后的总储备金大大地少于 1949 年一年产生的承保额(FCIC Annual Report，1955)。

20 世纪 50 年代美国作物保险计划额稳定。尽管保险的作物种类在增加以及小的试验在继续，许多变化显示着计划的好转。

FCIC宣布从1956年开始保险将不再在Colorado，New Mexico和Texas州的14个县出售，这些地区被认为是高风险的地区，不适合实行农业保险，因为总的赔偿大大超过总的保费收入。FCIC董事会认为，在这些县内发展稳定的保险是不可能的。如果农业保险没有在这些县出售，目前国家的农业从1948年保险计划将已经是农业保费收入超过赔偿而有盈余了，而不是亏损。

从1957年开始美国新的五年期限的农险，每一年都是保费收入超过赔偿金。1958年的损失率是0.26，这是农险实施9年中保险损失率最低的一年。每种作物的保费收入都超出损失率，并且自1948年的农险试验计划开始以来，已累计盈余250万美元。除了良好的作物生长条件之外，此阶段导致农险收益成功的其他因素是保险运营方法的改善，例如在1956年取消了14个高损失县的保险资格，对于申请人结束日期提前以便减少逆向选择。①

20世纪50年代美国对于作物保险方法和保险的作物的不断试验并没有导致保险总额的迅速增加。1950年可担保的责任是2.4亿美元，到1959年增加到了2.71亿美元，远远低于试验阶段开始前的1947年的4.7亿美元的数量。20世纪60年代，FCIC提高了它的保险总额，在1969年达到了9.2亿美元。这种增长也付出了代价，1967年、1968年和1969年FCIC支付的赔偿是1948年至1969年总赔偿的大约29%。保费没有与保险责任及赔偿同步。保费作为保险责任的百分比从1955年至1961年的6.9降到了1963年至1969年的5.8（FCIC Annual Report，1969，1970）。

---

① Peter Hazel, Carlos Pomareda, Alberto Valdes, *Crop Insurance for agricultural Developmen*, London：The Johns Hopkins Press Ltd. , 1986, p. 200.

1969 年上半年，美国政府农业部部长委任了 FCIC 新的董事会、经理和副经理。新的管理层承担了计划的评估以确认 FCIC 出现不良财政状况的原因。棉花保险计划被确定为 FCIC 出现问题的主要原因之一。1948—1969 年，棉花累计损失率是 1.5，若没有棉花累计损失率将是 0.91 而不是 0.97。

FCIC 的评估显示，在许多情况下保费比率已经减少到低于经验能够判断的程度。对于一些新的作物品种，风险多被错算并且保费定得太低。为了避免出现这些问题，FCIC 在 1970 年规划运作中进行了一些改变。在大多数种植棉花的县，保费增加而保险总额降低。确定的最高棉花价格(用来计算保险损失价值的)比以往降低，从而更能充分地反映出棉花的市场价值。试验的土豆计划因其遭受了巨大的承保损失和几乎没有生产者参保而被停办。对大豆和柑橘树的保险计划的调整，降低了它们的损失率。

1970 年，美国政府农业部部长指定非政府的保险专家组建特派专家组研究 FCIC。特派组批评了以整个乡村为基础确立保费的方法。特派组认为，最迫切需要改变的是使计划以单个农场风险计划为基础(FCIC Task Force，1970)。随着对个人保护的需要，美国政府建立了"总会计办公室"(U. S. General Accounting Office(1977 年)。"总会计办公室"认为，低参保率使 FCIC 没能有效地运作灾害保护计划。

总之，由于农险初创阶段的政府单独经营尚处于摸索阶段，所以农业保险长期处于农户的低参保率和 FCIC 的高赔偿额，且显得过高的状况，关于农业保险初创阶段的保费收入、赔偿与损失率的情况请见表 2—1。

表 2—1   1939—1980 年美国农业保险年均总保费收入、赔偿与损失率

年　份	年均总保费 （百万美元）	年均赔偿 （百万美元）	年均损失率[a]	年数
1939—1943	58	97	1.65	4
1945—1946	44	86	1.16	2
1947—1955	195	226	1.16	5
1956—1973	593	512	0.86	6
1976—1980	674	888	1.32	4

注：a 损失率的计算为总的赔偿除以总的保费。

资料来源：Barry K. Goodwin, Vincent H. Smith, *The Economics of Crop Insurance and Disaster Aid*, Washington：The AEI Press，1995，p. 40.

小　结

美国农业保险制度在 1938 年正式确立，联邦政府发挥了决定性作用。美国政府启动国家机器，对美国农业保险的初始制度作了安排，这是国家为了实现经济效率与社会经济福利的提升而做出理性选择的结果。"大危机"中的农业危机、罗斯福政府对经济福利问题的考虑、1936 年大选之时的政治权宜、早期私营商业保险公司经营农险失败的驱动等因素促成了美国农业保险制度的建立。1938 年罗斯福政府颁布了《联邦农作物保险法》，规定政府正式介入农业保险。美国政府凭借其规模经济与暴力潜能的优势，对于具有准公共物品特性的农业保险制度的初始进行了安排，从而形成了国家对于农业保险行业产权的绝对垄断。

从经济学的角度分析，农业保险是具有正外部性特征的准公共物品，农业保险准公共物品属性对美国农业保险制度以政府单独经营的模式确立提供了有力的经济学支撑。但是政府单独经营农险的制度绩效并不令人乐观。美国农业保险制度从一开始就面临着两个问题：农户的低参保率和与保费相比过高的赔偿。

美国农业保险制度初创阶段经历了 42 年的发展，随着 20 世纪 80 年代美国政府经济政策方向的调整，作为国家权力中心的美国政府正在孕育着建立新的农业保险制度模式，一场农业保险制度的变迁即将发生。

第三章

政府与私营保险公司共同经营农业保险阶段(1980年至1996年)

从1980年开始，美国开始允许私营保险公司经营农险，从此美国步入了政府与私营保险公司共同经营农业保险的发展阶段。

第一节 美国农业保险制度发展的背景

一 从凯恩斯主义的国家干预向新自由主义转变

1974年至1980年福特和卡特政府时期是美国经济发展的混乱时期。通货膨胀是当时最为严重的问题。1974年美国通货膨胀率达到14.4%，是第一次世界大战以来的最高水平，国民生产总值下降了9%，1975年的失业率仍达到了9.2%，比战后最高水平还高出2个百分点。[1] 1977年民主党人卡特就任美国总统。他利用凯恩斯主义的国家干预[2]理论对美国经济进行干预。

---

[1] 高德步：《世界经济通史》下卷《现代经济的发展》，高等教育出版社2005年版，第128页。

[2] 国家干预是凯恩斯经济理论主张的政策，它承认市场调节机制的局限性，主张采用需求调节，即通过扩大或缩小财政支出的财政政策，松紧交替的货币政策以及对工资、物价进行调控的收入政策来调节社会需求，以达到干预经济调节，减少经济波动，促进经济稳定增长的目的。

卡特政府的主要目标就是反通货膨胀。在担任总统的前两年，卡特实施了两阶段的反通货膨胀计划，宣布从 1979 年各公司的工资(包括附加工资)的增长的最高限度为 7% 以下，同时物价上涨的幅度至少要比 1976 年与 1977 年的平均值低 0.5%，如果通货膨胀大于 7%，遵守合同的个人可被减税，违反协议的将受制裁。然而，卡特的政策没有阻挡通货膨胀的发展，1979 年美国的通货膨胀率上升至 13.3%，到 1980 年卡特的反膨胀计划失败。为了解决经济的滞涨，1978 年 11 月 8 日卡特签署了 187 亿美元的减税法案，其中，1979 年削减的 130 亿个人所得税，85% 是属于年收入为 1.5 万美元以上的人，公司和资本收益税也减少了 57 亿美元。① 有人说这是"共和党的提案，贴上了民主党的标签"。实际上这是凯恩斯主义的国家干预转向新自由主义的标志。卡特是自主应用凯恩斯干预理论的美国最后一位总统。卡特政府虽然在应对经济滞涨问题时效果甚微，可是却为下一届总统罗·里根总统留下了宝贵的经验。卡特虽是民主党的总统，却不坚守该党"新政式"的传统调节模式。

共和党人里根在 1980 年成为美国历史上的第 40 任总统。里根在就职演说中宣布对内要振兴经济，对外要重振国威，美国进入了"新自由主义"的经济改革。面对美国经济的严重衰退以及 3 年连续两位数字的通胀率，政府首先确立了抑制通货膨胀的重点宏观经济目标，强调促进生产、提高有效供给、控制过高的需求、控制货币供应量的增加，使经济在复苏中保持稳步、持续适度的增长，与此同时又把通货膨胀率控制在低于 5% 的较低水平。②

① 高德步：《世界经济通史》下卷《现代经济的发展》，高等教育出版社 2005 年版，第 128 页。

② 同上书，第 130 页。

里根的总统任期两届共 8 年。他一反传统的凯恩斯的国家干预理论，而是运用了货币学派与供给学派的经济政策，同时兼顾凯恩斯主流经济学，使美国经济从滞涨的泥沼中复苏与振兴。里根总统的经济政策基本上为后来的总统老布什与比尔·克林顿所秉承，因此美国 20 世纪 90 年代的经济呈现了繁荣。首先，里根政府采取了美国历史上规模最大的减税计划。根据该项计划，美国个人所得税中的最高税从肯尼迪总统时期的 77％下降到 50％，最低的税率降到 11％左右。因为实施了减税计划，1983 年至1985 年，美国的企业与个人从中得益 3500 亿美元，大大地促进了私人的投资，而美国各级政府的收入在国民生产总值的比重下降。这表明凯恩斯财政政策地位的下降。其次，政府开支的削减。美国政府的减税与削减政府的开支不仅增加了政府的财政收入，也减少了政府的财政支出，因此美国的财政赤字快速缩减，从 1992 年的 2900 亿美元减到 1996 年的 1073 亿美元。再次，放松政府管制。里根政府强烈地反对联邦政府对于企业的过多的干预。以往过度的行政干预不仅增大了国家的预算支出，而且常常导致市场运行机制的扭曲，对企业的经营积极性产生束缚。此外还进行了社会保障制度的改革，把联邦政府承担的某些责任移交给州政府和地方政府。

里根总统的"新自由主义"经济改革，大大地放松了政府的管制，政府对干预经济的作用逐渐下降，联邦政府对其农业的政策支持模式也随之逐渐向市场化方向进行调整。这也是为什么美国农业保险制度在 1980 年，即里根总统就任后，从最初的以政府单独经营农业保险的模式朝向政府与私营保险公司共同经营的模式演进的原因。美国总体经济政策的演变主导着美国农业保险制度的变迁。

二　美国农业发展的不稳定与风险

继 20 世纪 30 年代的农业危机后，1945 年第二次世界大战结束后美国的农业再次陷入持久性的危机。这次农业危机主要表现在以下几个方面：第一，销售不出去的农产品大量积存。战后，由于美国政府采取收购"剩余"农产品的措施以缓和农业危机，因此"剩余"农产品主要积存在政府的商品信贷公司。这个公司积存的农产品价值(仅包括价格支持的农产品)，1955 年为 45.72 亿美元，1960 年为 60.21 亿美元，1961 年以后由于政府限制生产和扩大对外销售，1965 年减到 38.92 亿美元，1972 年还有 10.9 亿美元。美国政府为此支付了大量的存储费。1961 年超过了 10 亿美元，1965 年和 1971 年分别为 3.93 亿美元和 2.44 亿美元。第二，农产品价格长期下跌，农户收支比价越来越不利于农场经营者。从 1948 年下半年起，美国农产品价格就开始跌落，并长期持续下跌。农场的收支比价也出现长期下降的趋势：1948 年为 110，1961 年降到 80，1971 年再降到 69。第三，陷于贫困、破产的农户越来越多。如表 3—1 所示，美国农场的净收入由 1948 年的 177 亿美元减到 1960 年的 121 亿美元，1971 年只回升到 174 亿美元。而同期的负债总额却急剧上升，由 1948 年的 93 亿美元增加到 1960 年的 248 亿美元，再增加到 1971 年的 611 亿美元，在 23 年间增加了 5.6 倍。1948 年，农场负债仅占农场净收入的 52.5%，以后急剧上升，到 1971 年竟高达 351%，参见表 3—1。美国农场经营者处境亦每况愈下。美国总统肯尼迪曾说道，美国"每年有一百多万人从农村流进城市"，"找零工活以补助农业劳动中微薄的收入"。

表 3—1　　　　　1948—1971 年美国农场净收入和负债　　单位：亿美元

年度	农场净收入	农场负债（1月1日）	负债占净收入的%
1948	177	93	52.5
1950	137	125	91.3
1955	115	176	153.0
1960	121	248	240.9
1965	150	376	250.7
1970	168	581	345.9
1971	174	611	351.1

资料来源：广东省哲学社会科学研究所：《美国农业经济概况》，人民出版社1976 年版，第 291 页。

　　美国的农业发展比其他经济部门面临更大的风险和不确定性。这是因为一方面农业具有不可预见性，随时受到天气事件，虫害以及其他自然灾害诸如火灾的威胁，而干旱和洪水的频繁发生，更造成了农业生产的不稳定；另一方面，由于农产品总体的需求条件是缺乏弹性的，而供给条件是随机波动的，从而导致农产品的价格波动较大。① 根据统计，20 世纪 80 年代以后给美国农业生产带来巨大损失的较大自然灾害有 1983 年的早霜冻、1988 年的"世纪旱灾"、1989 年的再次旱灾、1992 年的"Andrew 飓风"、1993 年的中西部洪水与东南部旱灾、1995 年的棉花虫灾、加利福尼亚洪水与春季雨水过大，以及 1996 年的 Carolina 飓风。②

　　大多数的农场通常被认为是具有少量资产的小企业。这种观

---

　　① Barry K. Goodwin, "Instability and Risk in U. S. Agriculture", *Journal of Agribusiness*, 18(1), Special Issue：71S89, March 2000.

　　② Kenneth D. Ackerman, "The New Crop Insurance Reforms：Where we've been, Where we're going", *USDA Agricultural Outlook Forum*, February 22, 2001.

念一直在持续，尽管在过去的几十年里美国的农场在向大农场转变。在发达国家的经济中，农业是需要较大的固定费用的，这是因为农业生产具有资金集中和土地集约的特点。因此，农业生产者也经常被认为对于他们的相对少的资产而言，非农业的小企业具有更高的借贷。实际上，在美国农业部门的平均债务与资产的比率是少于0.2的，这与许多非农业的企业实际相比是非常低的（Goodwin and Smith，1995）。农场的资产少、借贷率高，农产品的价格和生产的较大变动势必导致其出现经济困难。

研究发现，在过去的几十年中，美国农场的数量大量地减少了。事实上，美国农场的数量已经从1935的近650万个减到了1997年的200万个。在同期，可耕种土地的数量基本保持在大约10亿英亩。这就意味着农场的规模已经变大了。图3—1显示了这种趋势。美国农场的平均规模已经从150英亩增长到近500英亩。美国农业生产的最大份额来自大农场。1940年美国

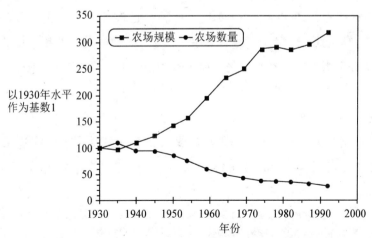

图3—1 1930—1992年美国农场平均规模和数量

资料来源：Barry K. Goodwin, "Instability and Risk in U. S. Agriculture", *Journal of Agribusiness*，18(1)，Special Issue：71S89，March 2000。

11.6％的农场生产了食物和纤维的 50％。到 1992 年这种比例为：仅仅 3.2％的农场生产食物和纤维的 50％。[①] Berry(1999)在《纽约时报》中写道：我们已经以令人震惊的数字失去农民，主要是因为经济的不景气。对于几代人来说，人们没有给依赖农场生存的孩子任何东西，而只是给了他们离开家园的理由。我们的农场团体已经破裂……我们破产的小农场已经被依赖化学的单一种植和动物工厂所替代，而这正是污染的主要来源。

　　尽管如此，由于美国政府对于农业采取了有力的政府调控等，农业依然取得了成果。20 世纪 70 年代，由于出口需求等因素拉动谷物的价格上涨，美国人增加了对农场的投入。在此期间，美国农业产出的年平均增长率达到 2.25％，是第二次世界大战后的最高水平。农业产出的增长使得美国 80 年代的农产品长期过剩。在联邦政府限耕政策的干预下，80 年代美国农业平均增长率回落到 1.68％。进入 90 年代，农业增长又稍有加快。总的来看，1948 年至 1996 年，美国农业总产出增长了约 1.35 倍，年均增长率为 1.8％，其中种植业和畜禽养殖业的年均增长率分别为 1.84％和 1.66％。而 1948 年至 1996 年，农业从业人员则由 760 万人下降至 290 万人，但农业劳动者的素质有了很大的提高。[②] 据统计，1994 年美国农业总收入 2170 亿美元，净收入532 亿美元，农业劳动力人均净收入近 2 万美元，农业 GDP 近900 亿美元，农产品出口 435 亿美元，净出口 171.5 亿美元。[③]

---

　　① 　Barry K. Goodwin, "Instability and Risk in U. S. Agriculture", *Journal of Agribusiness*, 18(1), Special Issue：71S89，March 2000.

　　② 　高德步：《世界经济通史》下卷《现代经济的发展》，高等教育出版社2005 年版，第 66 页。

　　③ 　张晓铃、吴可立：《美国的农业支持政策和对我们的启示》，《经济社会体制比较》1996 年第 9 期。

第二节　美国农业保险计划的主要目标

　　1980 年美国结束了长达 42 年的农业保险的试办阶段，农业保险开始正式在全国推行。政策制定者在联邦作物保险计划中至少提出了两个主要目标：第一，通过增加作物保险的参与率以及把作物保险承保的利用率扩大到新的商品和(或)区域来减少对灾害援助的需求；第二，保持保险统计的稳定性。①

一　目标之一：减少对灾害援助的需求

　　由于美国农业保险的试验阶段的项目覆盖面很小，难以发挥作用，1973 年依据《农业和消费者保护法》，FCIC 建立了一个灾害援助的项目。该项目规定，玉米、小麦、高粱、水稻、棉花和大麦等主要作物生产者，②当其主要作物的产量因受灾而减产 35％以上的时候，联邦政府就给予一定额度的现金补偿，帮助农民快速地恢复生产。1977 年，《食品和农业法》把饲料粮与小麦受灾减产的补偿基点提升至减产 40％以上，把棉花与水稻受灾减产的补偿基点降到了减产 25％以上。

　　实际上，灾害援助项目涉及的几种作物还是美国联邦农业保险项目中所纳入的主要作物。因而，在灾害援助方面，这两个项目基本上可以相互地代替，发挥着相似的作用。然而就成本方面而言，从理论上讲，这两者却有很大的不同。首先，参加农业保险项目者需要交付保险费，联邦政府不会在风险程度较高的地区

---

① Barry J. Barnett, "The Federal Crop Insurance Program: Opportunities and Challenges", *Agricultural Outlook Forum*, Thursday, February 20, 2003.

② 水稻由 1975 年的《水稻保护法》追加。

开办此类保险服务，而灾害援助项目不仅不需要农民支付任何费用，政府也不对地区的风险程度加以区分。因此对农民来讲，参加农业保险所支付的成本较高。然而对于社会与政府而言，实施灾害援助所需要的成本会更高。这是由于灾害援助项目一方面不会获得保险费收入，而另一方面还会鼓励农户在生态脆弱、环境敏感的地带以及风险高的地区进行生产，其行为不但导致灾害援助的机会与程度的增大，而且对生态环境造成破坏。

虽然在实际运营当中，灾害援助项目的实践并未造成农业保险项目的减少与范围的大幅度的缩小，但还是引发了反对的意见和批评。1978 年，美国联邦政府要求国会停止灾害援助项目，增加农业保险的项目，使农业保险成为灾害援助的重要手段。美国国会在大量采纳来自各个方面的意见以后，较为多数人的观点认为，灾害援助项目存在以下几个方面的问题。第一，成本太高。1974 年至 1980 年间，全美国灾害援助项目总支出是 33.92 亿美元，这大约是同期的 2.14 亿美元农业保险项目净赔付（赔偿支出扣除保费收入）的 16 倍。第二，灾害援助存在着不公平。在遭受同样的严重灾害时，联邦政府无偿援助的对象仅是上面提到的 6 种主要作物的生产者。第三，灾害援助项目的效率较低。

美国国会于 1980 年颁布了《联邦农作物保险法案》，当该法案被采用时，政策制定者表达的愿望是作物保险计划的扩大将减少对灾害援助的政治需求，要求从 1981 年开始取消灾害援助项目①，通过采取多种措施增加农业保险的覆盖范围，提高项目自生能力，并发挥农业保险的减灾作用。"农业议院委员会"建议如果农户的参保率达到 50％，将会达到这个目标。因此，《联邦农作物保险法案》授权私营商业保险公司出售和服务联邦作物保险，

---

① 实际上，灾害援助项目并未取消，它发展为美国农业保险项目的补充。

很大程度上是希望提高保险的参与率。保费补贴也起到了鼓励参与率的作用。许多研究表明人们倾向于低估他们的低概率损失事件的遭损风险。因此，他们不大可能愿意支付这类事件的保险保护的全部费用。保费补贴由 1980 年法案提出，1994 年法案加大了补贴的力度，它有效地减少了农场主作物保险的费用，从而增加了他们参加计划的可能性。

政策制定者经常引证不充足的作物保险参与率以表明持续的特别灾害援助是正当的。自 1980 年以来美国农业保险的面积和责任都在急剧地增加，作物保险的参与率在增加，然而自 1981 年以来(其中的 8 个财政年除外)，特别灾害援助一直被提供。

二　目标之二：保持保险精算的稳定性

政策制定者对于美国联邦作物保险计划也表达了另一个目标，即保持联邦作物保险计划的保险精算的稳定性①。对保险精算稳定性的一种衡量指标是损失率。损失率的计算是赔偿支付除以总的保费收入。损失率超过 1，表明计划支付的赔偿超过了保费收入。

三　目标的相容性

实际上，在实施美国联邦作物保险计划时，增加农户的参保率与保持保险精算的稳定性并不是很相容的两个目标。一家私营保险公司可以选择不为高风险的申请人提供保险，或者，私营保险公司也可以选择对具有不稳定风险的申请人提高保险费率。这些决定帮助私营保险公司保持了保险精算的稳定性。而另一方

①　保险精算的稳定性是指达到保费(包括政府支付的部分)可以足够支付赔偿支付的水平。

面，作物保险计划必须接受所有的满足了最低的计划要求的申请人。保险费率会由于相应的风险的差异而在申请人当中被调整，但是这种调整也会受到计划规制的约束。

按一般的保险理论，高于 1 的长期损失率表明保险产品存在着问题。问题除了可能是由于不充分的评估和保单持有人的承受风险的分级引起的，也可能是由于保单持有人的欺诈行为引起的，或许就是保险费率太低了。对于风险分级或者欺诈问题的验证是不容易的，因此保险人通常都会认为高损失率的出现是因为保险费率太低了。因此，为了保持保险精算的稳定性，经营者提高保险费率。但是为了保持保险精算的稳定性而增加农户的保费势必会增加农户的保险成本，并导致生产成本增加。这将导致参与率的减少，除非增加的保险费率通过联邦保险费补贴加以调整。

第三节　美国农业保险制度的发展

在政府单独经营农险阶段，美国的农业保险制度成效不佳，一直面临着农户的低参保率和与保费相比过高的赔偿问题，因而在 1980 年美国通过了《联邦农作物保险法案》，规定了私营保险公司可以进行农业保险经营。从 1980 年之后，美国政府采取了一系列的措施，力求改善其农业保险制度存在的问题。美国农业保险制度从此进入了发展时期。

1980 年以后，美国农业保险制度的经营体制体现的是美国政府与私营保险公司共同经营农业保险，即开始允许私营保险公司出售并服务联邦农作物保险，在其农险经营的体制上私营商业保险公司以及保险代理人都可以参加进来了。私营保险公司出售保险单并执行理赔理算，而 FCIC 代表政府对私营保险公司的管理费、运行费进行补偿以及给予损失补贴，对购买了作物保险的农业生产者提供保费的补贴，并提供再保险。FCIC也亲自经营农险，获取的保费收入在私人保险公司与FCIC之间分配。关于1980年以后美国政府与私营保险公司合作下的农业保险经营可见图3—2。

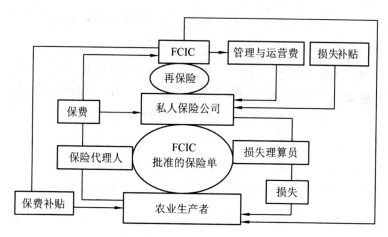

图3—2 政府与私营保险公司合作下的农业保险经营流程图

一 美国农业保险制度发展的主要立法变动

1938年的《联邦农作物保险法》自颁布以后，到1980年前后共计修改了12次。1980年9月26日，通过了新的《联邦农作物保险法案》，从此结束了美国历史上长达42年的政府单独经营农业保险的阶段。农业保险正式在美国各地全面推行。

1980年的《联邦农作物保险法案》把农作物的保险纳入社会保障的一种重要的形式。法案首先把更多的联邦资源转移到大力开展农作物的保险上来，而没有把政策的重点放在灾害援助计划上。其次新联邦农作物保险法案在美国历史上首次确立了农业保险的公私合作的伙伴关系，即开始允许私营保险公司出售和服务联邦农作物保险，在其经营的体制上私营商业保险公司以及保险代理人都可以参加进来了。法案规定联邦政府的责任：确定保险费率、对作物保险的管理费和运行费进行补偿、提供再保险、为购买了作物保险的农户提供保费的补贴。[①]

新《联邦农作物保险法案》使作物保险计划成为美国灾害保护的一种重要形式。该法案授权农业保险计划扩大到所有拥有重要产品的农业的县。如果可以获得充分的统计数据，FCIC 被允许对任何在美国生长的农业产品（包括水产养殖产品）进行保险。农业保险计划最初扩大的地区都是以前那些灾害支付计划所援助的县。为了提供一个过渡阶段，新《联邦农作物保险法案》被通过后，灾害支付计划在 1981 年继续延续。为了提高参保率，该法案授权以产出水平的 50％和 65％给予保费 30％的补贴和有时以产出水平的 75％给予更少的补贴。参加了私人冰雹险和火险的生产者被允许从公司的保单中删除此项保险，并且支付的保费被减少 15％到 30％。[②]

《1980 联邦农作物保险法案》要求从 1981 年到 1985 至少在全美国的 25 个县对个人的风险保险做出试验性的计划。FCIC 之后又宣布，从 1982 年开始，具有至少 3 年的产出数据的农民才可以要求对个人的农作物产出提出保护。根据这种选择，保费和保险总额将以个人的农场为基础来计算。[③]

[①]　Barry J. Barnett, "The Federal Crop Insurance Program: Opportunities and Challenges", *Agricultural Outlook Forum*, Thursday, February 20, 2003.

[②]　Peter Hazel, Carlos Pomareda, Alberto Valdes, *Crop Insurance for agricultural Developmen*, London: The Johns Hopkins Press Ltd. , 1986, pp. 202-203.

[③]　Peter Hazel, Carlos Pomareda, Alberto Valdes, *Crop Insurance for agricultural Developmen*, London: The Johns Hopkins Press Ltd. , 1986, pp. 202-203.

1988 年下半年，为了不断完善美国农作物的保险计划，美国国会通过了《联邦作物保险委员会法案》，该法案的核心内容就是授权对联邦作物保险计划以及提升该计划的发展建议等系列内容做出全面的评价。该法案授权组成由 25 个成员组成的委员会以便验证作物保险计划的主要问题，并对作物保险计划的变动提出建议。委员会的报告在 1989 年 7 月发表，报告既包括管理方面的建议，又包括提高参保率的相关立法变动的建议。报告建议对于 75％承保范围的补贴水平由 13％提升到 30％，对于 65％承保范围的额外补贴暂时从 30％提升到 50％。对于参保率低的地区，报告则建议承保水平提高到产出的 80％。该报告认为较高的承保水平和较高的保费补贴将提高参保率，并因此大大地减少但并不是取消了额外灾害援助的需求。国会与老布什政府拒绝了委员会的建议，因为这需要许多花费。

1990 年美国总统颁布了《食物、农业、资源保护和贸易法案》，该法案涉及农业保险的内容包括授予对作物保险和灾害援助的特殊权利，如纠正联邦作物保险出现的问题；授权 FCIC 检查市场上出现的新产品；授权私营保险公司开发额外的可以和联邦作物保险产品包装在一起的产品；允许联邦作物保险提高保费比率以便降低过多的损失；授权 FCIC 采取行动控制欺诈行为的发生。

1994 年 10 月，克林顿政府颁布了《作物保险改革法案》，美国的作物保险再次发生变化。改革法案是美国作物保险史的又一里程碑。第一，取缔了"巨大灾害救助计划"。第二，法案规定向农户提供巨灾保险但不收保险费，而参加了"巨灾保险"的农户则被要求支付一定数量的管理费，从而建立巨灾风险的保障制度（Catastrophic Risk Protection，简称 CRP）。第三，建立多风险的保险保障的制度。即在巨灾风险的保险基础之上出现了更高水平的保险保障。第四，提高了对"买高"（buy-up）保险①的保费的补贴，并提供了收入保险产品。第五，确立一种新的区域风险保险计划（Group Risk Plan，简称GRP）。该保险计划是专门为玉米、大麦、花生、棉花、饲料、小麦等8种作物设立的。此保险项目的保险额度是按一个县的预计产量的一定比例进行确定的，而并不是按单个农场的产量而定的。假如一个县的平均产量高出保险的产量，那么即便被保险人的产量小于保险的产量，也不会得到赔付。第六，对于不可以参保的农作物，实行非保险农作物（NAP）的灾害援助计划。这是特意为FCIC当时的不可以参保的农作物（包括芹菜、蘑菇、土豆、胡萝卜、花菜、哈密瓜、草莓等23种）给予的一种援助计划。此项计划规定当某个地区的不可参保的作物的平均产量小于正常产量65％时，生产者个人损失高出平均产量50％的时候，FCIC就可以按此作物市场价格的60％进行补偿。另外，该法还规定如果农户不加入联邦政府的农作物的保险计划，将不会享受联邦政府的其他福利计划，例如，对农产品的价格支持、关于农户的贷款计划以及保护计划的支持等，这实际上等于是变相强迫农户参加农业保险。

为了防范农作物保险计划中产生的滥用、欺诈与浪费等行为，《1994年作物保险改革法案》增添了新的法律条文加以防范，从而形成了反滥用、反欺诈和反浪费的法律制度。具体内容包括：（1）关于罚款。对于故意地从自身无资格参与的农业保险计划当中获取利益的农业生产者进行罚款；（2）授权保险公司代理人或者定损员对于生产者的经营业绩进行查阅。根据此法，所有生产者都被要求必须提供各自的社会保险号，这样代理人或者定损员可以从对被调查者号码的查询，对生产者的经营业绩进行分

---

① "买高"保险是指超出联邦政府提供的巨灾水平的保险。

析；(3)关于培训专业人员。改革法案要求 FCIC 以及有关农业
保险的专家实践综合性的培训项目，以便了解农业保险从业人员
是如何识别农业的生产者在参与农业保险的计划中是否存在着滥
用、欺诈以及浪费的行为；(4)农业生产者被要求据实对其农作
物种植的面积与历史上的产量状况进行报告；(5)关于赔款的双
重约束。对于非保险的灾害救济项目，唯有当某一地区某一年的
实际产量小于正常年份的 65％的状况出现时，而且单个损失高
出平均产量 50％的时候，农业生产者才会获得赔偿。

　　胡美琪(1995)认为《1994 年作物保险改革法案》是"胡萝卜加
大棒式"的一种强烈刺激。所谓"胡萝卜"是指保单的价格。按该
法的规定，农民如果买巨灾保险的保单，对于每种农作物需要支
付签约费用 50 美元，每个县至多是 200 美元。虽然某些农民跨
县种植几种农作物，但是依据个体农民的费用规定，最高可以缴
纳 600 美元。这种收费的标准远远少于之前购买保险所需的费
用。胡美琦以艾奥瓦州贾斯珀县为例进行了分析。实施改革法案
之前，250 英亩的玉米多种风险的巨灾保险应该交付保险费用
360 美元，除去联邦政府的补贴以后，还需要自己承担 267.84
美元。但是依据该法，同等条件的保险保障只要支付 50 美元的
签约费就够了。而所谓的"大棒"，即在该法中规定加入美国联邦
政府农业部资金计划的所有农民必须签署多种灾害性农业保险的
农作物的保险合同或放弃未来的援助，因为此项规定涉及众多的
农户，所以某种程度上大力地推动了农业保险制度的发展。

　　表 3—2 为 1980 年至 1996 年间美国农业保险的主要立法
项目。

二　税收优惠

　　由于农业保险业务所具有的成本高、风险高的特点，使得农

表 3—2　　　　1980—1994 年美国联邦作物保险的主要立法

联邦农作物保险法案（1980）

· 重点从灾害援助转移到作物的保险

· 在联邦作物保险中引入补贴

· 允许私营公司销售保险

· 极大地扩展了可以保险的作物品种和面积

· 允许以个人和地区的预期产出为基础做保险担保

联邦作物保险委员会法案（1988）

· 授权对联邦作物保险计划以及提升该计划的发展建议等做出全面的评价

食物、农业、资源保护和贸易法案（1990）

· 包括对作物保险和灾害援助的特殊权利，即纠正联邦作物保险出现的问题

· 授权 FCIC 检查市场上出现的新产品

· 授权私营保险公司开发额外的可以和联邦作物保险产品包装在一起的产品

· 允许联邦作物保险提高保费比率以便降低过多的损失

· 授权 FCIC 采取行动控制欺诈

作物保险改革法案（1994）

· 要求农民签订联邦作物巨灾保险（CAT）以便有资格获得价格和收入支持计划

· 提高保费补贴

资料来源：Barry J. Barnett and Keith H. Coble, "Understanding Crop Insurane Principles：A Primer for Farm Learders", *Mississippi State University Research Report*, No. 209, February 1999。

业保险的经营机构要想获取较好的收益是很难的，因此农业保险相对做得好的许多国家的政府都会就农业保险的经营机构所需要负担的税负实施减免优惠，以便吸引各方资本参加到农业保险的经营业务当中，使得保险费率降低，并可减轻农业生产者保险费的负担。

美国联邦政府大力发展农业保险制度的举措之一就是给予农业保险业务最大幅度的税收优惠。《联邦农作物保险法案》明确规

定，FCIC的所有财产，包括资本、分支机构、准备金、收入、结余、财产权以及免赔款，对于所有的现在与将来可能征收的税收，含国家所征的税种以及各级地方政府的征收税种，都给予免征的优惠；同时免征私营作物保险公司的保险合同的税收，以及免征由公司提供的再保险的保险公司的一切税收。美国政府经营农业保险的大幅税收优惠，达到了从联邦到地方的各级政府，因而，农业保险的经营者除去业务经营成本之后，就没有其他方面的负担了。

三 农业再保险的实施

再保险又被称作分保，是就保险人所承担的风险进行的保险，也就是保险的保险。依据再保险的合同规定，分保接受人对于保险人在其原保单的保险赔付进行补偿，这是保险公司实施风险管理的十分重要的一种手段。所谓"农业再保险"就是针对农业保险人所承担风险的一种保险。农业再保险制度的实施可以使农业保险的风险得到有效的分散，从而提高私营保险公司经营农业保险的积极性，提高一国农业保险的业绩。农业再保险制度的实施是一国农业保险制度发展与完善的重要标志。

随着美国农业保险的发展，美国的农业再保险也在逐步地发展并得以实施。1947年FCIC提出并颁布了《标准再保险协议》，但是这个协议直至1980年以后才在美国的农业保险制度中真正地开始实施。

美国的《标准再保险协议》的主要内容包括：第一，FCIC既可以对私营保险公司已经经过批准了的保单进行再保险，也可以采取书面通知的方式拒绝分出公司的保单要求。第二，FCIC可以要求私营农业保险公司依照相关的规定程序对联邦农业保险产品进行销售及服务。而私营农业保险公司必须向FCIC提交它们的计划，陈述其即将开展农业保险业务的州与县的范围。如果FCIC批准了它们的经营业务计划，农业险经营者则必须在批准的地区出售农业保险产品。第三，FCIC必须使用联邦农作物保险公司的核赔程序以及应用表格。第四，再保险的保单的出售必须由FCIC允许的代理人以及中介机构完成。第五，关于再保险的有关政策还有较为具体的规定，例如，涉及的再保险的形式、再保险账户的清算、经营管理费用的补贴、承保的损益、损失评定的费用以及保费补贴等方面的内容。

美国的《标准再保险协议》从1980年开始实施，并在实施中不断地完善，主要表现在如下几个方面。

第一，形成了比较完备的美国的农业再保险制度。经过多年的实践、发展和改革，美国的农业再保险的业务范围不断扩大，保险公司的参与率以及能够提供的保障水平正在提高，已经实现了相对完备与稳定的机制。《标准再保险协议》内容详尽，包括比例再保险和非比例的再保险、再保险账户的清算、承保的损益、保费的补贴、损失评定的费用以及经营管理的费用补贴等具体的规定。相关的再保险业的经营体制的发展也在日趋完善。再保险经营体制采取的是政府建立的机构直接经营农作物的再保险业务，同时与商业的再保险公司一起经营相结合。在实际的经营中，如若商业再保险公司遇到困难，政府仍会提供保险费补贴以及经营管理费补贴等方面的支持。政府负责制定规则、履行稽核以及监督等职能，同时提供再保险。最后，政府的管理不仅受到《标准再保险协议》和有关制度的约束，而且也受到再保险公司的约束。

第二，政府对农业再保险的大力支持。美国政府通过规定采取的是政策性的保险，即政府负责给出政策、由私营商业性保险公司经营或者代理的办法对农业再保险进行支持。FCIC以及

1996 年成立的农业风险管理局①专门负责对农业再保险政策的制定以及实施进行组织和协调，同时兼具最后进行再保险的职能。通过了审核并和 FCIC 签订了协议的商业再保险公司具体对农业保险业务进行经营。

　　第三，培养了一批具有较高素质的农业再保险人才。经过多年来的发展实践，美国已经培养了数量多且素质高的农业再保险领域的人才。美国联邦政府农业部的经济研究局就有上百名的优秀农业专家与经济学家，他们对于农业保险以及再保险方面的理论及应用研究给予了学术上的大力支持。美国的农业风险管理局也拥有百名优秀专家，他们主要组织各项计划的实施以及从事农业风险管理政策的制定。另外，美国的再保险中介机构也拥有一批高素质的农业再保险专业人才。他们不仅有较高的学历，工作能力也很强。高素质人才的协同工作，使美国的农业保险一直是以农业灾害的数据长期统计与精算为基础的，拥有先进的电子设备，构建了严格的一整套的农业再保险的管理制度。

四　保费补贴

　　自《1980 年联邦农作物保险法案》颁布以后，美国联邦政府就开始对由生产者支付的保险费进行补贴，其补贴的额度主要取决于承保的水平。保费补贴是联邦作物保险计划最为突出的特点，保费补贴额度随着计划的扩大而增加。到了 1994 年，美国《作物保险改革法案》极大地提高了补贴的数量，关于保费补贴比率的演变请参见第五章第一节。表 3—3 是 1989 年至 1996 年间对农业险保险费补贴的统计。

---

　　①　关于"农业风险管理局"下章有详细的介绍。

表 3—3　1989—1996 年美国联邦政府对于作物保险保费的补贴

(单位：千美元)

年　份	1989	1990	1991	1992	1993	1994	1995	1996
巨灾保险补贴							452 841	429 860
其他保险补贴	204 965	215 308	190 066	196 721	200 008	254 876	436 531	552 202
合计补贴数额	204 965	215 308	190 066	196 721	200 008	254 876	889 372	982 062

注：1995 年前还没有实行巨灾保险，故无统计数字。

资料来源：http://www.rma.usda.gov./data/。

五　美国联邦政府对私营保险公司的财政支持

联邦政府对私营保险公司销售与服务作物保险给予财政上的支持，并且这种财政支持的力度也在随着联邦作物保险计划的扩大而增加，关于联邦政府对于私营保险公司的管理费与运营费的补偿请见第 5 章的图 5—4。

六　紧急贷款

前面谈到 1994 年美国政府颁布了《1994 年作物保险改革法案》，并推出了区域风险保险计划。根据该法案，如果农户遇到农业巨灾并引发巨大的农业损失，家庭生活与生产受到严重影响时，已加入区域风险保险计划的农户将有权获取"农民家庭紧急贷款计划"。实际上，从 1980 年开始美国的农民就可以得到紧急贷款。据美国联邦政府农业部统计，1980 年至 1990 年，美国农民从紧急贷款计划获得了 1008998.15 万美元的支持[1]，这对于稳定农民生活以及生产的恢复发挥了积极作用。关于 1990 年至 1996 年的美国农业保险的紧急贷款请见表 3—4。

---

[1]　邓国取、罗剑朝：《美国农业巨灾保险管理及其启示》，《中国地质大学学报》2006 年第 6 期。

表3—4　　　　1990—1996年美国农业保险紧急贷款情况　　（单位：千美元）

年　　份	1990	1991	1992	1993	1994	1995	1996
紧急贷款	2665810	2271532	1955246	1634898	1375611	1185261	1082954

资料来源：http：//www.rma.usda.gov./data/。

七　主要农业保险计划及实施办法

（一）巨灾农业保险

巨灾农业保险（Catastrophic Crop Insurance）为农业的生产者提供了基本的安全保障，可以帮助生产者应对农业遭受的突发性的重大损失。此项保险计划的特点是它具有一定程度的强制性（除非参加多种灾害性保险），并且只存在一个保险级别，也就是50％的保险级别。该保险计划具体操作涉及的内容包括：

第一，对于作物的平均产量核定和保险。该保险计划对于农户平均产量给予50％的保险，但是农民必须提供近4年乃至4年以上产量的记录，然后地方的保险公司在此产量记录平均数的基础上给予50％的保险赔偿。赔偿金额依照当年预计的市场价60％进行计算。

第二，对于无法提供产量记录的作物保险的办理办法。"美国农业部农业稳定与保护署"在同一地区、同一品种与常年生产的基础上确立了过渡性的项目产量（Transitional Yield，简称T-产量）。T-产量是可以调节的项目性的产量，FCIC常常在农民无法提供近4年的产量记录时，或者只能提供部分的产量记录时，用T-产量作为临时的替代。如果4年之后该农民能够提供其产量记录时，T-产量就会自然被取消，并且该4年平均产量记录将成为今后10年投保的标准。T-产量标准依照农民提交的产量记录而不同，例如3年的记录与1年的T-产量的100％相加，

2年的记录与2年T-产量的90％相加，1年的记录与3年T-产量的80％相加，再在此基础之上算出一个平均值，把该平均值作为投保的产量。若是零纪录，就只能按照4年T-产量的65％去计算，而农民的利益将遭受一定程度的损失。因而，要求农民尽量地提交以往生产产量的记录，而使农民获取较高保险额。

第三，保险手续费及保险范围。每个县的每种作物的年保险手续费为50美元至200美元不等。但是对特种作物的种植者而言，通过申报的方式可以免除手续费。重大灾害性农业保险主要是针对因为旱灾、水灾、风灾、冰雹、火灾、病虫害和低温多雨等某些不可抗拒因素所引起的农业损失给予保险。

第四，申请地点及期限。农险申请地点一般在美国农业部设在当地的办事处，也可经由农险公司代理人办理，代理人名单表可以在办事处获取。申请的保险期限非常严格，一般在申请的作物开始播种的时间前。

第五，保险申请人的义务与责任。办理保险申请一定在规定的时间之内；需提供较为完整的关于产量的历史记录；申请保险手续费的缴纳；在规定时限填报关于作物种植面积报表；农业损失报告的快速提交；相关损失数量以及原因证明资料的提交；就下一收割季节生产状况进行报告。

（二）多种灾害性农业保险

多种灾害性农业保险（Multiple Peril Crop Insurance，简称MPCI)是一种常见的保险方式。MPCI具有多个保险的级别，最高可达75％，它对于生产经验丰富且产量记录完整的农民有益，所以受到这类农民的喜爱。MPCI包括两类：一类是APH保险（Actual Production History)，它是个体保险；另一类是GRP保险(Group Risk Plan)，这是以县作为单位的投保。

1. APH 保险①

APH 保险包括 50 多种农作物，在美国各州采取基本相同的政策，但是所需要保险的作物还是有所差异的。APH 主要是针对因为低温阴雨、洪涝干旱、冰雹风灾、霜冻冰冻所引发的作物损失给予保险，并且对于由于野生动物危害、病虫害甚至是火山爆发以及地震所引发的损失也给予保险。APH 保险级别可以人为的选择，农民可以依照其实际情况对双方确认的产量选择 35％、50％、65％以及 75％等不同级别的险种。因而，发生上述作物产量低于保险产量时，保险公司进行赔偿。

一般来说，对于 APH 的农场水平的作物产出保险，其保险赔偿金额的计算如下：

每英亩的赔偿＝最大的(0，引发的产出－认定的产出)×定价

其中，引发的产出是以选择的承保水平和实际的生产历史的产出为基础的，那么：

引发的产出＝APH 产出×承保水平

APH 产出是对保险单元的长期平均产出的估算。承保水平是 100％减去可减免的百分比。有效的承保水平的范围是从 50％到 75％或者 85％，以 5％的水平递增。定价是把单位产出不足的应得赔偿转化成单位美元。例如，一个农场每英亩的 APH 的玉米的产出是 160 蒲式耳，种植者选择了 75％的承保水平，因此引发的产出是每英亩 120 蒲式耳。种植者也选择了每蒲式耳 2.20 美元的定价。如果认定的产出仅仅是每英亩 90 蒲式耳，那么产出不足的应得赔偿是引发的产出与认定的产出之间的差，即每英亩 30 蒲式耳。每英亩 66 美元的赔付是产出不足的应得赔偿与定价的产品，见表 3－5。

_____

① APH 保险在 20 世纪 80 年代开始提供。

表 3—5　　　　　　　APH 农场水平的产出保险的例子

APH 玉米产出	每英亩 160 蒲式耳
承保水平	75%
引发的产出	每英亩 120 蒲式耳
定价	蒲式耳 2.20 美元
认定的产出	每英亩 90 蒲式耳
每英亩的赔偿	每英亩 66 美元

资料来源：Barry J. Barnett, "Agricultural Index Insurance Products: Strengths and Limitations", *Agricultural Outlook Forum*, Feb. 19, 2004。

2. GRP 保险①

GRP 是以县作为单位的投保，即集体保险。GRP 保险是在全县的总体作物歉收的条件下，因而当全县农作物产量不足 FCIC 评估产量，GRP 进行赔偿。GRP 一般来说是一种大面积保险，主要针对的作物有棉花、谷物、大麦、高粱、花生、玉米、小麦、大豆等。六种不同保险级别供生产者(农民)选择，在 65% 至 90%。事先保险公司应对该县不同的农作物的总体产量作评估和预测。GRP 的保险方式有了明显的改善，投保人省去了大量文件工作，费用也比 APH 低。

申请 MPCI 保险所需支付的费用依赖于投保人的保险方式与等级(APH 有四个等级；GRP 有六个等级)的选择。美国联邦政府对于那些申请更高级别的农民给予代交 30% 保费的鼓励。

(三)非保险援助计划(NAP)

因为并非所有农作物都可以参加保险，因而从 1994 年开始的美国农业保险计划中实施了新的计划，即非保险援助计划，力

---

① GRP 保险在 1995 年开始提供。

求对种植了那些暂时不能参加农险的农作物的农民给予帮助。它具有如下的特点：第一，凡是被认可的农民，所种的非保险农作物的年均产量不到当地的正常年产量的65％时，就可获得不足部分补偿金额。第二，若全地区每年平均产量少于常年产量的65％，则单个农户的每年平均产量只有在少于正常年份50％时方可得到援助性的补偿。第三，补偿的多少要依照每个农户的实际遭受灾害的情况，补偿的数额依此种农作物市场价格的60％而计算出来。第四，要求农户及时向美国联邦政府农业部在当地所设办事处汇报生产历史与种植面积。第五，若地区性产量少于正常年份65％时，农民可以依据自身的经验判断其产量能否少于50％，以便向美国联邦政府农业部尽早提出申请等待评估。第六，受NAP保护的作物集中在一些经济作物，具体包括薄荷、南瓜、菠萝、芹菜、蘑菇、芦笋、甜樱桃、花椰菜、草莓、莴笋、胡萝卜、甘薯、饲料草、西瓜等作物。

　　(四)新的经营战略有利有弊

　　20世纪90年代美国对于作物保险开始采用新的经营战略。新的经营战略包括使用生产者协会的背书出售保险，以及让管理储蓄金经由生产者的手里等。这些战略的优势是可以提高生产者的参保率，以及最终减少政府对保险公司的管理补偿，其中的一种方式也可以减少生产者的保险费支出。然而，根据美国联邦政府农业部的看法，这些战略也存在潜在的弊端。例如，实施这些战略可能会限制小的保险公司的竞争力，因为这些小的保险公司不能提供大的保险公司所能提供的经济刺激。

　　使用生产者协会的背书出售保险是指保险公司向生产者协会支付一定的费用之后，就可以取得协会的背书，并且有权使用协会的名字和商标给协会的成员发送邮件而经营联邦作物保险。自从1995年以来，称作"背书协议"的新的经营战略主要出现在加利福尼亚。这些背书经营通常是用来出售巨灾保险的。

背书经营可以促进保险计划参保率的增加。例如，加利福尼亚的一个大葡萄酒生产者协会与一家保险公司达成了背书协议，该协会成员的参保率从达成协议之前 1994 年的 20％增加到了 1998 年的大约 40％。类似地，根据另一个达成了背书协议的加利福尼亚柑橘合作协会的统计，协会成员的作物保险费由 1995 年的 250 万美元增加到了 1998 年的 400 万美元，增加了大约 60％。生产者协会认为背书经营是成功的，因为作物生产者依靠协会获得生产实践与风险管理的重要信息。①

背书也有其他的益处。使用者们可以通过协会成员接触到他们的意向客户，从而降低保险公司的销售费用。进一步地，根据美国联邦政府农业部的要求，背书也允许公司进入目前独立的代理人不能进入的市场领域，以及允许公司改善"一站式购买"，因为许多协会与合作协会向生产者提供多重服务。

1994 年《作物保险改革法案》授予买高保险另一种新的经营战略，也增加了参保率。根据该战略，如果保险公司能以少于从美国农业部获得的管理补偿完成计划，保险公司可以减少对生产者的保险费。例如，销售与服务作物保险单的费用少于管理补偿，那么管理储蓄金可以经由生产者的手里，从而增加保险公司作物保险销售的份额。最终，许多保险公司增加的销售可以增加作物保险计划的参保率并减少政府支付保险公司的管理费。

尽管"新战略"可以为作物保险计划提供一定的利益，但是它们也能从几个方面削弱保险计划。第一，这些战略可能会给小的

---

① United States General Accounting Office，"Crop Insurance USDA's Progress in Expanding Insurance for Specialty Crops"，*Gao/RCED*-99-67 *Speciality Crop Insurance*，April 1999.

保险公司带来不利。例如，该战略可能会降低这些小的保险公司的竞争力，如果它们没有向生产者协会提供大的保险公司所能提供的经济刺激。第二，随着背书的使用，美国联邦政府农业部一直在关注回扣问题。回扣是任何利益的提供或者作为购买保险的一种诱因的考虑。回扣能够产生当保险公司向生产者组织对市场作物保险支付较大的背书费用时。这些组织可以使用这些费用对那些购买保险的生产者提供利益或服务，诸如降低这些成员的应付款，或者向那些没有购买作物保险的生产者提供不能得到的服务。例如 1995 年，拥有背书协议的一家合作公司向同意签订保险的那些成员支付巨灾保险。美国联邦政府农业部认为，合作公司正在用从保险公司收取的背书的费用对巨灾保险拨款而这种行为就是一种回扣，一种直接诱导生产者购买保险的行为。因而，从 1996 年开始，美国联邦政府农业部开始对使用背书费用向生产者支付巨灾保险加以限制。第三，美国联邦政府农业部认为，这些战略可能会削弱公司把其风险分散到大的地理区域能力，如果经营变得高度集中。第四，美国的农业部认为，新的经营战略可以破坏生产者协会单独地验证费率、保险范围与赔偿计算数据的能力。这种现象的发生，是因为协会将向其成员出售保险，而与此同时协会还要保持美国联邦政府农业部用于理赔的生产纪录。

为了解决这些潜在的问题，美国联邦政府农业部正在制定新的规章来阻遏有人对这些经营战略的利用。规章的草案要求出售联邦作物保险的保险公司在完成计划之前要向美国联邦政府农业部提交所有的经营协议与背书后，才能获得批准。这一步骤的设计目的是确保这些协议和背书是符合规章的以及计划是有保障的。

(五)农业保险代理人的作用

农业保险代理人也在农险申请中发挥重要作用。他们既可以协助农户办理参保手续，又能指导农民做出关于农场经营的预期风险以及实际价值的较为精确的评估，进而帮助农民合理选择保险的方式与级别。

农业保险新产品和地区的迅速扩大是通过利用现存的私人保险代理人的网络来得以实现的，而在 1980 年之前私人保险代理人仅仅出售雹灾险和(或)火灾险①这样的私人作物保险产品。

与以前的保险不同，1980 年之后，私人保险代理人也可以向所有的能满足最低资格要求的人出售联邦作物保险单。如果一个保险人不希望对给定的保险单承担损失的风险，那么他们可以在一定的范围内通过"标准再保险协议"把一些风险损失转给联邦政府。因此，为了增加参与率，"标准再保险协议"使联邦作物保险单在各地区的出售更容易，并倾向于向风险小的个人出售保险。

八 农业巨灾风险证券化的尝试

在美国，20 世纪 80 年代末期以及 90 年代初期遭受了一系列严重自然灾害，因而保险业开始借助金融手段解决大面积自然灾害的供应资金。根据资料报道，1987 年至 1995 年间，全美巨灾平均赔款超出 150 亿美元。农业巨灾使得保险公司往往损失巨大，因而，保险业为获取灾前、灾后的资金来源，将眼光投向了资本市场。

金融市场与保险结合起来，为农业自然灾害提供风险保障，是一种新趋势。这是通过发行拥有特定约束条件的要求权，并直

---

① 关于雹灾险和火灾险见第二章第二节四的脚注。

接将其卖给金融投资者以达到风险转移的目标。

例如，利用盈余票据的发行是美国在灾害风险保护证券化中的一种早期尝试。1995 年，美国"国家保险公司"发行了 4 亿美元偶然的盈余票据。在其执行中，首先投资将资本投入专业信托基金，而发行的信托基金需承担债务附息债券。在最初的时候，以国库券的形式给予资本保障。合同期内如果先定事件出现，那么保险公司有权以盈余票据代替国库券。而盈余票据的利率要高于国库券，其优势是可以给保险公司供应应急资金，并且来源有保障。因为规章限制的原因，盈余票据所能支付的条件是必须高出保险公司盈余，因而投资人会受到保险公司一般商业风险的制约。

再如，以指数做基础的农业巨灾保险合约。这种以指数作为基础的保险合约，可以用于其他的资产风险的避险工具。农业巨灾保险工具在美国主要包括巨灾期权、巨灾期货，以及巨灾掉期等。美国芝加哥交易所在 1992 年发行的巨灾期货可以说是资本市场与保险市场相互结合的开始。美国芝加哥交易所在 1993 年引进巨灾期权作为另一种风险分散的工具。然而巨灾保险期货选择权与巨灾保险期货，由于其指数准确性较低以及有严重道德风险等原因导致交易量低而在 1995 年相继终止交易。尽管利用巨灾保险期货选择权与巨灾保险期货进行巨灾保险转移的尝试失败，然而这却是美国在巨灾风险证券化领域跨出的第一步，对以后证券化的发展具有很强的借鉴作用。美国芝加哥交易所于 1995 年 9 月又推出 PCSOption 产品，并渐渐地被普通投资人接受，成交量逐年提升。巨灾风险证券化的观念在美国市场开始深入人心。

第四节　美国农业保险经营引入私营
保险公司的内在动因

1938 年至 1980 年间，美国政府单独经营农业保险 42 年，但是绩效一直不佳，长期以来农户的参保率不到可承保面积的 10％，经营主体承受着高于保费的赔偿，农业保险经营中存在的问题一直困扰着美国政府，使之感到无能为力。美国农业保险制度存在的问题要求市场与政府共同应对并加以解决。

一　信息不对称理论的产生与发展

早在 20 世纪初，经济学家们就已经认同在经济活动的过程当中许多大量的不确定性因素存在着，发现市场信息是不对称的。1921 年，奈特在《风险、不确定性与利润》一书中就曾经有这样的论述：不确定性充满在现实的经济活动过程当中，但是有一些人依赖更多与更可靠的信息试图努力寻求获取利益的机会。哈耶克针对新古典经济学提出的完全信息假设以及它的注重静态的分析方式，提出了批评。哈耶克在《知识在社会中的利用》一书中论述到：价格不能够传达完全信息，虽然它可传递稀缺的信息，每个人相对于其他人而言，拥有信息上的优势。实际上，哈耶克已经初步认识到了信息不对称问题在现实中存在的客观必然性。凯恩斯，作为主张政府干预经济的现代宏观经济学的一代鼻祖，在《就业、利息和货币通论》一书中，对利率、货币理论的分析都是以未来出现的不确定性为分析前提的。在凯恩斯主义的启发下，后来的一些新凯恩斯主义者也是通过对信息不对称的假设的运用，对商品市场、劳动力市场乃至资本市场的资源配置问题作了大量的分析。

20 世纪 60 年代开始，以赫伯特·西蒙以及肯尼思·阿罗为代表的一批欧美经济学家最先开始对"充分信息假定"发出了质疑，并提出任何决策都会面临许多的大量的不确定性，即不确定性是经济行为的基本特征之一。到了 20 世纪 70 年代以后，威廉·维克里（Willian Vickery）、乔治·斯蒂格勒（G. J. Stigler）和詹姆斯·米尔利斯（James Mirrlees）等人就此问题作了更为深入的研究，他们从经济的实践与现实的制度安排中发现信息的分布还是不均匀的与不对称的，不但行为者的信息是不充分的，并且，也就是说同一经济行为的双方当事人所持有的信息量也可能是不对等的，这种状况的存在会严重影响市场运行的效率并经常导致"市场失灵"。① 这一重要的发现构成了不对称信息经济学产生与发展的基础。

20 世纪 70 年代，3 位美国经济学家斯蒂格利茨、阿克尔洛夫、斯彭斯因在"使用不对称信息进行市场分析"领域作出重要贡献，而获得了"2001 年度的诺贝尔经济学奖"。传统经济学基本假设前提中，重要的一条就是"经济人"拥有完全的信息。而事实上，绝对的信息对称是不存在的，现实生活中市场主体不可能占有完全的市场信息，信息不对称必定导致信息拥有方为获取自身更大的利益使另一方的利益受到损害，这种行为在理论上就称作道德风险和逆向选择。为减少或避免这类行为的发生，降低信息搜寻的成本，提高社会资源配置效率，经济学家为此提出了许多理论和模型。上述 3 位获奖经济学家的核心理论是："当产品的卖方对产品质量比买方有更多的信息时，低质量产品将会驱逐高质量商品，从而使市场上的产品质量持续下降。实际上，当信息

---

① 　宋海、任兆璋：《金融监管理论与制度》，华南理工大学出版社 2006 年版，第 90—91 页。

不对称时，市场上便出现了次品驱逐优质品的现象。这个时候的市场是假冒伪劣盛行，真正好的产品卖不出去，最后倒台和垮掉的是好企业。"上述 3 位诺贝尔经济学奖获得者的贡献正在于，他们在信息具有价值这一性质基础上，将信息不对称理论广泛应用于社会政治经济生活的各个领域，并得到了实践的验证，从而揭示了当代信息经济学的核心价值。

二　农业保险的信息不对称

农业是经济的再生产和自然的再生产集于一体的产业部门。而农业的自然再生产的过程又是农业与其他产业相区别的特殊之处，这一特殊之处也决定了农业对自然环境、自然过程等自然因素很强的依赖。由于自然因素的变化本身难以控制，所以农业保险经营者取得农业保险标的物的信息成本大大增加。农业保险经营者受制于边际成本，很难无限制地加大信息搜寻的投入，因此加剧了农业保险市场的信息不对称的问题，并且比其他保险市场的情况更为严重。

农业保险的信息不对称主要是就农业保险市场存在的道德风险和逆向选择而言的。对于逆向选择和道德风险的区别 Arrow (1985) 的分析是，逆向选择是"隐藏的信息"的问题，而道德风险是"隐藏的行动"的问题。Makki 和 Somwaru (2001) 的解释是逆向选择是由于保险人没有能力精确地评估损失的风险所引起的，而道德风险是由于被保险人的增加损失的隐蔽行动所引起的。

通常来说，不同农业生产者所面临的农业风险的概率是不同的。如果信息是完全的，那么保险人可依据精算原理对风险较高的投保人收取较高的费率，而对风险较低的投保人收取较低的费率。然而，与保险人相比，投保人拥有更多的关于农作物、土地、畜禽、气候等标的物的风险信息与损失信息。如果保险人想取得这些信息则需要支付较高的成本。因而，保险人通常依据农业风险的平均损失概率与农业风险的预期损失确定保险的费率，导致风险较高的生产者愿意购买保险，而风险较低的生产者不愿意购买保险。农业保险市场上出现了大量的高风险投保人，而低风险的投保人往往被排除在外，这样一方面保险人的赔付率增大；另一方面因为大量低风险的投保人没有参保，风险单位减少了，保险人难以满足大数法则要求，恶化了保险人的财务状况，导致农业保险的供给降低。而如果保险人提高保险费率，将会产生更严重的逆向选择。农业保险的逆向选择问题给保险人的定价带来困难，进而影响其供给状况。

农业生产所固有的经济再生产与自然再生产相互结合的特性，加重了农业保险的道德风险。投保人在购买了保险后，经常会出现降低或者不采取许多原来很有效的风险控制的措施。这种被保险人的行为背离则会改变风险损失的幅度或者损失的概率，加大了索赔的预期。首先是产生了投保人在防损上的道德风险。农业保险的标的物是拥有生命的动物、植物，而动物饲养的好坏和植物生长的好坏主要取决于农业生产者的管理。如若农业生产者在参加保险后疏于管理，甚至放弃或者降低原本行之有效的风险控制措施，则会增大减产与索赔的概率，从而形成道德风险。例如，在不适合耕种的土地上种植农作物、盲目种植新品种作物、下种不足、施肥不当、选用质量不高的种子、对于农作物物化投入不足、不按时收割等等。其次才是投保人在减损上的道德风险。由于农业保险标的物是动植物，因而在其生长的过程中存在再生能力和自身的调节，如果投保人给予合理地照料，则动植物的风险损害与疾病就可以减轻或消除，有的还可以恢复到正常的生长状态，所以保险事故的出现并不意味最终的损失将会产生。例如，棉花在花蕾期受了冰雹的袭击，导致落蕾、落花以及断枝断叶，这时投保人若能够及时加以补救，受灾棉花仍可重新生长，并达到一定产量。然而，因为道德风险的问题，投保人如果不及时采取补救措施则会造成棉花较大幅度的减产。又如畜禽发生疫病之后，如果投保人既不及时报告疫情，也没有采取相应的有力措施，将会加大牲畜的死亡率，增加保险的损失。再次是投保人故意行为所致道德风险。因为农业生产者居住的范围广大而分散，因而查勘核损的难度大，并为一些投保人采取故意的行为发生道德风险提供了条件。例如，投保人对投保的牲畜打麻醉剂谎称"假死"进行骗保。

一些研究已经证明，在美国的农业保险市场中逆向选择的出现对保险运作的影响。Ray(1974)指出，农作物保险市场的逆向选择会导致只有高风险的农民购买保险，这将造成农业保险无法长久维持。Skees 和 Reed(1986)认为逆向选择的潜在发生是依赖于农民对期望产出和产出变动的虚拟评估。以平均农作物产出为基础的保险费率可能导致逆向选择，尤其是在产出差异波动很大时。Goodwin(1993)证明了逆向选择对美国农作物保险规划实际运行的影响，指出那些经营风险高于平均值的农民更可能购买保险，由于逆向选择的存在，高风险的生产者对费率的变化不会有明显的反应。Quiggin (1994)对三种农业保险的逆向选择进行了研究，得出的结果是，若保险合同规定投保人的产量低于县的平均产量可得赔付，那么那些产量一般来说不高于县的平均水平的农户就愿意投保，产量超出县平均水平的农户则不愿意参保；若保险合同需要每年重新签订，投保截止日期较晚，那么农户将会对能否发生气候灾害做出预测，在认为可能发生时就投保，否则不投保；农户也有可能利用他们熟悉土地肥力的长处，对较高产量风险的土地进行投保。在评价美国农作物保险规划时，Goodwin 和 Smith(1995)的研究表明，有大量的证据证明存在逆向选择，并且逆向选择是保险人没有能力设定和风险水平相称的保费的直接结果。Just 等(1999)利用美国保险规划的全国数据检查了农作物保险市场的逆向选择问题。他们认为，当实际费率没能反映出农民所期望的补偿时，逆向选择就会出现。他们的研究结果表明参加保险的农民可能是那些预期能够得到高补偿的人，而那些预期能够获得补偿并不多的人将不会参加保险计划。他们的结论是当农业保险市场集中在高风险的农民时，保险市场就已失灵。Makki 和 Somwaru(2001)检验了当可以利用的农作物保险产品的数量和农民参加保险的比率增加时出现的逆向选择。他们运用了健康和汽车保险市场的信息不对称模型，结果表明，农民购买产出或收入保险的决定因素主要取决于所面临的风险、收入水平以及保险的成本；个人风险的不精确评估会导致对低风险农民收取较高的保费和对高风险农民收取较低的保费；个人产出和收入保险产品市场存在着信息不对称。Shaik 与 Atwood(2002)测算出美国棉花保险逆向选择的成本，在 1997 年至 2000 年的变动范围在 3200 万美元至 3.59 亿美元。

对于农业保险中的道德风险，Smith 与 Goodwin(1996)研究后发现，在堪萨斯州生产小麦的农场投了保险以后，化肥与农药的投入相对于没有投保的农场的投入每英亩少了 4.23 美元。Chambers(1989)、Hyde 和 Vercammen(1995)等人发现，在农业保险过程中，由于农业保险人的获益与否是由被保险人的不可观测性以及机会主义行为所控制的，因此道德风险就增加了农业保险的不可实施性，农业保险的道德风险主要表现在对产量的谎报或扩大损失的数量等方面。Shaik 和 Atwood(2000)的研究也表明了道德风险问题的存在。农业保险参与率的提高，也就是保险费在总生产成本中的份额在增加，对农业设备、家畜以及中间投入品(包括农药与化肥的使用)产生不太显著的负向影响。这种负向影响表明农业保险增加了，但是投保人投入品的数量却在减少，说明了道德风险的存在。Barnett(2004)认为由于农业保险市场的信息不对称，被保险人会出现道德风险和逆向选择，导致保险市场失灵。他给出了一个道德风险的例子，一个原本使用杀虫剂预防庄稼虫害的人，很可能在购买了相关的保险之后而放弃使用杀虫剂，他的理由很可能就是：虫害的损失会由保险公司承担。

三　私营保险公司与美国联邦政府共同解决农业保险信息不对称问题

信息不对称下的道德风险和逆向选择问题被认为是农业保险计划发展的"阿喀琉斯之踵"①，大量的研究也已经证明了美国农业保险市场存在着道德风险和逆向选择的问题。事实上，农业保险的准公共物品属性、农业保险市场的道德风险和逆向选择的问题、农业保险经营技术的复杂性，以及较高的信息搜寻成本，对农业保险的经营机构以及农业保险的供给模式提出了更高的要求。

针对农业保险市场的信息不对称问题，学者们提出了不同的解决方法，包括设计合理的多样性的保险合同、加强保前实地考察、进行费率的分区、划分风险区域、建立灾害评估系统等，其中共同的观点都涉及了农业保险的经营机构的问题。Goodwin和Smith(1995)认为道德风险与逆向选择是联邦作物保险计划的阿喀琉斯之踵，但是政府与私营公司必须面对它，而政府对于农场行为的监督或者对于个人农场风险的评估未必就胜于私营公司，因此私营公司经营作物保险存在着可行性。冯文丽、苏晓鹏

----

①　阿喀琉斯之踵的意思是指致命要点，来自希腊神话。

(2003)认为，针对农业保险中信息不对称的问题，采取的解决办法应是农险经营机构广泛建立农险分支机构，深入农村认真地做调查工作，可是如果只由政府直接承担农业保险原保险的经营，则会产生机构庞大、监督成本过高乃至人浮于事的弊端。蔡书凯、周葆生(2005)提出，要完善与拓展农业保险的经营机构的职能，才能更好地为农民提供风险管理的服务。[①]　叶晓凌(2007)认为，应当选择适当的农业保险供给模式，她具体地分析了所研究的一些国家经营农业保险的模式，认为美国的模式是一个自上而下的政策性的保险体系，政府直接参与的好处是可以借助政府的行政力量推动农业保险，但是政府在取得农业生产风险等方面的信息并不具备比较的优势，对于农业保险的经营存在较高的监督成本，道德风险和逆向选择的现象不会减少。[②]　冯文丽、苏晓鹏(2009)认为，可采取两条途径在一定程度上应对农业保险的信息不对称的问题，其中之一就是选择理想的经营机构。

　　应对农业保险市场信息不对称的问题，学者们普遍认为应当安排合理的农险经营机构来加以应对与解决。而美国联邦政府在1980 年颁布《联邦农作物保险法案》，明确规定私营保险公司可以正式介入农险，正是希望通过私营保险公司与政府一道经营农业保险，从而共同解决农业保险市场信息不对称的问题。

　　在美国的作物保险计划当中，尽管关于私营保险公司作用的文献有限(Miranda and Glauber，1997；Ker，2001)，但仍可以从曾任美国副总统的 Steven C. Harms 讲话中看到私营保险公司在作物保险中的作用。Steven C. Harms 认为：在美国私营保险

　　① 　蔡书凯、周葆生：《农业保险中的信息不对称问题及对策》，《市场周刊》2005 年第 4 期。
　　② 　叶晓凌：《信息不对称与农业保险有效供给的经济分析》，《商业研究》2007 年第 2 期。

公司证明了有能力完成农业保险的任务，私营保险公司销售的百分比从 1983 年的 36.4％增加到 1993 年的 93.2％，1994 年《作物保险改革法案》通过的时候，计划的参保率预计提升到 80％，然而如果没有私营保险公司的支持，这种预期是不能实现的；私营保险公司可以提供人力向农民出售新的巨灾作物保险产品，而政府没有充足的资源去做这样的工作；MPCI 计划的实施主要依赖于私人保险人的持续参与，没有私人保险人的积极参与，MP-CI 计划不可能达到今天的程度；在国会努力创建一个可以提供给所有的农民的保险计划当中，私人保险人的加入一直是一个重要的因素；私人保险人已经提供了必要的资源与人力向这个国家的所有地区出售保险。他们对计划的设计与产品的开发提供了有价值的专业技术。此外，Alan Ker 和 A. Tolga Ergun（2007）认为：作物保险计划是美国农业政策的一个重要方面，私营保险公司作为中间机构参与到农业保险中有助于效率的获得，而这些效率的获得既可以通过建立较好的经营渠道来减少交易费用获得，也可以和（或者）显示私人信息获得，现实的情况是联邦作物保险计划太大了，如果没有私营保险公司的参与，计划难以运行。[①]

　　因此，从经济学的角度来看，美国政府把私营保险公司引入农业保险的经营当中来，对解决农业保险的信息不对称的问题无疑是更为理想的经营模式选择。这是因为：其一，政府单独经营农业保险原保险，由于要应对信息不对称等问题，会出现监督成本过高，机构庞大与人员冗余等问题。其二，私营保险公司与政府一道经营农业保险，一方面政府在制度上发挥着重要的作用，

---

　　① Alan Ker and A. Tolga Ergun, "On the Revelation of Private Information in the U. S. Crop Insurance Program", *The Journal of Risk and Insurance*, Vol. 74, No. 4, 761-776, 2007.

可以提供法律保障、政策保证以及财政支持等；另一方面私营保险公司加入进来，会有更加雄厚的财力、人力和技术来应对信息不对称下的道德风险与逆向选择的问题。

农业保险市场的信息不对称问题是美国联邦作物保险计划发展的"阿喀琉斯之踵"，因此，在美国农业保险的经营当中引入私营保险公司参与的内在动因，从经济学角度来看是与农业保险市场的信息不对称分不开的。

第五节　政府与私营保险公司共同 经营农业保险的绩效

通过 1980 年《联邦农作物保险法案》的颁布，确立了联邦政府与私营保险公司共同经营农险的模式，通过主要立法变动、税收优惠、再保险实施、补贴、对私营保险公司财政支持、紧急贷款、主要农险计划的实施以及新的经营战略等使美国农业保险制度正式在美国全国推行，并迅速发展起来。

一　联邦作物保险计划迅速扩大

1980 年《联邦农作物保险法案》通过后，美国联邦作物保险计划的范围迅速扩大。从 1981 年到 1996 年，尤其是 1994 年《作物保险改革法案》颁布后的 1995 年和 1996 年，联邦作物保险计划的承保面积、销售的保险单、农户的参保率、总收取保费等经济指标都表明了联邦作物保险计划的扩大。1996 年签订的保险单数量达到了 162 万份，是 1981 年的 3.9 倍，承保面积达到 2 亿多英亩，是 1981 年的 4.6 倍，参保率达到了 44%，提高了 28 个百分点，保费收入达到了 18 亿美元还多，是 1981 年的 4.9 倍，详细情况见表 3—6。

表 3—6   1981—1996 年美国联邦作物保险计划统计

年份	保险单数量 （单位：千）	承保面积ª （单位：百万英亩）	参保率 （%）	总收取保费 （单位：百万美元）
1981	416.8	45.0	16	376.8
1982	386.0	42.7	15	396.1
1983	310.0	27.9	12	285.8
1984	389.8	42.7	16	433.9
1985	414.6	48.6	18	439.8
1986	406.9	48.7	20	379.7
1987	433.9	49.1	22	365.1
1988	461.0	55.6	25	436.4
1989	949.7	101.7	40	819.4
1990	893.7	101.3	40	835.5
1991	706.2	82.3	33	736.4
1992	663.1	83.1	31	758.7
1993	678.8	83.7	32	755.6
1994	800.4	99.4	38	948.9
1995	2039.2	220.5	41/85	1543.0
1996	1623.3	204.9	44/76	1838.4

注：a 参保率计算是参加保险面积作为有资格参加保险面积的百分比。1995 年至 1996 年的参保率的第一个数字代表了买高保险的加入，而第二个数字代表了买高保险减去巨灾风险保护（CAT）。

资料来源：Joseph W. and Keith J. Collins, "Crop Insurance, Disaster Assistance, and the Role of Federal Government in Providing Catastrophic Risk Protection", *Agricultural Finance Review*, Fall 2002。

二   政府与私营保险公司共同经营农业保险存在的问题

虽然美国联邦农业保险计划在 1980 年以后不断地扩大，并逐步实现了以农业保险为主，灾害援助项目成为农业保险补充的目标,但是联邦作物保险计划由于其较高的费用支出与居高难下的损失率而一直受到批评。

(一)较高的费用支出

尽管联邦作物保险计划在不断地扩大,但是这种结果的获得也是付出了很大的代价的。作物保险计划总的管理费从 1981 年的不到 1 亿美元增加到了 1994 年的 3.19 亿美元。1980 年至 1990 年间,美国联邦政府对于作物保险计划的总支出超过了 92 亿美元。在此期间,赔偿支付超过了 71 亿美元,而从生产者收取的保险费仅仅为 38 亿美元。这相当于净损失超出了 33 亿美元(排除管理费),也意味着,平均来说农民支付 1 美元的保险费会收到 1.88 美元的赔偿,即损失率为 1.88(Barry K. Goodwin, 1994)。①

1981 年至 1996 年间,美国联邦作物保险计划的费用总体超出了 102.99 亿美元,作物保险的费用随着增加的保险费补贴和较高的计划参与率也在成比例地增加。1990 年至 1994 年间,作物保险的费用平均每年为 7.11 亿美元。1994 年《作物保险改革法案》之后,1995 年与 1996 年的作物保险的年平均费用为 14.018 亿美元。②

除了保费补贴,作物保险的费用包括总的额外损失(赔偿费用减去总的保险费费用,减去部分包括保险费的补贴)以及保险运营支出(对再保险公司的补偿减去通过标准再保险协议所获得的净承保获利)。在整个 20 世纪 80 年代,联邦作物保险计划的

---

① Barry K. Goodwin, "Premium Rate Determination in the Federal Crop Insurance Program: What Do Averages Have to Say about Risk", *Journal of Agricultural and Resources Economics*, 19(2), 382-395, 1994.

② Joseph W. and Keith J. Collins, "Crop Insurance, Disaster Assistance, and the Role of Federal Government in Providing Catastrophic Risk Protection", *Agricultural Finance Review*, Fall 2002.

迅速扩大以及美国中西部的旱灾导致了年平均额外损失几乎达到
2.31 亿美元，在此期间运行费用占总计划费用的近 25%。关于
1981 年至 1996 年的美国联邦作物保险计划的费用支出请见表
3—7。

表 3—7　1981—1996 年美国联邦作物保险计划的费用支出

（单位：百万美元）

年份	保费补贴	额外损失[a]	运营费用[b]	承保获利[c]	总作物保险费用
1981	47.0	30.5	4.2	0.3	82.0
1982	90.7	133.5	23.7	2.6	250.5
1983	64.0	296.8	34.5	(2.4)	392.9
1984	98.6	203.4	84.5	(0.4)	386.1
1985	100.3	242.9	100.8	3.4	447.4
1986	88.4	234.7	102.6	8.0	433.7
1987	87.9	3.4	105.6	16.7	213.6
1988	108.3	630.9	137.5	(8.0)	868.7
1989	206.6	402.9	262.4	28.1	900.0
1990	215.6	133.6	268.2	52.2	669.6
1991	190.3	216.4	234.7	42.0	683.4
1992	197.0	158.0	240.0	22.6	617.6
1993	200.3	898.0	242.7	(82.5)	1258.5
1994	255.0	(349.6)	281.6	104.4	291.4
1995	889.6	29.7	377.5	130.9	1427.7
1996	983.6	(321.7)	468.2	245.8	1375.9

注：括号里的数字表明成本节省。

[a] 额外损失相当于赔偿费用减去总的保费费用（包括保费的补贴）。

[b] 运行费用仅包括对再保险公司的补偿。

[c] 根据标准再保险协议向保险公司支付的净承保获利（损失）。

资料来源：Joseph W. and Keith J. Collins, "Crop Insurance, Disaster Assistance, and the Role of Federal Government in Providing Catastrophic Risk Protection", *Agricultural Finance Review*, Fall 2002。

（二）美国农业保险较高的损失率

从损失率，即对承保作物损失的赔偿除以农户所支付的保费（不包括政府的有关研究费用）发现，美国的联邦作物保险计划没有得到根本改善。也就是说，计划的大部分费用，总体上来自公众的钱包，而不是来自农民（主要指投保者）的贡献。[①]

1981年至1993年间，每年的美国联邦作物保险计划的损失率都超过1.00，说明美国联邦保险计划支付的赔偿超过所获得的保费收入。1993年政策制定者为美国联邦作物保险计划确定了一个长期的损失率的目标1.075，1994年至1996年，美国联邦作物保险计划情况好转，没有超过设定的目标损失率，见表3—8。

（三）灾害援助项目未能取消

当1980年《联邦农作物保险法案》被采用时，政策制定者表达的愿望之一就是美国作物保险计划的扩大将减少对灾害援助[②]的政治需求，要求从1981年开始取消灾害援助项目，但是取消特别灾害救济的目标并没有立即实现，向农民提供灾害援助的议案分别在1983年、1986年、1987年、1988年与1989年通过。

美国联邦政府农业部在作物保险计划之外不断地以直接现金支付和补贴贷款的形式提供农业灾害援助。1981年至1988年间"农业稳定与保护服务部门"（Agricultural Stabilization and Conservation Service，简称"ASCS"）发放了69亿美元的直接灾害支付，其中56亿美元与作物损失相关，其余的与牲畜、饲料和保护计划相关。灾害支付在1981年、1988年与1989年由于美国严

[①]　Ariel Dinar, *Economics of Agricultural Crop Insurance*：*Theory and Evidence*，Norwell：Kluwer Academic Publishers，1994，p. 208.

[②]　1973年，美国颁布了《农业和消费者保护法》，从此开启了农业的灾害援助。

表 3—8   1981—1996 年美国联邦作物保险计划的损失率统计

年份	损失率
1981	1.08
1982	1.34
1983	2.04
1984	1.47
1985	1.55
1986	1.62
1987	1.01
1988	2.45
1989	1.48
1990	1.24
1991	1.30
1992	1.22
1993	2.19
1994	0.63
1995	1.02
1996	0.81

资料来源：Joseph W. and Keith J. Collins, "Crop Insurance, Disaster Assistance, and the Role of Federal Government in Providing Catastrophic Risk Protection", *Agricultural Finance Review*, Fall 2002。

重的干旱而达到很高。1988 年的干旱是有记录以来最糟糕的之一，尤其是对于美国的中部，并且 1988 年《灾害援助法案》提供了 40 多亿美元的灾害救济。1989 年的《灾害援助法案》提供了 8.97 亿美元的特别灾害救济并且发放了 14.8 亿美元的干旱损失补偿。1989 年的总体灾害支付超出 40 亿美元。继 1993 年和 1994 年的大范围洪水与干旱之后，《中西部洪水与东南干旱援助法案》提供了 32.5 亿美元的灾害支付。1994 年，"ASCS"发放了 31 多亿美元的灾害救济。

小 结

美国农业保险制度在 1980 年结束了长达 42 年的政府单独经营阶段,同年美国政府颁布了新的《联邦农作物保险法案》,明确规定农业保险在全美正式推广,并允许私营保险公司开始经营农业保险,美国的农业保险制度步入了稳定的发展阶段。

从经济学的角度进行分析,农业保险市场存在着严重的信息不对称,并且大量的研究也已经证明了美国农业保险市场存在着信息不对称下的道德风险和逆向选择的问题。如果说农业保险的准公共物品属性对政府经营农险提出了要求,那么农业保险的信息不对称问题不仅对政府的经营而且对私营保险公司的经营提出了要求,这也是本阶段私营保险公司介入农业保险的经济学基础。

美国农业保险制度得到了迅速的发展,联邦作物保险计划得到了迅速的扩大,其承保面积、销售的保险单、农户的参保率、总收取保费等经济指标都表明计划被扩大,尤其是 1994 年《作物保险改革法案》颁布后的 1995 年和 1996 年,各项指标表现更为良好。然而美国联邦作物保险计划的较高的费用支出且居高难下的损失率与农业保险项目并未能取代灾害援助项目,也说明了作物保险计划的成绩取得是要付出很大代价的,而美国农业保险制度要发展仍需进一步改革。

第四章

政府监管下私营保险公司经营
农业保险阶段(1996年至今)

第一节 政府监管下私营保险公司经营
农业保险制度的确立

根据1996年《联邦农业完善与改革法案》，1996年联邦政府创建了"风险管理局"对农业保险进行监管，规定FCIC从农险直接业务中撤出。从此FCIC开始脱离农作物保险的直接业务经营，再经过1998年与1999年两年时间的调整，政府FCIC彻底地从农作物保险的直接业务中退了出来，美国的农业保险制度进入了政府监管下私营保险公司经营阶段。

一 政府监管下私营保险公司全部接管经营农业保险的历史背景

(一)"克林顿经济学"的政策导向

1992年民主党人比尔·克林顿在美国总统的选举中获胜，从1993年开始美国走进了克林顿领导的为期8年①的克林顿时

---

① 克林顿是继富兰克林·罗斯福之后，民主党第一位连任了两届的美国总统。

代。1993年2月17日，新总统向国会递交了执政后的首个"国情咨文"，在"国情咨文"中，他提出了"综合经济复兴计划"。1993年4月，克林顿又向国会递交了1994财年预算案。克林顿上台后，面对美国的经济形势，提出了变革与"重振美国经济"的政策与主张，一些经济学家称之为"克林顿经济学"。

"克林顿经济学"和里根、老布什政府奉行的"里根经济学"是有所不同的。克林顿采取的是介于凯恩斯主义与新保守主义之间的折中主义的经济政策。凯恩斯主义提倡以刺激有效需求来振兴经济，新保守主义主张政府对经济波动不加干预，里根、老布什政府都奉行尽量减少对经济活动进行干预的政策。[①]

克林顿主张政府对经济活动进行宏观调节和干预，增税节支、扩大就业、促进投资、扩展对外贸易、加强科技和人力资源的开发等等，尤其是大力促进公私投资以便推动经济的增长。对于联邦政府的作用问题，他们既批判了里根和老布什政府的无所作为，主张要有一个生气勃勃、强大和十分活跃的中央政府，又不同意自由主义所维护的老政府模式，主张富有革新精神、不带官僚气息的政府，主张由联邦政府确定政策和提供资金，但由州和地方政府从事微观管理，因此联邦政府要向州和地方政府大规模移交权力。[②]

"克林顿经济学"主导着美国经济8年。美国农业保险制度从1996年开始由政府与私营保险公司共同经营农险的阶段向政府监管下私营保险公司经营农险阶段演进，这是与"克林顿经济学"的政策导向分不可的。

---

① 张鸣、斯扬、王志润:《百年大对照:中国与世界》第4卷，吉林摄影出版社2000年版，第2351页。

② 牛军:《克林顿治下的美国》，中国社会科学出版社1998年版，第303页。

（二）从 1996 年开始美国农业政策具有了明显的市场化特征

1996 年 4 月 4 日，美国总统克林顿签署了《1996 年联邦农业完善与改革法案》（The 1996 Federal Agriculture Improvement and Reform Act）。该法案主要包括：农业市场过渡法、营养援助法、农产品贸易法、农业发展法、农村发展法、农业信贷法、农业研究推广与教育法等。法案围绕增加农产品的产量、土壤与降低农产品生产成本三个目标而起草，目的是通过加强并完善农业生产市场导向，减轻联邦政府对农业支持政策的财政预算压力，促进农产品出口贸易。该法案的实行至少在原则上标志着一种新政策环境的确立，在这种环境下，农民将更多地受自由市场力量的制约。美国的理论界普遍认为这是摆脱政府干预的一个好法案，美国的农业政策开始表现出明显的市场化特征。

根据该法案的规定，美国农业政策出现较大的变动，颁布了《农业市场过渡法》，提出要用 7 年的时间使美国的农业过渡到完全市场经济的状态，即在 2003 年之后，联邦政府将取消对农场主有关收入与价格支持方面的所有补贴。根据该项计划，政府将取消多年来实施的"农产品计划"，停止差额补贴与目标价格，因此农产品价格与收入支持补贴之间的联系不再存在。时任美国联邦政府农业部长克里格曼的评论是，该法案把多年来建立起来的农场主"安全网"拆除了，使农场主完全面对世界市场，并自己承担全部市场的风险。在过渡阶段，该法案建立了"生产灵活合同补贴"作为价格支持补贴的替代。该法案还包括完全放开农业生产、取消作物耕种面积限制；保留基本无追索权贷款，但是修正了方法；取消 1977 年设立的农场主拥有的储备计划；对于农场主从政府获得的贷款利率增加 1 个百分点等变化。

依据该法案，1996 年美国开始对农业部门进行重新改组。国会又通过了《农业部机构改革法》，对联邦政府农业部的内部机构以及相应的职能进行调整。从美国联邦政府农业部改革后的职能可以看出，它从建立之初的收集与发布农业相关的信息发展到承担农产品进出口、食品安全执法、市场监管、农业推广、农村统计、农业贷款、资源保护、食品营养等职能，其职能越来越广泛，涵盖了农村与农业经济的各个层面。美国的"风险管理局"，作为政府进行农险监管的执行部门，就是这时建立的。

二 美国联邦政府监管农业保险的基本架构

根据《1996年联邦农业完善与改革法案》，美国联邦政府创建了"风险管理局"（Risk Management Agency，以下简称"RMA"），RMA的主要职责就是代表联邦政府监督并管理农业保险，同时美国的各州政府也承担部分农业保险的监管职责。

RMA作为美国联邦政府农业部的一个重要部门，其作用是通过有效的、以市场为基础的风险管理方式帮助生产者管理业务风险。RMA的任务是提高、支持与规制风险管理的解决方式以便维护与加强美国农业生产者的经济稳定性。RMA的战略目标包括：实现广泛的有效的风险管理解决方式、做到及时通知客户和持股人、形成公平和有效的销售系统、达到计划的完整性以及良好的服务。作为其任务的一部分，RMA对FCIC进行运营与管理。

RMA机构有三个部门：保险服务部门、产品管理部门与风险服从部门。保险服务部门负责当地的计划管理与支持、计划的传送，例如管理那些出售与服务保险单的公司的合同。产品管理部门负责监管产品的开发。风险服从部门的监管人员必须服从生产者与出售和服务保险单的公司所作的计划规定。

目前，RMA在全美国拥有办公室雇员大约500人，2009年RMA的管理预算有77亿美元，同年，RMA管理了近800亿美元的保险责任。

RMA 的主要职责是代表 FCIC 管理美国联邦作物保险计划①，RMA 通过 FCIC 向美国的生产者提供作物保险。私营保险公司负责不同保险单的销售、服务与损失理算，RMA 开发和（或）批准保险费率、管理保费和补贴支出、批准和支持产品，以及对公司进行再保险。RMA 正致力于把作物保险计划转变成生产者的安全网，以便确保美国农业的稳定发展和具有国际竞争力。

（一）RMA 的主要职能

RMA 的主要职能体现在以下几个方面：第一，管理与监督"联邦作物保险法案"所授予的计划，例如包括收入保险、风险管理教育等的规划与计划。第二，强调把作物保险计划送到服务水平较低的州②、服务水平较低的作物与服务水平较低的生产者。第三，把新作物保险产品的内部研究与开发外包出去。第四，提高风险管理与作物保险教育。第五，为了提高农业保险计划的执行力度，加大技术的应用，例如数据的采集技术。③

（二）RMA 采取的监管措施

RMA 主要围绕以下四个方面采取监管措施。

第一，提高风险管理的可利用性和有效性。首先，RMA 正

---

① 李军在《农业风险管理和政府的作用》一文中有这样的解释：FCIC 所有的职责都由 RMA 负责履行，实质上两者是一套人马两块牌子，FCIC 只是风险管理局便于资金管理的"壳"，FCIC 地区办事处和 RMA 堪萨斯城分部都称自己为风险管理局的分支机构，RMA 的局长同时是 FCIC 的总经理。

② RMA 认定 15 个保险服务水平较低的州：Connecticut，Nevada，Rhode Island，Delaware，New Hampshire，Utah，Maine，New Jersey，Vermont，Maryland，New York，West Virginia，Massachusetts，Pennsylvania，Wyomin。

③ Risk Management Agency，"Strategic Plan for 2006—2011"，http：// www. rma. usda. gov. /data/，April 2007.

致力于加强现存的保险计划的可利用性和把保险计划综合起来，目的是提供更加有效的风险管理方式。作物保险计划的可利用性的扩大是通过把现存的保险计划引入到生产者所种植的新的产品中来实现的。新的保险计划是在一种保险产品进入开发阶段之后作为试验性计划不断地被扩大的。RMA 监管 FCIC 的保险政策和保险条款并为大量的商品提供政策与收入保护。"联邦作物保险法案"要求 RMA 对某些保险产品的开发、可行性研究与相关材料签订合同。RMA 的工作人员对签约人提供反馈和指南，以确保项目的进展和能达到所制定的目标。法案也为私人部门能够提供保险计划提供了新的渠道。新的、大量的现存产品的变更要求至少有 5 名专家对 FCIC 董事会批准的方案做出统计和保险方面的评价。在产品被 FCIC 董事会接受进入试验阶段之后，RMA 进入年试验计划评估，并且不断地监测和评估试验性计划的运作，包括营销、浪费、乱用或任何其他影响试验性计划运作的现象。在经历了几年的运作之后，RMA 则对试验性计划做出正式的评估，以便决定计划是否应该继续作为试验，还是修改、终止或者转变成永久性的计划。RMA 向 FCIC 董事会递交评估意见，由其做出最后的决定。

其次，RMA 采取以下行动来提高风险管理的可利用性和有效性。对多年的委托代理进行评估，以便为 FCIC 董事会在接下来的几年中发展产品开发战略提供背景和指南；确保联邦作物保险产品保持基本的稳定和统计上的稳定，并且不断地评价产品和做出适当的改变；建立作物保险单、保险费率、保险规定、过渡的生产因素，以及其他的适当的保险数据；开发新的表现产品和其他的风险管理方式去弥补所验证的差距，包括对牲畜、饲料、牧场、干草、多年或者循环的干旱以及特殊的作物的保险；改变成本和总结出那些影响当前计划参保率的障碍，以便鼓励小的农场和资源有限的生产者参加保险；通过产品评估、手册评估以及市场评估来发布被确认的市场的需求，从而对产品和服务进行协调；通过县作物、实践形式和（或）不同的以及计划扩展的全农场形式，为生产者和商品提供额外的风险保险的机会；监测和评估地方的试验计划的运作以确保试验计划的可行性。

第二，完善与保护风险管理运营制度的安全、效率与效果。通过作物保险来加强农业生产者的经济稳定性的行之有效的方法是确保公平和有效的运行制度。达到这种效果的一种措施是在任何可能的情况下通过简化与加强现存的产品来给生产者与代理人提供方便。RMA 正在寻求稳固一些现存的产品，以实现良好的运用和减少利益相关者的费用的目标。

为了确保公平与有效的运营制度，RMA 要保证主要作物的生产者的参保率要高，同时在服务水平较低的州的参保数量不断地增加。RMA 继续鼓励与促进保险公司对于产品的运营，采用对代理人的额外的培训、关注服务水平较低的州和（或）地区的对于保险代理人的需求的方式。

《农场议案与农业风险保护法案》(The Farm Bill and the Agricultural Risk Protection Act)为美国联邦政府对农民、牧民和生产者提供风险管理教育发挥了重要的作用。风险管理教育(The Risk Management Education)和它的外部工作人员，以及区域办公室（Regional Offices)通过把有限的资源租借给"州农业部门"、"合作推广部门"、农场集团和大学，并和它们建立合作关系，以便确保生产者获得风险管理决定的必要的信息。通过建立伙伴与合作的协议，RMA 把它的风险管理教育放在了服务水平较低的州、社区和商品。RMA 正致力于把它的教育努力与资源放在提升对保险计划的理解与参与当中。

RMA 对经营作物保险产品的保险提供者加以监督，以确保公平、公正的经营，产品的长期可行以及可靠的销售与服务。RMA 认为大多数的生产者具有良好的耕作实践和服从联邦的规定，但是在计划的执行中存在着欺诈、浪费与乱用。RMA 继续寻求简化与稳固现存产品的方式，以达到方便经营、降低费用、排除弱点和良好利用的目的。强有力的监督、产品不断地完善以及提高市场占有率的资源调节都是加强生产和农业安全网不可缺少的部分。为了保持作物保险的可行性，RMA 还必须不断地评估所提供的产品与政策。

　　RMA 采取以下行动来实现风险管理运营制度的安全、效率与效果。建立可投保的县，采取保险措施和形式；使收入和其他保险产品进入普通的保险单，给生产者和保险提供人提供使用上的方便；与地方的生产者、高校、保险提供人以及农场组织联合起来验证保险计划的不足，并提出改变意见；给保险提供人以技术支持，提高生产者对风险管理产品的意识、理解与获取风险管理产品；验证那些导致生产者、保险代理人、损失理算员和问题核损员没有理解的保险单与保险程序的不一致性；通过不断地评价、更新有争议的解决程序、操作手册、"普通的作物保险政策(Common Crop Insurance Policy)"与"标准再保险协议"来完善运营；完成"综合性信息管理制度"以便减少种植人汇报种植面积、生产数据，向 RMA 和 FSA① 计划汇报不同的数据；在自然灾害出现时，做到迅速到达现场，并且确认可能的临时保险理赔的金额和满足地方计划需要的程序；增加对标准作物保险所提供的事宜(书面协议、增加的土地要求、确定的产量要求、大的索赔评估等)的异常现象的处理。

　　第三，确保客户和利益相关者具有风险管理工具和产品的知

---

　　①　FSA 的全称是 Farm Service Agency。

识和意识。生产者面临着日益变化的复杂的农业环境，例如快速变化的技术、生产方式、劳动力供给等。对于美国的农业生产者来说，理解自己所承担的风险和适当地管理风险是非常重要的。RMA 采取许多措施来实现客户和利益相关者对风险管理工具和产品的知识和意识。例如，对 15 个服务水平较低的州的生产者不断地提供作物保险教育和信息，并通过合作协议和伙伴协议对特殊作物①的生产者提供作物保险教育和信息，这种提供作物保险教育和信息的做法一直在持续，表 4—1 是 2005 年为 15 个服务水平较低的州制订的作物保险教育与信息计划；开发和运营对于保险的和其他的风险管理方式的课程；开发有效率的和有效果的营销和教育战略；完成提高少数生产者的参保战略；努力开发和传递对于生产者的风险管理教育材料；加大用于教育和扩大服务范围的网络和电子渠道的应用；主持市场评估以便验证风险管理方式的理解和使用的障碍；通过公司会议、国会情况通报会、听证会、电子电话交换网络和网站的使用以及其他的通讯渠道来提高内部的和外部的通讯；主持评估以便确认风险管理教育和延伸计划的影响。

第四，确保作物保险行业的有效监督和加强对欺诈、浪费与滥用的制止与诉讼。RMA 设立了新的规定以加强计划的完整性。它们认为大多数的生产者具有良好的耕作习惯并服从联邦规则，但是在作物保险的过程中仍然存在欺诈、浪费与滥用。RMA 正在与利益相关人，包括农场服务机构和保险提供人，通过加强数据对账、评估和修正程序、制止与防范来提高计划的服从性与完整性。

---

① 特殊作物是指除了小麦、饲料谷物、油菜籽、棉花、水稻、花生与烟草之外的任何农业作物。

表 4—1　2005 年对 15 个服务水平较低的州的作物保险教育与信息计划

规定的目标州	负责的组织机构	提供的费用	实现目标
康涅狄格	康涅狄格州农业厅	$225,000	为本州的生产者提供培训，以确保生产者获取充分的信息并能充分利用联邦作物保险计划带来的好处
特拉华	LC 咨询有限责任公司	$162,008	同上
缅因	缅因大学合作分部	$225,000	为本州的生产者提供充分的作物保险教育与信息，以便充分利用现存的和紧急的作物保险计划
马里兰	马里兰州农业厅	$370,000	为本州的生产者提供作物保险教育与信息，以便提高作物保险的意识与利用，以及降低由于不确定的天气与市场条件给生产者带来的财务风险
马萨诸塞	新英格兰小农场机构	$209,000	为本州的生产者提供培训，以确保生产者获取充分的信息并能充分利用联邦作物保险计划带来的好处
内华达	顾客农用解决机构	$207,992	为本州的生产者提供关于作物保险与风险管理工具利用的作物保险教育
新罕布什尔	新罕布什尔大学合作分部	$173,000	为本州的农户提供作物与收入保险的教育与信息
新泽西	新泽西州农业厅	$272,000	为了改善所有农户的经济生活，提高他们利用作物保险的技能和知识，以及当可以利用额外的产品与计划时提高作物保险的参与率
纽约	纽约农用与市场部	$617,000	为本州的生产者提供培训，以确保生产者获取充分的信息并能充分利用联邦作物保险计划带来的好处

续表

规定的目标州	负责的组织机构	提供的费用	实现目标
宾夕法尼亚	宾夕法尼亚州农业厅	$754,000	为本州的生产者提供作物保险教育与信息,以便更好地理解作物保险的构成、作物保险的生产者以及拥有作物保险的好处
罗德岛	国家作物保险服务有限责任公司	$157,000	为了发展切实可行的教育计划,包括培训班、直接邮寄资料以及一系列互动式的模块
犹他	犹他州大学	$300,972	为本州的农民与牧民提供作物保险教育计划与资料,以便提升生产者选择保险的意识,并帮助生产者评价作物保险的利益与参加保险的费用
佛蒙特	佛蒙特大学	$225,999	通过提供作物保险的教育资料、直接邮件、培训班、信息条款和农场参观等来发展多方位的计划
西弗吉尼亚	西弗吉尼亚州农业厅	$209,000	通过开展培训师的培训、生产者会议、大众传媒以及一对一的咨询来提高利用作物保险作为风险管理工具的农户数量
怀俄明	怀俄明大学	$293,000	为本州的农民与牧民提供作物保险与风险管理教育,加强作物保险以及可利用的作物和商品的风险管理工具的有效利用

资料来源:http://www.rma.usda.gov./data/。

2005 年 RMA 实行了一项新的防范措施,即由 RMA 区域办公室对大额索赔进行评估。通过 FCIC 得到基金的保险公司必须在做出现场决定之前向 RMA 汇报额度超过 50 万美元的索赔,而 RMA 可以选择参加那些决定。

RMA 采取以下行动来实现作物保险行业的有效监督以及加

强对欺诈、浪费与滥用的制止与诉讼。通过日常公司、产品、计划以及大的索赔评估来提高对经营渠道的监督；对所有的再保险协议、运营计划以及诸如数据处理协议这样的支持合同，进行持续深入的评价和分析；根据"标准再保险协议"与"联邦规则的规定"，在适当的时候继续推荐对所有保险提供人的"运作计划"的审批；继续评价保险提供人，以便确保对所有协议、合同的条款和条件的完全服从，以及对非服从行为采取纠正措施；加大对所有保险提供人的财政信息的评估以便确定全面的财政稳定与满足履行职责的能力；使信息的使用和市场分析正式化，以便通过项目的设计和技术(例如数据处理、数码绘图、遥感图像、统计抽样等)的运用来加强防范措施达到减少欺诈、浪费与乱用的目的；加大传统调查、评估和程序的使用以便实现对过高赔偿的矫正；在保险经营的过程中出现财务或者其他的问题时，加强和采取补救措施，或者用强力管束不正当的行为；参加超过50万美元索赔的现场决定。

(三)州政府的监管

当联邦政府规定自己是主要管理者和作物保险的"管理人"时，其中的一些管理职责就委派给了各州政府，州的管理机构和联邦机构之间体现的是相互配合。州保险管理人分担管理责任，为相关的问题和合作做出努力。"全美保险监督官协会"①已经研究制定了一个"作物保险手册"来告知州管理人。此外还有一个"作物保险工作组"负责发布各州和 RMA 之间共同关心的问题。如果州政府和联邦政府真正愿望为共同的利益提出问题和解决问题，"作物保险工作组"是使州政府和联邦政府相互协作的沟通

---

① 英文为：National Association of Insurance Commissioners，简称 NAIC。

者。①

在美国，联邦立法优先于各州管理的规定。然而，联邦作物保险立法并不是完全地和必然地优先于州的权利，因此 RMA 还有重要的职责没有完全委托给 FCIC，并且在某些情况下对于某些事情（诸如公司和代理人的许可、一定意义地反对回扣等）要特别地遵从各州的管理规定。在某些情况下，诸如对于无偿付能力的处理，州要求和联邦要求存在着重要的重合和相互依赖。

州政府的最重要的职责是对作物保险人和理算员进行财务管理。事实上，出售作物保险的作物保险人和代理人从事州管理的私人业务，但是要求州和联邦之间的相互作用和相互协调。进一步地，RMA 需要州的机构，提供代理人出售的保险。除了对代理人与代理人的市场行为进行最初的和不断的教育以外，损失理算员和公司是再保险协议的一部分。同时，各州政府对作物保险人的财务进行监督，但是 RMA 也要求作物保险人服从某些财务标准。因此，实行州与联邦的双重财务监督。

"全美保险监督官协会"、各州政府和 RMA 已经采取措施改善和财务监督相关的信息共享的问题。它们之间已经达成了相互理解的备忘录，即批准了州保险部门和 RMA 之间的非公共的财务信息的共享和分析。这种信息共享通过两种方式实现，即州管理人承诺分享信息，发布和关注他们可能和 RMA 之间发生的问题，反过来 RMA 承诺分享信息，发布和关注他们可能和州管理人之间发生的问题。大多数的州，但并不是所有的州已经签订了相互理解备忘录。

---

① Robert W. Klein and Gregory Krohm, "Federal Crop Insurance: The Need for Reform", *Journal of Insurance Regulation*, 2008 National Association of Insurance Commissioners.

州政府和 RMA 都负责保险代理人和理算员的许可问题。实际上，农作物保险代理人和理算员要获取两重批准，即州的许可及 RMA 出售作物保险或调整作物保险赔偿的批准。然而，RMA 愿意各州提高它们的要求达到 RMA 设立的最低水平(例如知识、专业和持续的教育等)和在批准的过程中依靠代理人和理算员满足这些要求。一些州一直愿意提高它们的要求，但是也有许多州认为不值得努力而不提高要求。对于没有达到 RMA 的最低标准的各州(例如教育等)，RMA 通过自己的努力来保证授权的代理人在这些州出售作物保险并达到 RMA 的最低标准(如 SRA 所要求的)。

各州有反回扣法，它禁止代理人给被保险人回扣。《联邦作物保险法》允许保险人给那些通过合作和贸易协会购买作物保险的被保险人回扣。尽管回扣来自保险人而不是代理人，这种回扣仍然是违反某些州的法律的。RMA 已经要求各州对这种回扣计划是否违反一个州的法律提供咨询，但是各州在交易前不愿提供咨询。各州喜欢在交易后做出评价，然后决定其是否违反了法律。当然，某种程度上，联邦法律优先于州的规定。

目前州政府和 RMA 正在发挥着相互协调与相互合作的作用，虽然在这方面还需做出继续的努力①。

(四)成功的合作

RMA 不仅依靠自己的成员去工作，而且需要与农场服务机构、保险提供人以及"农业部总监查办公室"等其他合作伙伴合作。

---

① 例如，2002 年当美国的主要作物保险人 American Growers 破产时，对于州和联邦政府的合作和信息共享显得尤为重要。因此，州与联邦之间的沟通与协调，从作物保险人的财务监督以及作物保险人的破产接受来看还缺乏适当的程序。

第一，与农场服务机构的合作。农场服务机构是 RMA 反保险欺诈、乱用与浪费的最为有力的合作伙伴之一。农场服务机构的工作人员可以进行实地工作并提供宝贵的现场分析和反馈意见，反过来，RMA 可以提供给该机构监督农业生产者的帮助与信息。RMA 利用数据采集技术开发了一份实地生产者检查清单，清单中包括保险单的非正常状态，例如不同寻常的高损失率、高频率的损失和严重的损失。每年的 4 月，RMA 把这样的清单发给农场服务机构的县办公室，然后农场服务机构的工作人员通过对清单上的作物作实地检查，进而对潜在的保险欺诈、乱用与浪费做出评价，并把结果反馈给 RMA，RMA 又把结果提供给保险提供人。同时，RMA 通过信函的形式通知清单上的所有生产者。2002 年，RMA 向农场服务机构提供了 2000 多份需要实地检查的保险单，而经过分析和实地检查，农场服务机构向 RMA 返回来 1135 份。2002 年仅实地检查清单这一项减少了 1.1 亿美元的索赔要求。

RMA 与农场服务机构之间合作努力的另一项是 4-RM 进程。农场服务机构的工作人员首先进行实地考察，把所认为有可能产生欺诈、滥用与浪费的问题整理出来，然后把获得的资料提供给 RMA。为了完成此项工作，RMA 与农场服务机构共同编制了称为 FSA/RMA 4-RM 的手册。2002 年农场服务机构县工作办公室向 RMA 提交了 202 份资料，代表了 27 个州的 408 份作物保险单。

RMA 与州农场服务机构委员会之间的合作体现在 RMA 向州农场服务机构委员会提供大量的信息，例如作物保险的周期、RMA 的政策、计划截止日期、联邦作物保险法、如何获得保险表等，解释作物保险档案管理计划及其对 RMA 计划变化的时间选择的影响，此外还向州农场服务机构办公室提供计划内容概要说明书以及其他的重要信息。反过来，RMA 会从农场服务机构州办公室与州委员会得到关于 T-产量的变化、保险精算的变化、特殊规定的变化、计划日期的变化、作物保险计划扩大的建议等信息。RMA 与州农场服务机构委员会之间的这种合作有利于推动对 RMA 计划、规则与程序的对话，州农场服务机构委员会的有些建议已经被 RMA 采纳。

第二，与保险提供人之间的合作以及其他合作。保险提供人，即保险代理人、保险理算员与其他的提供与监督保险单的保险人员是反欺诈、滥用与浪费的重要成员。保险提供人可以直接在当地从事保险，因此他们向 RMA 与农场服务机构提供的关于可疑索赔行为、对索赔的评估与调查以及对索赔理算程序的管理的信息是非常有价值的。

特殊调查部门(Special Investigations Branch，以下简称 SIB)是 RMA 的执行部门。SIB 调查备受瞩目的欺诈、滥用与浪费的案例，同时与"农业部总监察办公室"、农场服务机构以及区域执行办公室共同合作完成某项任务。如果欺诈嫌疑客观存在，SIB 与区域执行办公室就会把案件交给"农业部总监察办公室"，该办公室进一步负责调查案件并向"美国律师办公室(U. S. Attorney Office)"提起诉讼。SIB 调查人员在案件调查过程中如执行调查搜查、进行谈话、提供法庭证词等，向"农业部总监察办公室"提供直接的援助。SIB 与区域执行办公室有时也会向州或地方检察官对保险欺诈提供参考意见，也可以通过"农业部总监察办公室"或者"美国农业部总顾问办公室(USDA's Office of Genaral Counsel)"向"美国律师办公室"为联邦民事行动进行案件调查。2002 年 SIB 调查了 9 起案例，其中 492 个作物保险单被审查，这些保险单的总赔偿额超过 4400 万美元，而审查之后避免了 500 多万美元的运作费用。

"农业部总监察办公室"与 RMA 之间合作的另一方式是热线电话。"农业部总监察办公室"热线电话是免费但保密的电话服务，任何人都可以举报他们认为不诚实的农业行为。涉及 RMA 的"农业部总监察办公室"热线电话包括对耕作行为的指控、转移或隐藏生产、生产者与代理人及理算员之间的勾结、特定保险单规定的滥用。接到这些电话后给予保护，然后再决定是否授权直接的犯罪调查，"农业部总监察办公室"把这些案件提供给 RMA 以供区域执行办公室研究、调查和采取任何的纠正行为。一旦区域执行办公室的审查完成，其结果会发给"农业部总监察办公室"，因此结果可以进入热线跟踪系统。2002 年 RMA 审查了与"农业部总监察办公室"热线电话有关的 1000 多份保险单，并解决了保险单的 70%，这些调查节省了 200 多万美元的费用。

第二节　现阶段农业保险制度发展的立法举措

一　《2000 年农业风险保障法》的进一步改革

为了给美国的农业生产者提供更加有力的安全网，使生产者的生产与收入得到保护，以及提高联邦作物保险计划的效率与完整性，2000 年 6 月 20 日美国国会颁布了《农业风险保障法》。这是一部新的作物保险改革的立法，它计划在 5 年之内投资 82 亿美元使联邦作物保险计划办得更好、使买高保险具有可支付性、提出了多年来存在的损失率的问题、扩大新产品和服务水平较低的州的研究与开发，以及加强保险的服从性。

（一）改善基本产品

《2000 年农业风险保障法》规定给予各种水平的买高保险以更高的补贴，至少达到 30% 的折扣，以使投保人支付起买高保险。允许保险公司在 FCIC 的批准下向生产者提供"保费减少计划"。对于农户的收入补贴与其他新的产品补贴要保持平衡。授权 APH(Actual Production History)60/60 的理算。对于每个县的每种作物确定所有额外的保险费用 30 美元。关于作物保险补贴水平的新规定见表 4—2。

表 4—2　作物保险补贴水平的新规定(FCIC 支付的总保费的百分比)

承保水平	以前的 APH	以前的 CRC[a]	《2000 年农业风险保障法》
50/100	55	42	67
55/100	46	35	64
65/100	42	32	59
70/100	32	25	59
75/100	24	18	55
85/100	13	10	38

注：a CRC 保险见本章第三节。

资料来源：Kenneth D. Ackerman, "Agricultural Risk Protection Act 2000", *Risk Management Agency*, June20, 2000。

(二)对 NAP[①] 保险的进一步改革

《2000 年农业风险保障法》规定继续实行 NAP 计划, 并使 NAP 更加像保险, 并在有些规定中作了修订。

为了得到非保险援助, 生产者每年将向秘书处提交所要求的作物面积、面积产量以及每种作物生产的记录。这项规定在原来的规定中增加了"每年"。

减少了对 NAP 的引发区域(Area Trigger)的规定, 引发区域就是秘书处将向个人生产者提供援助而不对区域的损失做出要求。

---

① NAP 即非保险援助计划, 见第三章。

NAP 关于服务费的新规定：为了保证在一个作物生长年对于一种合格的作物有资格得到援助，一个生产者将向秘书处为合格的作物提交服务费，其数量为：每个县的每种作物为 100 美元的费用；或者，每个县的每个生产者为 300 美元，但是每个生产者总计不超过 900 美元。秘书处也将对那些符合秘书处规定的资源有限的农户免除服务费。秘书处对于收取的服务费存放在"商品信贷公司基金"中。

（三）对 CAT[①] 保险的进一步改革

从 2001 年作物生长年开始，CAT 保险中要求提供 GRP[②] 保险以供选择。那么，如果这样一份保单或者保险计划被提供给农场所在县的农业商品，则应根据地区产量和损失对生产者进行补偿。

增加管理费，使 CAT 的管理费起点从 50 美元增加到了 100 美元。

开始允许协会在允许保险折扣的州和邻州支付 CAT 的费用，具体内容：授权支付——如果州法律允许保险提供人向合作协会或者贸易协会支付许可费用或其他费用，并以巨灾风险保护或者额外的保险向生产者退还部分付款，那么允许保险折扣的州的合作协会或者贸易协会，代表该州的协会或者代表同意根据这样的安排被保险的邻州的协会，可以支付 CAT 所要求的全部或部分管理费；许可费的处理——由保险提供人向合作协会或者贸易协会支付的与 CAT 或其他的对于合作协会或者贸易协会的保险的许可费用或其他费用，将服从州的折扣法的规定。

补偿率的变动。把对保险公司的补偿率从 11％降低到 8％。

----

① CAT 即巨灾农业保险，见第三章第三节。
② GRP 即以县作为单位的投保，见第三章第三节。

（四）加大对研发与试验性计划的支持

《2000年农业风险保障法》进一步加大对研发与试验性计划的支持。

首先，加大了对于私营公司的研发的支持力度。第一，为开发新的保险产品补偿6500万美元，2001年至2002年资助额为1000万美元，2003年至2005年资助额为1500万美元。第二，为合伙经营投入1.1亿美元，其中包括：对于服务水平较低的州与作物的研发，对于多年保险、收入保险与生产费用的研究，对于应用新工具与天气数据等的合伙经营，具体投入为2001年至2003年资助额为2000万美元，2004年至2005年资助额为2500万美元，对于服务水平较低的州每年资助额为500万美元（总计2500万美元），如果不需要可以用在其他别的地方。第三，RMA给予的直接研发支持。

其次，加大了对于试验性计划的支持力度。第一，加大了总体试验性计划的权力。第二，授权新的试验方法，包括：牲畜保险试验计划（5年内费用限定在7500万美元，2001年至2002年费用为1000万美元，2003年费用为1500万美元，2004年至2005年费用为2000万美元）、降低保险费率试验性计划、在10个至15个州内实行费用共享试验性计划。第三，扩大奶制品期权试验性计划。第四，扩大风险管理教育，包括通过RMA进行区域教育，每年投入500万美元，以及通过CSREES进行全国教育，每年投入500万美元。第五，加速FCIC董事会对新产品的评估，时间限定为120天，扩大董事会的权力。

（五）加强保险的服从性

《2000年农业风险保障法》制定的某些规定体现了加强农业保险的服从性。第一，对双重保险和有妨碍的种植加以限制。第二，把协调计划委托给"农场服务局"（Farm Service Agency，简称 FSA），包括每年数据的对账、FSA 进行监测援助、与 FSA 州委员会协商。第三，要求在销售结束的 30 日之内提交保单内要求的数据。第四，扩大惩罚的力度。第五，增加了对"良好的耕作惯例"的要求。第六，建立专家对于保单的评估。

二　美国农业保险监管的相关法律规定

（一）美国农险计划中存在着欺诈、滥用与浪费

在农业保险中，欺诈是指虚假报告事实以达到某种经济利益的诉求。保险欺诈包括索赔的提高或者夸大，保险申请的伪造、产量的隐瞒、虚假索赔的制造，故意提起诉讼以达到索赔。欺诈的实施经常是通过一份或者多份虚假基本数据的证明文件来达到的，这些文件基本上决定着计划是否能够获得以及获益的数量。在 RMA 的案件当中，典型的欺诈伎俩主要是保险公司代表与生产者之间的合谋。农业保险的过程中，在保险人利用保单的特殊环境、漏洞和错误的时候，滥用随之产生欺诈。该种滥用行为通常被认为是因联邦农业保险计划的"计划弱点"，人们可以从美国联邦政府农业部许多的保险计划当中发现，付出的代价也是很高的。这种主观性的滥用尽管在实际上并未违反法律、法规或合同条款，却会使农业保险计划目的无效。农业保险计划中的浪费是指非故意错误未被发现，又没能加以控制的现象。

由于美国农业保险计划存在着欺诈、滥用与浪费等弊端，"农业部总监察办公室"［Department of Agriculture's（USDA）Office of Inspector General，以下简称为 OIG］已经调查出美国的农业保险计划当中存在许多欺诈案件以及其他的犯罪。自 1999 年以来，OIG 已经提出 69 起控告，其中 52 起被法院认定有罪，挽回 5400 万美元的经济损失。OIG 声明这些欺诈案件与影响联邦农业部的其他农业计划的欺诈案件相比较，情节更为复

杂，调查更加耗时。农业保险案件常常涉及许多不同的主体，例如农业生产者、保险销售代理人、土地所有人以及保险定损员。

OIG对于农业保险计划的潜在犯罪调查认为，一些生产者以及其他商业实体采取了欺骗以得到不正当保险支付等行径。最基本的行径包括：对根本没有种植的农作物或者故意让种植失败的农作物产生损失而索赔，例如，故意不用已经被接受的农业生产惯例，不借鉴农作物发生损失的原因，以及采取与其他地区的生产者不同的措施；保险理赔员与保险销售代理人合谋虚构损失内容，例如，保险理赔员与保险销售代理人进行公司之间的转移；编造根本不存在的农场主，非法取得农业保险的赔偿，例如，编造新实体或捏造新的合同以便隐瞒过去不利的损失记录；对于所投保的农作物的实际产量进行隐瞒，以便得到更高额的保险赔付，例如，根本未发生损失就要求索赔；为了得到保险的赔付，不如实汇报种植日期，例如，为保证生产者种植日期在RMA认可的期内而进行回溯填表日期；变动农作物以编造损失的单元，例如，生产者把已经投保土地中的部分产量当作非保险土地的部分或者当作另外的非损失的单元。

一般来说，农业保险的欺诈案会对美国联邦政府农业部带来很大的经济损失。2003年6月至2005年4月，OIG调查了8宗农业保险的欺诈案。此类案件表明某些农民与其他农民相互勾结，企图利用RMA的程序进行虚假汇报种植、产量与损失索赔。表4—3列举了该8起案件，合计虚假索赔金额为310万美元。

除欺诈以外，美国的农业保险计划当中还有滥用与浪费的现象。国家会计司(The Government Accountability Office)统计，在1997年到2006年间，美国联邦政府以农业保险计划的形式向农民支付援助为150亿美元左右，但是实际上政府在这一过程中

表4—3　　2003年6月至2005年4月OIG调查的农险欺诈案件

案件	欺诈指控	如何被发现	相互勾结	虚假索赔额度
1	没有进行种植	OIG/农业服务局/RMA经数据分析与后续的检查发现异常	存在可能。保险定损员被控虚假核实损失	57155美元
2	对农作物受冰雹、干旱与高温的损失进行虚假索赔	农业服务局/RMA接到投诉,开始复审	存在可能。从代理人那里买的保险单由妻妹所有	39826美元
3	对农作物受过度降雨损失虚假索赔	OIG调查,发现被检测的谷物仓库有异常	没有	435087美元
4	没有进行种植	农业服务局向RMA提出投诉	是。被保险人是代理商,同时从其代理处购保险。保险定损员虚假填表,种子经销商提供假收据	630000美元
5	对农作物损失虚假索赔	RMA经谷物仓库公司,发现存在谷物质量可疑定损	是。农民和经营者	1000000美元
6	对农作物历史产量虚假报告,以抬高保险索赔	经监察局热线投诉	是。保险代理人提供虚假保险文件,也服罪	无数据
7	对农作物无所有者利益,并少报农作物产量	经监察局热线投诉	无	19000美元
8	没有进行种植;隐瞒产量;虚假索赔潮湿导致损失	破产欺诈调查,发现保险欺诈	对保险代理人继续调查	912364美元

资料来源:何文强:《美国农业保险监管的法制化及其对我国的启示》,《甘肃社会科学》2008年第6期。

用去了大约 260 亿美元,剩余的 110 亿美元用在了保险代理人与私营保险人的身上。国家会计司与爱荷华州立大学的布鲁斯·巴布科克宣称在农业保险计划当中每 1 美元就有 40% 被浪费掉了,即计划金额消耗在保险公司的利润中,而没有用在农业保险计划的受益人(农民、农场主或者牧场主)身上。

(二)美国农业保险监管的相关法律规定

1996 年以后美国农业保险监管的相关法律规定主要体现在《2000 年农业风险保障法》与《2002 年不正当支付信息法》两部法律上。

1.《2000 年农业风险保障法》中对于农业保险的欺诈、滥用与浪费的法律规定①

保证农业保险的完整性是农业保险行业与 RMA 优先考虑的事宜。为了保证国会的目标与该法的精神与字面意义能够实现,农业保险行业与 RMA 务必协同合作以识别并反对农业保险的欺诈、滥用与浪费。为实现农业保险计划的服从性与完整性,《2000 年农业风险保护法》对农业保险法(7U. S. C. 1515)做出部分的修改。修改的条文要求 FCIC 应与具有许可的农业保险提供人努力合作,争取实现保险计划的服从性与完整性,解决保险计划中出现的问题。

履行监管职责的一种很好的方法就是及时地通报各种情况,以便加大改正错误的机会。假如欺诈、滥用与浪费等行为隐藏的时间越久,弥补漏洞与修正错误就越发困难。发生的事实被终止 3 年,那么 3 年以后假如联邦农业保险计划的程序与规则出现了变化,农业保险环境的再建是非常困难的。因而,FCIC 应以书

---

① 何文强:《美国农业保险监管的法制化及其对我国的启示》,《甘肃社会科学》2008 年第 6 期。

面的形式对被许可的农业保险提供人依照 FCIC 的监管程序与规则应当承担责任以及可能给 FCIC 产生债务的任何遗漏、错误与失败给予通报。通知务必在遗漏、错误与失败确实发生的保险结束的 3 年之内做出，除非有关的遗漏、错误或者违反程序是有目的和故意的，3 年的时间限定才不适用。假如没有及时通报，时限超出 3 年期限，那么农业保险提供人因这样的漏洞、错误与失败而对 FCIC 产生的债务将减轻。

RMA 应建立数据库，把从单个农业保险提供人汇总起来的有关农业保险的所有信息保存起来。从理论上来讲，这些数据应当与农场服务局所保存的农业生产者信息是一致的。但是，有些情况下，农业生产者为了达到利用农业保险计划的目的，提供给农场服务局与保险公司的信息是不一样的。因此，"农业司"应制订与实施计划使 RMA 与农场服务局从相同的农业生产者获得的信息相同。从 2001 年开始，"农业司"应要求农场服务局与 RMA 至少以一年为基础确保农业生产者提供相同的信息，以便识别并公开两者信息的不同。目的就是达到农业生产者提供的信息相同。

为杜绝欺诈、滥用与浪费，《农业风险保障法》同时规定，建立农场服务局监管计划及 RMA 运用农场服务局的资源来援助它履行职责进行工作的一般程序。由于农场服务局有许多办事机构，所以，该法授权 RMA 借助农场服务局来实现农业的风险管理的任务。农场服务局在地方的加入应当帮助 RMA 及时地取得相关有疑义事实的信息。该法认为农场服务局的监管对于具有许可的农业保险提供者的职责将不会产生影响。该法还要求如若保险提供者被认定与某涉嫌疑事件没有关系，RMA 应将从农场服务局得到的关于此计划的欺诈、滥用与浪费的嫌疑向保险提供者做出通知。该法也要求保险提供者必须对农场服务局的报告给予回应。站在立法的角度，此项规定是反滥用与欺诈的重要改进。最为重要的是农业保险提供人、RMA与农场服务局更多地去进行合作而不是把对方当成对手。对于欺诈与滥用的控告是一项非常严肃的事情，要非常地慎重。因而，农场服务局、RMA以及联合农业保险行业一起制定严密的程序，并备份证明文件。农业保险行业提议假如有疑点的公司未被怀疑，那么在RMA获取农场服务局书面报告的5个工作日之内，农业保险提供人应当从RMA获得一份复印件。通知内容应当包括所有报告，并有RMA在5个工作日之内对于农场服务局的回应报告和农场服务局主动进行起诉的报告。而RMA选择不回应时，即便及时通知，具有嫌疑公司务必为此给予回答。同时农业保险行业应及时地依据通知的要点对农场服务局的报告给予回应。关于特别论断在其报告中一定有许多证明材料，其中有一些和农业保险有关的特殊数据，假如索赔数额未被确定时，这是重要的。所有努力意在索赔支付发生之前把问题甄别出来。这保留了公司认定某种积极行为是否涉嫌欺诈的职责。若保险公司对农业服务局报告认可，应服从第14手册①中写明的对于涉嫌欺诈案件现成的处理程序。若保险公司同意农场服务局的报告，就应同时采取适当行动。可是如若承保人依照保险公司制定的行动来寻得法律上的救济，农场服务局则应代表保险公司进入诉讼程序。

农场服务局的参与有时可能会引发新的利益冲突，对于此类问题应当以某种方式给予通报。如若农场服务局的州或县的雇员和进行诉讼的任何一方存在利害关系，则务必通报，以保证程序的公正性。

---

① 该手册建立了在联邦农业保险法下出售任何保险和再保险的所有农业保险提供者应当遵守的最少的培训和质量控制审查程序和完成的标准。

为避免信息失真、确保进一步的信息沟通，《农业风险保障法》规定了州农场服务局委员会与"农业司"进行商议的制度。此法要求秘书处就保险计划、农业保险单以及与这些保险计划、农业保险单有关的材料，建立和相关州的农场服务局委员会进行商议的程序。此法增添上述内容的原因，国会认为农业服务局进行再审查可以对俄克拉何马州的玉米 T-yield① 保险计划的类似错误进行了解。法律明确规定这既不是再审查程序也不是同意程序，而是协商程序。但是任何合理协商一定给予适当时间进行审查，再审查与评论。协商的负面影响是协商有可能降低农业保险产品可获得性以及减少当前保险的变动。

为了对保险定损员与代理人加以识别，使公司对于他们的个人行为加以评价，并凭此来判定其偏离行为是否为欺诈、浪费与滥用所致，因此，《农业风险保障法》增添了识别保险定损员与代理人的法律标准。

为了对不同勘损情况进行进一步检查，《农业风险保障法》建立了 RMA 识别保险定损员和代理人偏离"同一地区"的平均定损额 150％ 的程序。《农业风险保障法》又要求具有资格的农业保险提供人对于每一个定损员与代理人所做工作作年度的检查。

为实现有效反对农业保险的欺诈、滥用与浪费，《农业风险保障法》建立了可以对欺诈与非服从性程序采取惩罚的制度。即建立对农业生产者、定损员、公司与代理人故意或蓄意地向 RMA 具有资格的农业保险提供人提供虚假信息的惩罚制度。《农业风险保障法》增添了惩罚力度以便达到对于农业保险计划的

---

① T-yields，即过渡性产量计划，这种产量对农作物的新的生产者影响很大，农业风险管理局必须利用更加透明的制度来确定了为了反对一种农作物而不会处罚另一个农作物的过渡性产量。

欺诈与滥用的制止。国会不但希望加强对欺诈行为的识别，而且尽力使具有欺诈行为而导致犯罪的人得到处罚。

《农业风险保障法》建立了针对农业保险计划的完整性与遵守的程度进行年度报告的制度，即"农业司"一定要按照国会要求，对联邦政府农业部要求的识别与根除农业保险计划的欺诈与滥用而所做的工作与努力进行汇报总结。立法者建立这项新规则的原因是由于国会从联邦政府农业部获得的识别与根除农业保险计划的欺诈与滥用所做的努力的信息有时并不完整也不充分。

在农业保险计划中，有效利用现代信息技术是反欺诈、滥用与浪费最为有效的手段。把电子信息分析技术用在识别保险行业的潜在欺诈与滥用是较为普遍的。但是美国联邦政府农业部并未在农业保险计划中广泛应用此种科技。因而，立法者另外授权RMA对农业保险计划的潜在麻烦之处加以识别。为帮助FCIC执行《农业风险保障法》规定的反欺诈的条款内容，法律规定秘书处对于信息管理系统进行升级，并严格管理信息。

一方面强调信息的采集；另一方面与此同时为达到保护农业生产者个人信息的目的，包括商业秘密，立法者认为一定要确保农业生产者相信其生产记录不能被公众获得。因而，《农业风险保障法》对于农民提供保护，使农民提供给有资格的农业保险提供人与政府的信息不会向公众泄露。

判定某种耕作习惯是否属于良好耕作惯例，是具有资格的农业保险提供人难以决定的。而这一项较为主观的问题，当遭到驳斥的时候，更难以确认何为良好耕作惯例。但是，良好耕作惯例的判定是认定欺诈或者滥用行为是否出现的关键所在。RMA要求本局与农业保险业共同，努力提升做出这种判定的能力。《农业风险保障法》强化了有资格的农业保险提供人与RMA做出此种判定的能力，对于司法审查进而推翻非正式行政审查的能力加以限制，除非此种判定不是任意的、武断的，因而规定给农业生产人可提出非正式上诉。此法限制农民因某种行为导致的除外损失，对于良好耕作惯例的判定给予非正式行政审查的机会，同时规定对良好耕作惯例判定的司法审查对于非正式行政审查的结论不能推翻，除非此种判定是任意的、武断的。

立法者对《农业风险保障法》的修改，特别地体现在该法授权联邦政府农业部、有资格的农业保险提供人以及保险代理人之间可以互享数据的记录。如果没有实现数据的共享，那么统计分析、数据保持一致、农业保险提供人与农业部的沟通以及农业保险提供人之间的沟通就难以实现。此法规定为了满足"农业司"对农业保险计划的管理需要，农业生产人应向秘书处提供可接受的数据与记录。此外，此法还授权 FCIC 检查与调查农业保险计划，其目的一方面是建立保险精算数据库，另一方面是为农业部地方机构、代理人、有资格的农业保险提供人、相关的州与联邦代理机构获取相关记录而进行数据收集。

此外，立法难以把农业保险计划反欺诈与滥用过程中存在的障碍表达出来。而这些制约主要是由于农业保险计划的结构，其中心问题是由谁来负责解释保险条款与程序。这些灰色地带的管理问题体现在以下三个基础方面：第一，得到及时、明确与可防御的指导比较困难；第二，针对保险解释提起诉讼；第三，把审核与反欺诈与滥用加以区别。一种作物在生长年度中产生无数问题与农业生产属性使对于程序与农业保险条款的解释成为必然而并不是例外。当一家私营保险公司签下了一份农业保险单，也就意味着它签订了一份联邦政府制定的和（或者）同意的农业保险单。因而，在切实可行的最大范围之内，在法律条文对于问题的解释出现问题的时候，FCIC 应给农业保险提供人提供有约束力的、正式的解释与指导。

2.《2002年不正当支付信息法》对于农险计划的反欺诈、滥用与浪费的法律规制

与此同时，为了实现最大限度地反欺诈、反滥用与反浪费，美国政府从立法的每个角度针对农业保险计划进行监管。为进一步应对不当支付，包括农业保险的不当支付，美国国会于2002年正式通过并颁布了《2002年不正当支付信息法》(The Improper Payments Information Act of 2002)。对于不当支付的识别并加以根除是《2002年不正当支付信息法》授权与政府的主要优先权。此法要求所有联邦机构，包括RMA在内，把它们最容易发生重大不当支付地方找到，对不当支付数量进行估计，识别原因，采取行动加以防止。

三　《2008年农场法案》关于农业保险的进一步改革

2008年6月18日美国政府发布了《农场法案》，对农业保险作了一些改革。①

（一）关于保险费的改革

《2008年农场法案》规定，减少区域产量与收入计划的保险费补贴的比率，而对于其他的保险计划与承保水平的保险费补贴的比率并不因此而改变。继续对CAT保险的保险费给予全部的补贴，把CAT保险的管理费从原来的每个县、每种作物年保险手续费100美元提高到300美元。取消了《2000年农业风险保障法》规定的授予保险公司的"保险费减少计划"的权利。《2008年农场法案》与以前立法关于保险费规定的比较见表4—4。

---

① USDA, "2008 Farm Bill Side－By－Side/Title Ⅻ：Crop Insurance", http：//www. rma. usda. gov. /data/，October 6，2008.

表 4—4　　《2008 年农场法案》与以前立法关于保险费规定的比较

以前的立法	《2008 年农场法案》
保险费补贴根据《联邦作物保险法案》建立,《2000 年农业风险保障法》进一步对补贴进行修正,补贴率根据保险计划与承保水平的不同而不同	减少区域产量与收入计划的保费补贴的比率,而对于其他的保险计划与承保水平的保费补贴的比率并没有改变
对于 CAT 保险给予全部补贴,每个县的生产者只需每年对每种作物支付保险管理费 100 美元	继续对 CAT 保险的保险费给予全部的补贴,把对 CAT 保险的管理费从原来的每个县的每种作物的年保险手续费 100 美元提高到 300 美元
《2000 年农业风险保障法》允许保险公司在 FCIC 的批准下,向生产者提供"保费减少计划"。2006 年的《拨款法》以及接下来的年份禁止接受"保费减少计划"	取消了《2000 年农业风险保障法》规定的授予保险公司的"保险费减少计划"的权利
规定在收获季节交保费、支付赔偿结账以及进行支付	规定作物保险保费账单日为 8 月 15 日,从 2012 年再保险年开始实行

资料来源：USDA, "2008 Farm Bill Side — By — Side/Title ⅩⅡ: Crop Insurance", http://www.rma.usda.gov./data/, October 6, 2008。

（二）关于《标准再保险协议》有关规定的改革

《标准再保险协议》（以下简称"SRA"）规定, 在 FCIC 与保险公司协商之后, 需向保险公司支付一定数量的管理费与运营费的补贴, 并与保险公司共同承担保险的获利与损失。关于这个方面,《2008 年农场法案》与以前的法律进行了进一步的改革, 见表 4—5。

表4—5 《2008年农场法案》与之前的《标准再保险协议》相关规定比较

《标准再保险协议》	《2008年农场法案》
授权FCIC在2001年至2005年6月30日—7月1日重新议定SRA一次。2005年重新议定了SRA	允许FCIC在2011年重新议定SRA，并且每5年1次，除非存在不利的环境。作为重新议定的一部分，FCIC必须考虑支付保险公司管理与运营费补贴比率的替代方法，FCIC也必须寻找特殊的方法为2011年的重新议定削减管理费与运营费。编入联邦法律的SRA的一些变化不用考虑重新议定
2005年SRA规定，管理与运营费补贴比率根据保险计划、年份与承保水平的不同而不同。对于额外的保险水平（买高）则不是依据区域保险计划年份与承保水平，补贴范围为保费的18.1%到24.2%。对于区域计划，补贴范围为保费的18.1%到22.4%。对于CAT，除了管理与运营费补贴外，FCIC支付给保险公司相当于保费7%的损失理算费用	继续依据保险计划与承保水平定补贴比率。减少额外的(买高)承保项目的管理与运营费补贴比率2.3个百分点，除了区域计划以外。区域计划的补贴比率减少到12%，CAT的补贴比率减少到6%
管理与运营费补贴以及CAT的补偿的支付要求保险公司提出以英亩计算的申请报告，通常是在种植后的几个月	从2012年再保险年生效起，要求FCIC在每年10月1日后尽可能高效、快速地支付管理与运营费补贴以及CAT的补偿
当生产者支付了保费，FCIC支付了净赔偿，承保获利才能支付给保险公司，通常是在收获季节后的不长时间	从2012年再保险年生效起，要求FCIC在每年10月1日向保险公司支付承保获利

资料来源：USDA，"2008 Farm Bill Side-By-Side/Title XII Crop Insurance"，http：//www.rma.usda.gov./data/，October 6，2008。

(三)关于农业保险计划的管理与完整性

关于农业保险计划的管理与完整性，《2008年农场法案》提出了以前立法没有提到过的要求，下面就此加以比较，见表4—6。

表4—6 《2008年农场法案》与以前立法关于农业保险计划
管理与完整性比较

以前的立法相关内容	《2008年农场法案》
无类似的规定	要求已经被耕种用于作物生产的原生草地在"大草原壶洞国家优先地区"①的第一个五年的种植中,在各个州长的批准下没有资格进行作物保险
计划规定的损失率目标为1.075	计划规定的损失率目标为1.0
对于代表生产者由其他人支付保险费与管理费进行限制,包括提供回扣	明确限制其他人支付保险费与费用。对于代表生产者通过合作与贸易伙伴的关系向CAT支付管理费进行限制。FCIC之前批准的通过合作获取红利的资助方式,将继续允许进行
无类似的规定	禁止生产者为了达到从生产者的或者生产者的直系亲属的作物保险单的保险销售佣金中获利的目的来获取保险代理人的许可
为"数据采集"提供资金,以便验证不同寻常的作物保险索赔	对现存的强制性资金资助重新计划,以便继续"数据采集"规划
无类似的规定	对于新参保的农民与牧民、合法移民想成为美国生产者的农民与牧民、准备退休的农民与牧民以及拟把生产与营销机制转化成新的市场的新的有建树的农民与牧民,特别地强调风险管理战略、教育以及其他服务

资料来源:USDA,"2008 Farm Bill Side-By-Side/Title XⅡ:Crop Insurance",http://www.rma.usda.gov./data/,October 6,2008。

(四)关于有机作物的保险

《2008年农场法案》明确要求FCIC承担关于改善有机生产承保险种的研究。如果研究文献没有表明"有机作物与无机作物之间在损失率上存在着显著的、持续不断的、系统的变化",那么

① "大草原壶洞国家优先地区"的英文是"Prairie Pothole National Priority Areas"。

要求 FCIC 取消或减少对有机生产保费的额外收费。研究将包括提供额外的价格建立的发展程序，该价格的建立将反映有机作物收到的实际价格。以前的法律没有类似的规定。

（五）关于试验性计划与新产品的开发

《2008 年农场法案》关于试验性计划与新产品的开发又作了进一步的规定，下面就这方面与以前的立法进行比较，见表 4—7。

表 4—7　　《2008 年农场法案》与以前立法关于试验性计划
与新产品开发的比较

以前的立法	《2008 年农场法案》
以生产者的历史上的"调整后的总收益"（Adjusted Gross Revenue，简称 AGR）为基础，扩大保险承保险种的试验性计划	继续试验性计划，要求 FCIC 承担对于新参加保险农民的关于 AGR 保单的研究
授权 FCIC 提供试验性计划。对于牲畜生产的草场、牧场、饲料的试验性计划开始创办	要求 FCIC 建立对于亚麻荠属、芝麻（在 Texas）和草籽（在 Minnesota 与北 Dakota）的保险的试验性计划
无类似的规定	要求 FCIC 承担能源作物、水产养殖、家禽、蜂房以及"中部大平原"的玉米和高粱的保险单的研究

资料来源：USDA，"2008 Farm Bill Side-By-Side/Title XⅡ：Crop Insurance"，http：//www. rma. usda. gov. /data/，October 6，2008。

（六）关于其他风险管理的规定

《2008 年农场法案》关于其他风险管理的规定与以前立法的比较见表 4—8。

表4—8　《2008年农场法案》与以前立法关于其他风险管理规定的比较

以前的立法	《2008年农场法案》
由美国联邦政府农业部的"农场服务局"管理的"非保险援助计划"（NAP）向不能获得作物保险的作物提供类似于CAT保险的承保。要求生产者对每个县的每种作物支付至少100美元，或者300美元，对于那些在多个县获取借地耕作获利的农民补贴不超出900美元	增加NAP的费用为对每个县的每种作物支付至少300美元，或者750美元，对于那些在多个县获取借地耕作获利的农民补贴不超出1875美元
无类似的规定	要求已经被耕种用于作物生产的原生草地在"大草原壶洞国家优先地区"的第一个五年的种植中，在各个州长的批准下没有资格参与NAP。规定不适合于5英亩或者更少的地区

资料来源：USDA, "2008 Farm Bill Side－By－Side/Title Ⅻ：Crop Insurance", http：//www. rma. usda. gov. /data/, October 6，2008。

四　《联邦作物保险法》的进一步修正[①]

美国《联邦作物保险法》对于美国的农业安全网的建设与农业经济的发展发挥了重要的作用。在前两章中介绍了1938年以及经过多次修改后形成的《1980年联邦农作物保险法案》。进入20世纪90年代和21世纪以后，美国农作物保险的立法思想在不断地调整，但立法框架与基本原则并没有改变。2009年度的农场法，关于作物保险的规定进行了新修正，这在《联邦作物保险法》中体现了出来。

《联邦作物保险法》规定作物保险公司进行作物保险或者再保险的基础是必须掌握充分的精算数据。具备投保资格的农产品灾

---

①　李超民：《美国农作物保险政策与农业支持》，《农业经济问题》2009年第5期。

害涉及了涝灾、干旱，以及其他的自然灾害，联邦政府农业部长可以确定的灾害种类。规定，除土豆与烟草之外，保险的期限将不超出被保水产品的育成期，以及被保作物的生长期。规定，因为生产者的不当之举、在同一土地的再次播种而导致的作物损失，并不列为保险范围。经过FCIC认可以及签署书面协议之后，没有开办作物保险拟进行开办的地区，若农户拥有开展保险业务的有关精算的数据，那么就能在此地区开办作物保险。要求作物保险公司提供保险公司与保险代理的清单，向农户提供有关联邦作物保险的一切信息。联邦政府农业部长负责收集、发布特产名录与新农产品，作为制定作物保险细则的依据。FCIC每年就开办特产农产品与新的产品的作物保险的时间表与进度向国会报告。

（一）有关巨灾保险的规定

《联邦作物保险法》的核心内容体现在对巨灾风险的保障。《联邦作物保险法》规定给予巨灾风险保险，主要针对洪涝、旱灾以及其他自然灾害或者漏播作物导致的损失。巨灾保险的理赔水平应与农户的损失比例一致，巨灾风险保障以面积产量或者单产作为基数。巨灾保险应给投保人选择投保产品的权利，做出以面积产量和损失或者以个人产量和损失作为基数的选择。农户获取巨灾风险保障是以他们在某县的某种一切可保作物都应当参加保险为条件的。针对参加农业部的作物计划条件，《联邦作物保险法》也作了获取《农业销售转换法》(7 U. S. C. 7201 et seq.)的规定，即贷款者或支付者、获取水土保持计划等其他的农业部作物计划的支付者，必须满足农户投保具有利益的每种经济的显著作物①的最低巨灾保险，同时向农业部递交书面的申请，提出放弃

---

① 指能为农户提供所有种植作物全部期望价值10%或以上的作物。

和该作物相关的紧急作物损失补助，即财政救济。对于认定的作物保险公司与代理，由于承保作物保险引发损失的调整幅度不超出用在限定的损失比率巨灾风险保障的11％。

关于巨灾保险的销售问题，《联邦作物保险法》规定既可以由农业部长根据需要①进行办理，也可以由经过认定的私营保险公司加以承办。

巨灾保险需征缴管理费，包括附加费与基本费两个部分。附加费是10美元，可以在农户投保附加险时一起交付。基本费可以由作物保险公司进行决定，它可以是各个县参加的巨灾保险每种作物的保障费的10％，或不高出50美元，实际情况由联邦政府农业部长作决定。

(二)作物保险附加险的相关问题

《联邦作物保险法》的第1508节规定向农户提供作物附加保险。附加保险既可以由保险公司直接进行提供，也可以由农户向作物保险公司提出申请并加以购买。农户在申请购买附加保险的时候，由于联邦政府农业部在各地的办事处经办巨灾保险，所以能够获取相关的信息。每种作物的保险价格水平应当不少于预期的市场价格，或者由FCIC随机确定，基数为收获时的市场价格。农户投保水平不超出单产的85％或者面积产量的95％。保险的承保价格不能低于FCIC拟订的价格规定，保险公司不得超过FCIC设定的最低价格。

如果农户的记录是不少于65％的记录或者评定产量的作物以100％预计的市场价格进行赔偿投保或者采取等值保险的方式，而且获取了保险公司的相应雹灾和火灾的承保，农户可选择

---

① 这里的"需要"是指高效率、成本低、有人力，对于生产者来说方便而公平，此外本地有私营保险公司。

从附加保险当中去掉雹灾险与火灾险，农户缴付的保险费相应地减少。

FCIC与各州可签订协议，规定代理人和各州向指定的保险公司支付一定的金额，以便降低本州农户应当缴纳的保费额度。

（三）关于费率的规定

《联邦作物保险法》关于费率的规定十分严格。作物保险费率应当本着有利于降低赔付率为准则。巨灾保险与作物附加保险保费的征收标准为：从巨灾风险保障获得的保险费总额应当达到足够赔偿参保农户发生的损失而且还有余额。

《联邦作物保险法》规定FCIC为那些参加了巨灾风险保障与作物附加保险的农户交付一定数额的保险费，达到鼓励农户参与作物保险的目的。该法规定为巨灾风险保障交付的保险费是固定的，经过认定的保险公司在获得FCIC的批准之后，可以将收取农户投保的费用降低。

《联邦作物保险法》规定，经过认定的保险公司可开办面积产量保险与单产保险结合在一起的作物保险的项目，保险公司确定费率，投保条件为投保单产不超出巨灾风险的保障水平。作物保险公司应当及时地对投保条款和费率加以修订，费率的涨幅不能超出上一年度的20％。依据实际情况对于理赔加以调整，以便保证及时与统一。如果农户的理赔请求被拒绝，农户可在一年之内向地方法院提起起诉，起诉的对象为FCIC或者联邦政府农业部长。

（四）关于保险责任的开始

想参与巨灾风险保障的农户只需要在保险销售的截止日期之前向保险公司或者联邦政府农业部办事处递交申请，截止日期由FCIC依照投保方便与以农户的利益作为优先为原则而定，并且不能违反农业部的产量调整计划和价格。

（五）关于产量保险方案

《联邦作物保险法》中规定的产量保险方案包括真实产量的记录值、面积产量与预计产量以及不同的农产品基数。

法律允许农户递交与FCIC不相同的保险方案或经过修改了的保险方案，方案可以包括作物保险的规定、政策，也可包括各种作物多重作物风险的保险费率等其他问题，FCIC需在规定的时间内给予答复，但是保费不能超出农业部所作的规定。农户递交的作物保险方案经过审查通过之后，FCIC可以进行再保险。针对不同保险方案的递交、董事会审查等问题，FCIC出台政策而且发布相应的指南来以利于农户便捷投保。

（六）关于试验性生产成本的风险计划

《联邦作物保险法》规定FCIC依据实际情况建立的试验性生产成本计划，应该对农户关于计划需求的可靠性和有效性做出综合的评价。

（七）关于再保险

再保险条款规定FCIC对商业性作物保险公司提供再保险，再保险协议中应把投保再保险的保险公司需承担潜在损失的规定体现出来，以使作物保险公司在保险销售与服务时对出现的财务风险以及对私营再保险的程度加以充分的考虑。

有关参保农户在获得多重收益补偿的问题上，《联邦作物保险法》规定：假如农户能够获取巨灾保险以及其他保险计划的多项赔偿的话，农户需要进行选择，不允许同时获得，但农户的紧急贷款待遇不受到影响，然而，假如农户投保了附加保险的计划，可以获得参与其他保险计划的多项赔偿，即农户可以兼得赔偿。

（八）关于保险计划的遵从与完整①

FCIC 以书面的形式向批准的保险提供者②通知任何错误、遗漏或者没有遵守 FCIC 的规定或者程序。通知应在保险阶段结束的三年之内。除非错误、遗漏或者没有遵守 FCIC 的规定是故意的或者特意的，那么这个时间限定将是无效的。没有按照要求及时通知的将减轻批准的保险提供者对 FCIC 的债务。"农业司"为 FCIC 与"农场服务局"制定和实施一个协调的计划，以便协调 FCIC 或"农场服务局"从投保的生产者所获取的全部相关的信息。从 2001 年开始，"农业司"要求 FCIC 或"农场服务局"至少每年都要协调这类从生产者获取的信息，以便识别和解决任何差异。

"农业司"将为"农场服务局"开发与执行一个协调计划，以便支持 FCIC 对于保险计划的监测。如果"农场服务局"怀疑计划中有欺诈、浪费与滥用，可以在 FCIC 的要求下，主动地查找与计划的欺诈、浪费与滥用的相关事实，并以书面的形式把对于欺诈、浪费与滥用的指控以及任何确定的计划的漏洞及时地向 FCIC 汇报。"农场服务局"帮助 FCIC 与批准的保险提供者审计根据任何保险单与保险计划所做的适当数量的索赔。如果在收到报告的 5 个工作日内，FCIC 没有提供有关行动的书面反应，那么"农场服务局"可以在"州农场服务局"负责人的同意下，对欺诈、浪费与滥用进行调查。如果在调查之后，"农场服务局"认为需要进一步地调查，但是 FCIC 拒绝调查，那么"农场服务局"可以向"农业部"的监察长申诉。"农业司"将确保相关的"农场服务

---

① Q：\ COMP \ CROPINS \ FCIA，"Federal Crop Insurance Act"，*As Amended*，*Through P. L.* 111—80，Effective October 21，2009.

② "批准的保险提供者"是经 FCIC 批准的可以向生产者提供联邦作物保险计划的保险的私人保险提供者。

局"的人员接受职责的培训，至少应和批准的保险提供者的损失理算员一样接受相同水平的培训并通过同样基础的能力测试。

一般来说，"农场服务局"不影响批准的保险提供者对于索赔的审核或者 FCIC 所要求的计划的评估。FCIC 将把来自"农场服务局"的指控为欺诈、浪费与滥用的报告通知相关的批准的保险提供者，除非保险提供者被怀疑参与了保险的欺诈、浪费与滥用。批准的保险提供者在接到通知之后，在"农业司"规定的期限内向 FCIC 提供报告，说明其采取的调查行动。如果批准的保险提供者向 FCIC 报告说其怀疑故意虚报、欺诈、浪费与滥用，那么 FCIC 将在收到报告的 90 个自然日之内做出决定并做出书面反应，说明其采取的预期行动。批准的保险提供者与 FCIC 在任何虚报、欺诈、浪费与滥用被指控的情况下将采取协调的行动。如果 FCIC 没有及时地做出反应，批准的保险提供者可以要求"农场服务局"协助调查。

"农业司"将建立 FCIC 与"农场服务局"州立委员会协商的规程，协商的内容包括保险单、保险计划以及与保险单和保险计划相关的材料（包括申请出售截止的日期、分配的产出与过渡的产出）。

"农业司"将建立规程，据此 FCIC 将对如下问题进行验证：在与任何一位从事保险销售的代理人的销售相关的损失索赔事件中，索赔金额等于或者超出相同地区的与所有其他的代理人的这类销售有关的所有损失索赔平均值的 150%（或者 FCIC 规定的一个适当的百分比）；从事损失理算服务的任何人所做的保险损失理算所导致的可以接受的索赔或拒绝的索赔，等于或者超出相同地区的从事损失理算服务的，是任何其他人可以接受的或拒绝的索赔平均值的 150%（或者 FCIC 规定的一个适当的百分比）。FCIC 将对上面两项涉及的任何代理人和相关人进行评估，以便确定与相关代理人有关的较高的损失索赔或者前面提到的可以接受的或拒绝的较高的索赔是否与欺诈、浪费与滥用有关。FCIC将对在评估中发现的欺诈、浪费与滥用采取适当的补救措施。FCIC将建立规程要求批准的保险提供者对其聘用的代理人与理算员的业绩每年进行评估。FCIC对每年的评估进行监督,并与批准的保险提供者协商各种可能的补救措施。

生产者、代理人、损失理算员、批准的保险提供者或者任何其他人,故意向FCIC或者批准的保险提供者就保险单或者保险计划提供任何错误的与不准确的信息,那么在得到通知与听证的机会之后将会受到一项或者更多的处罚。处罚的内容包括民事罚款、生产者保险资格的取消、任何其他人资格的取消。其中民事罚款的数额不超过1万美元,资格取消的时限为5年。

"农业司"将对FCIC用于管理的信息管理系统进行升级,在系统升级的过程当中,农业司将确保新的硬件与软件与联邦政府农业部其他机构使用的硬件与软件相匹配,以便达到数据共享的最大化。"农业司"将运用信心技术,如数据开采、数据储存以及其他可以利用的信息技术。"农业司"也可签订合同利用私人部门的专业技术与技术资源。为了完成信息管理系统的升级,FCIC可以使用保险基金,2008年至2010年财政年度每年不超过1500万美元,2011财政年度不超过900万美元。为了完成信息技术的运用,FCIC可以使用保险基金,2009财政年度以及接下来的每个财政年度不超过400万美元。

(九)关于教育与风险管理支助①

FCIC将建立把作物保险的信息与教育提供给联邦作物保险

---

① Q:\ COMP \ CROPINS \ FCIA, "Federal Crop Insurance Act", *As Amended*, *Through P. L.* 111—80, Effective October 21, 2009.

参与率较低的、作物保险服务水平较低的各州的生产者的计划。
农业司将建立把竞争性的津贴授予合格的公共与私人实体（包括
赠地学院、合作推广服务机构、学院或者大学）的计划，其目的
是对农业生产者进行风险管理的教育。津贴的授予是以业绩为基
础的，并将接受同行的或者业绩的评估。津贴基金可以从"农业
司"获得，职责期限为两年。"农业司"把不超出津贴基金的 4%
用于该项的管理费。农业司将重点强调风险管理战略、教育与其
他服务范围，目标包括新农民或牧民、合法移民中愿意成为美国
生产者的农民或牧民、社会地位低下的农民或牧民、准备退休的
农民或牧民、用过渡的战略帮助新农民或牧民开始的农民或牧
民、新的或有建树的把生产与营销体系转换成新的市场的农民或
牧民。2001 财政年度和接下来的每个财政年度的教育与信息计
划的基金为 500 万美元。

第三节　1996 年起美国农业保险制度的发展

1996 年以后，美国农业保险制度的发展，一方面延续了前
一阶段的主要措施，如税收优惠、农业再保险、紧急贷款、保费
补贴、对私营保险公司的财政支持等；另一方面也采取了一些新
的措施与改革。

一　保险费打折

1999 年，美国的农业保险开始实施保险费打折。实际上保
险费打折相当于一种变相的保险费补贴，可以减少生产者购买保
险的费用并且提高参保率。根据统计，由于采用了保费打折，从
1998 年到 1999 年，美国许多生产者扩大了承保范围，总的买高
保险额度，即以赔偿责任衡量的产出与收入保险，增加了 13%，

进一步地，高于65％的承保水平的承保面积从1998年的9％增加到了1999年的24％。

保险费打折从其被采用以来，虽然有利于生产者，但增加了联邦政府的负担。1999年与2000年，保险费打折的实施使得美国联邦政府承担了更多的保险费。1999年的30％的保险费打折增加了保险费补贴4.4亿美元，使得政府在保险费上的支出达到了14亿美元。2000年，25％的保险费打折增加了保险费补贴3.9亿美元，使得政府在保费上的支出达到了13亿美元①。

二　新技术等在美国农业保险监管中的应用

保护农业、防止欺诈是RMA一直坚持的宗旨。RMA宣称通过发明、创造与运用最好的和最有创新的方式来发现、预防与阻止农业保险的欺诈。下面从新技术、新工具两个方面进一步说明美国农业保险的监管。

（一）新技术在美国农业保险监管中的应用

进入21世纪以后，更新的前沿技术开始应用于美国农业保险的监管，例如采用数码红外空中摄影技术监测作物的生长状况、测量灌溉的有效性、进行土壤分析、检测疾病与虫害的出现等来估计农作物的收成，建立数据储存库以及数据采集等。这些新技术的应用极大地提高了对于农业保险欺诈的事前预防，取得了成效。下面以实例说明这些新的技术在农业保险监管中的采用。

2002年，对于美国加利福尼亚的葡萄干生产者来说许多因素使他们具备了可以利用农业保险欺诈的潜在条件。一方面

---

① Robert Dismukes and Monte Vandeveer, "U. S. Crop Insurance: Premiums, Subsidies, & Participation", *Agricultural Outlook*, December 2001.

Thompson 无核葡萄(用于制作葡萄干)丰收，而另一方面葡萄干的库存还有大量的盈余，这就意味着即将来临的丰收将要换回的是市场的低价，因此对于葡萄干作物损失的保险赔偿费要比市场价格每吨高出几百美元。在这种形势下，作物损失要比作物丰收对于生产者更有利，也就意味着生产者会人为地造成作物损失，产生保险的欺诈。由于降雨所导致的损失是葡萄干保险单的唯一保险条件，而 2002 年又是一个相对干旱的年份，因此保险提供人需要监测农民是否把他们的作物留在了葡萄藤上等待下雨而过了规定日期，或者他们把葡萄干放在了地上等待下雨过了收藏的日期。而对于大面积的葡萄园的监测，如果在地面操作难以覆盖如此大的范围并且消耗人力与时间，因此 RMA 在监管中采用了数码红外空中摄影技术。"RMA 西部地区执行办公室"(RMA's Western Regional Compliance Office) 与当地的遥感公司共同完成数码红外空中摄影，一次 4 个小时的飞行可以完成 10 万英亩的摄影，共进行了 5 次，首次作业在最后的规定日期，最后一次作业在收藏日期之后的某一天。与此同时，RMA 把拍下的资料发给"当地的农场服务机构"和葡萄干生产地区的报纸，其目的是对种植者起到事前警示的作用。而保险提供人会从 RMA 获取影像资料来决定保险的实际情况。2002 年该项保险的赔偿金额很低，表明了此项技术用于保险监管发挥了重要的作用，确保了农民的良好种植习惯。

多年来 RMA 收集了大量的可以用于发现保险欺诈行为的事例与数据，但是直到进入 21 世纪才把这些内容放在不同的数据库中，并建立了数据储存库。RMA 的调查人员可以为特殊案例的重要信息采集所有的现存的作物保险数据记录，也可以发现保险欺诈的结构性计划的模式，做到事前调查。2001 年与 2002 年，RMA 与"卓越农企中心"(Center for Agribusiness Excellence)合作并开发了一个数据储存库系统，该数据储存库有许多优点。首先，多年来保险单不断地改变、取消与更新，但是数据储存库没有改写或去掉系统中已经存在的旧的保险单。相反，系统不仅保留了所有以前保险单的原始状态，而且记录了变化。因而，RMA的执行调查人员可以检查保险单多年来的变化，人们在几分钟之内就可以发现旧的保险单的信息。其次，该项技术可以使调查人员快速而方便地获取数据以便对现有信息进行分析和评价，这意味着可以节省宝贵的时间和迅速采取行动来防止不恰当的赔偿支付。最后，原有的模块允许RMA与"卓越农企中心"开发的数据采集工具相连，这可以实现对整个数据库的无缝扫描，从而发现行为模式并能验证表明作物保险欺诈与滥用的任何不规则的模式。此项技术在其应用的前两年，通过较低的索赔与赔偿支付为作物保险计划节约了1.6多亿美元。①

（二）新工具在美国农业保险监管中的应用

反保险欺诈是一项综合性的工作，它要求许多人共同努力来确保和提高作物保险计划的完整性。由于RMA办公室以及合作成员办公室遍及全国，因此要培训工作人员使用先进的技术并开办电子的、交谈式的远程课程。

2001年，RMA开始利用培训计划来指导RMA工作人员和其合作伙伴进行防欺诈培训。第一年针对损失理赔、执行与监管开展了教室培训模式。接下来开始使用电子教室，这使得在任何时间对任何人的培训成为可能。

反欺诈培训。RMA与"商业电视服务（Business Televison

① Risk Management Agency, "Preventing Fraud, Protecting Farms Program Compliance and Integrity", *Annual Report to Congres*, January 2002 – December 2002.

Services)"共同开展了反欺诈培训。该计划的设计可以使多种培训成为可能。它可以通过交互式的 CD-ROM，基于网络作为媒介，或传统式的教师来进行管理。计划关注各个成员的职责履行以及早期发现欺诈、滥用或浪费的技术培训。2002 年 12 月，RMA 与"国家作物保险服务"(National Crop Insurance Services)联合主持了一个反欺诈的"培训培训人的培训班"，超过 35 名的作物保险行业的代表被邀请参加，他们被培训如何利用计划去培训他们公司的雇员。名为"第一条防线"的反欺诈计划解释了 RMA、各州、"县农场服务机构"(Farm Service Agency)以及保险提供人，在调查欺诈与通过实用的技能来帮组受培训人员的重要作用，课程也包括交互式测试与影像案例研究，受培训人员可以看到从开始到完成的诉讼的全过程。

作物保险监测培训。RMA 与"mGen 有限公司"联合开办了作物保险监测培训。作物保险监测培训的课程是交互式的、以网络为基础的课程，其宗旨是帮助 3000 多个"县农场服务机构 (Farm Service Agency)"、州办公室雇员以及区负责人更好地熟悉"4-RM 损失理赔手册"①的信息和程序。通过利用动画、照片、影像以及交互式的测试和计算，手册提供的信息变得有吸引力和容易理解。这种方式的培训使培训者的注意力集中，不再只是单纯地阅读资料。

三　开办收入保险计划

1996 年春天，美国开始经办收入保险，它是针对农民的收入给予的保险，使得农民既可以应对产出风险，又可应对价格的

---

① "4-RM 损失理赔手册"包括反欺诈联盟各个成员需遵守的特定程序要求。

风险。该保险要认定农民的收入只是种植作物所得的收入,有了收入保险,农民可以提前计划他们的作物而不用考虑收获季节的市场条件,1996年至1998年收入保险遍及全美,并延续至今。有5种收入保险产品可以利用,包括:CRC(Crop Revenue Coverage)计划,该计划对在收获季节价格水平的产出不足向农民支付赔偿,也对价格下降到使收入低于计划担保的水平给予赔偿,因此赔偿可以由于低价格和(或)低产出而产生;RA(Revenue Assurance)计划,它对预期收入的一定比例给予保险,赔偿可以由于任何导致低于担保水平的收入的产出或者价格的不足而产生,RA提供保险费折扣,如果多种作物和多个农场单位参加保险;IP(Income Protection)计划,这是一种成本生产形式的保险,与RA一样,它对预期收入的一定比例给予保险,赔偿可以由于任何导致低于担保水平的收入的产出或者价格的不足而产生;GRP(Group Risk Plan)计划的收入版本,它是以一个县的产出业绩为基础的对收入实行的担保;最后是一种新的形式的担保,即应用Schedule F返税信息作为决定收入担保的基础。①

　　RMA开发的RA、CRC以及IP收入保险产品都是对低于担保水平的生产者的毛收入的下降所做的保险,并且三个项目的承保水平的产出风险都是以APH为基础的。用于决定收入担保的预期的或者基准的价格是在销售结束日期前的几周特定的一些日子利用收获期合同的期货市场价格建立的。在收获时间对于同样的期货市场合同的收获期的价格被用来决定计算赔偿的生产价值。这三种保险是类似的但又不是相同的,它们的差异是:

---

　　①　Barry K. Goodwin, "Instability and Risk in U. S. Agriculture", *Journal of Agribusiness*, 18(1), Special Issue: 71S89, March 2000.

CRC 建立的保险担保是以基本价格的较高价格或者收获期的价格决定的；而 IP 与标准的 RA 担保是利用基本价格来决定的，当基准的与收获价格建立起来的时候，在时间的间隔中如果价格增加，那么在承保水平上不做调整；RA 提供上边价格的保护，像 CRC 的价格选择，但 IP 不是；IP 把基本的幅度限定到了基本的单位，这包括了根据相同的所有权所持有的一个县的一种作物的所有权益；RA 在提供整个农场单位的承保水平时是独特的，这样就可以把 2 到 3 种作物的承保水平合并。

收入保险在 1996 年引入联邦作物保险计划的时候，只是在为数不多的县开展，并且只是用于玉米、大豆、小麦和棉花。但是到了 20 世纪 90 年代末期之后，收入保险增长较快，并且增加了对稻米、向日葵、高粱、菜籽油、大麦的收入保险。2006 年，收入保险计划已经占了联邦作物保险计划的承保面积的 57％，其中的 75％是玉米、大豆和小麦。

这期间，联邦政府的保费补贴起到了增加参保率的作用。对于作物保险的补贴，尤其是对于收入保险的补贴从 20 世纪 90 年代以来一直在增加。1996 年至 2006 年间，联邦政府对于收入保险的补贴从不到 30％增加到了 56％，2006 年联邦政府对于收入保险保费的支付达到 18 亿美元，对于生产者的支付达到 14 亿美元。保费补贴的总体增加还包括对较高承保水平补贴比率的增加。由于增加的补贴与减少的保险费的缘由，生产者们投保了较高比例的收入保险。例如，在 1999 年，收入保险的一半的面积选择了 70％的承保水平或更高。到 2002 年为止，收入保险的75％的面积选择了 70％的承保水平或更高。普遍的承保水平都达到了预期收入的 70％至 75％。

1998 年，传统的以产量为基础的保险产品占承保面积的82％，而 CRC 与 RA 仅占承保面积的 14％。到了 2008 年，CRC

与 RA 占总承保面积的 52%，而 APH 与 MPCI 只占 22%。①

图 4—1 显示的是 1996 年至 2006 年美国收入保险计划增加并最终超过产量保险②计划的情况。

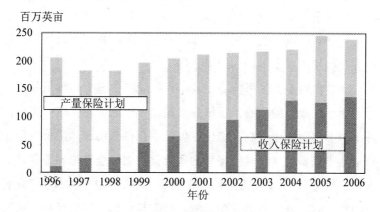

百万英亩

图 4—1　1996—2006 年美国农业收入保险面积增加
并最终超出产量保险面积

资料来源：Tabulations by USDA，Economic Research Service of Summary of Business Data from USDA's Risk Management Agency。

联邦作物保险计划的多种选择的存在使生产者在参加收入承保时能有所选择。其中的两种选择特别的流行：如果作物收获季节的价格高于预先种植季节的价格，保险总额将增加；保险总额以农场分开的承保的单元为基础。增加价格的特点，被称为"重置成本"或者"收获价格的期权"，这对于生产者很有吸引力，因为商品价格的增加是与产出的跌落相连的。较高的承保水平将允许生产者在较高的价格水平上补偿他们的生产损失。分开的承保

① Keith H. Coble，Thomas O. Knight，Barry K. Goodwin，Mary Frances，Miller and Rod Rejesus，"A Comprehensive Review of the RMA APH and COMBO Rating Methodology Final Report"，http：//www. rma. usda. gov. /data/，March15，2010.

② 产量保险计划主要是指 APH 计划、GRP 计划等。

的面积也是具有吸引力的，因为如果承保的单元被分开，在一个
单元的损失不能以其他的单元来弥补。

　　作物收入保险仅在一个种植季节在市场收入上是有变化的。
收入是由市场价格在季节初和季节末所决定的。收入保险不包括
年与年之间的收入的变化。收入承保水平的钱数在不同的年份有
跌有升，这体现了不同的市场条件。

　　允许保险承保水平随着市场条件波动可以减少市场信号的干
预。用于保险目的的收入价格如果超出期望的市场价格，将会激
励生产者去改变生产状况以便在保险上获得费用。如果价格低于
期望的市场价格，保险所提供的风险保护则可能显得不重要，而
生产者也会对所提供的保护几乎失去兴趣。"过分的保险"或者
"保险的不足"都将打破保险计划在保费与赔偿之间的平衡，从而
使保险计划无法持续运行。

　　20 世纪加拿大在"总收入保险计划"（Gross Revenue Insur-
ance Plan）的经验表明了"过分的保险"所引发的问题。在 1991
年，加拿大政府向农民提供了商品水平的收入保险，它使用了历
史价格而不是当前的价格作为担保。特别的是"总收入保险计划"
在以前的 15 年使用了平均的价格，其中包括 20 世纪 70 年代末
期和 80 年代初期相对高的价格。由于赔付是以历史价格与保险
年份价格之间的差异为基础的，因而赔付远远超过了保费。到
1998 年，"总收入保险计划"在加拿大停办，很大程度是由于政
府已不堪沉重的财政压力。

　　在联邦作物保险计划中，收入保险计划使用的价格反映了保
险阶段的市场条件，而这可以被生产者与保险人观察到。尤为特
别的是，计划使用了未来的市场合同的价格来决定季节初期与末
期所担保的商品的价值，而这能简化收入担保与损失的计算并确
保了承保水平与当前的市场价格保持一致。市场预期数据的获取

对于作物保险计划的收入保险单的操作是十分重要的。

现存的"联邦作物保险计划"的农场水平的收入保险具有传统的保险产品与"指数保险"混合的特点。与传统的保险产品一样，预期收入的产量构成是以已发生过的历史的生产产出为基础的，所认定的收入产量构成是以农场水平的认定产量为基础的，因此，从某种程度来说，其赔偿支付是以实际农场水平的产出损失为基础的，更像 APH 农场水平的产出保险。现存的"联邦作物保险计划"的收入保险产品也具有类似于"指数保险"产品的特点。预期收入与认定收入的价格所构成的计算是以期货市场的价格（指数）而不是以在农场水平所收到的价格为基础的。特别的，预期收入的价格构成是以在收获季节合约上的期货市场价格的种植前的平均值为基础的，认定的收入价格构成是以收获季节合约上的期货市场价格的收获季节的平均值为基础的。① 因此，保险的赔偿是以两种因素为基础的。第一种是以实际历史产出与被认定的农场水平产出之间的差异为基础的。第二种是以从种植前到收获季节阶段的价格指数（收获季节合约上的期货市场价格）变化为基础的。这意味着现存的"联邦作物保险计划"的收入保险产品不是以农场水平的实际损失为基础来确认赔偿的。相反，赔偿是以农场水平衡量的产出损失与价格指数的变化为基础的。"联邦作物保险计划"的收入保险产品所利用的是价格指数而不是严格地按收入的跌落进行赔偿。其主要原因是由于信息不对称，如果按实际收入的跌落进行赔偿，会出现潜在的道德风险。

收入保险的一个更为流行的形式是"全农场收入保险"，它包括了所有的农场的企业，因此比以商品为基础的保险具有更为广

---

① 在某些情况下，种植前的阶段与收获阶段的定义在 CRC、RA、IP 是不同的。而且，不同的保险产品有时也采用不同的收获季节的期货合约。

泛的吸引力。与简单的商品保险一样，"全农场收入保险"收取以风险为基础的保险费，并在收入低于预期的时候进行赔付。但是"全农场收入保险"承保混合的收入，而不是单独地承保在农场上的每种作物的收入。

"风险管理局"负责"全农场收入保险"的两个小的保险计划：Adjusted Gross Revenue（AGR）、Adjusted Gross Revenue－Lite（AGR-Lite）。"全农场收入保险"可使商品的生产者获得简单的商品作物的生产与收入保险，但是 AGR 与 AGR-Lite 存在局限，因而还不是完全成熟的全农场保险产品。尽管在概念上来说是简单的，但是开发与运作"全农场收入保险"并使所有的农民都获得保险并不是简单的事情。

一个最为重要的问题就是确定和衡量所承保的风险。确定全农场保险的费率是非常复杂的，因为承保水平包括所有的价格和生产，以及在一个特定的农场之间的相互关系。把有限的 AGR 与 AGR-Lite 的保险计划扩展到满足所有的农户就意味着为更多的农场企业承保风险。特别是更多的特定的养殖作物与牲畜企业将会使该计划更为复杂。此外，如果保险将承保净收入而不是毛收入计划，那么在决定承保水平和评定风险的时候将不得不考虑投入资源成本的变化。

确定全农场保险单的收入水平与农业活动是对生产者和保险人的双重挑战。AGR 与 AGR-Lite 高度地依赖税负的纪录，但是必须经常做出调整以便解释清单的变化，目的是使保险的收入的水平与一个自然年度的生产相符合。大多数的农民在收到钱或支付钱的时候，要在税负表中填入收入，而这却无法反映出潜在的年收入的风险。

一个农场的历史收入表示着在保险年的预期的收入会有多么得好，这也是非常关键的。农场的运营在不同的年份的规模与商品是经常改变的。例如，一个农场通过租赁额外的土地或者把一块土地从种植一个品种转到种植另一个品种的方式来扩大农场，可以使总的预期的毛收入发生较大的改变。这些变化将直接导致收入的变化，而那并不是简单的风险或者没有预期变化的结果。如果收入数据没有被调整，那么程序很可能是复杂的，生产者可能会出现保险过分或者保险不足。

验证保险损失与支付索赔提出了一个新的问题。在商品水平的现存的收入保险支付是由可以观察到的价格与作物损失来确定的，而这又是比较容易的。相反，"全农场收入保险"纳入了许多农场活动的价格与生产，而这是很难验证的。为了评定与验证AGR 与 AGR-Lite 的保险单的保险损失，"风险管理局"已经制定了较为复杂的规则。此外，由于税负的备案被用在记录收入，那么在引起收入跌落的事件与索赔记录的备案之间会用去几个月的时间。

尽管收入保险具有其自身的特点并已经成为非常有价值的风险管理工具，但是它也不能成为政策制定者与生产者(农民)本身所认为的具有充分的承保水平。因为单一的商品与全农场收入保险把风险结合起来，则可能意味着当风险彼此抵消的时候，对于农民是较低的、不是频率很高的支付。单一商品的收入保险把价格与产量承保水平结合起来，而全农场收入保险则是把在农场的单独商品的承保水平结合起来。经验表明农户更喜欢分开的保险保护。例如，联邦作物保险计划的大多数的参与者为了保险的目的把自己农场的面积进行细分，尽管这样做他们不能享用保费的打折。

因为保险产品设计要求，被保险人要首先支付其任何损失的一部分，这样看来保险似乎并不能提供充分的保护，因为承保水平总是少于所承保项目的全部的价值。当减少免赔款的时候可以使保险更具有吸引力，这样也增加了费用以及损失的索赔。而且倾向于导致过分的保险，因此以市场信号进行干预。

单一的商品与全农场收入保险都不能对多年的收入下降提供承保。单一的商品保险的保单是以历史的产出与预期的市场价格为基础确定的，全农场收入保险是以历史的收入为基础确定的。如果这些评估表明收入下降，那么收入保险的承保水平将下降。对抗它的一种方式是利用固定的目标价格或者目标收入。然而，这种变动使该项保护不太像保险工具，而更像收入支持计划。①

四　指数保险产品

大多数的保险产品的支付赔付是以保险单持有人的实际的损失为基础的，对于"联邦作物保险计划"的大多数的保险产品的支付赔付也是以农场水平的产出与收入的不足为基础的。

然而对于一些商品，例如干草的产出的衡量是很难的，而且经常是不准确的，尤其是农场的水平产出，由于干草多只在农场自用，而并在市场上出售，那么用于核定历史产出的销售资料经常是不易获得的。对于其他的商品（例如草原、牧场），农场水平的产出的评估实际上是不可能的。那么对于这些商品如何提供保险的保护呢？

以指数为基础的保险产品近年来在美国受到注意，引起各方的讨论。② 和传统的以 APH 为基础的保险产品不同，以指数为

① Robert Dismukes and Keith H. Coble, "Managing Risk with Revenue Insuranc", WWW. ERS. USDA. GOV/AMBERWAVES, May 2007.

② Xiaohui Deng, Barry J. Barnett, Gerrit Hoogenboom, Yingzhuo Yu, and Axel Garcia, "Evaluating the Efficiency of Crop Index Insurance Products", *Selected Paper prepared for presentation at the Southern Agricultural Economics Association Annual Meetings*, *Orlando*, *Florida*, February 5－8, 2006.

基础的保险产品的赔付不是以实际的农场产出或者收入损失为基础的。它的赔付是以和实际的农场产出或者收入损失相关联的指数为基础的。由于指数是以客观的明显的数据为基础的，因此指数保险合同的签订人之间不太可能存在信息不对称的问题。因此作物保险中的道德风险与逆向选择的问题可以在很大程度上得到改善。

(一)区域产出保险

区域产出保险是一个以指数为基础的保险产品的例子，它不易受到某些传统的以 APH 为基础的保险产品所遇到的问题的影响。从本质上来说，区域产出保险是一个生产区域的关于平均产出的卖权。它的赔偿支付是由于没有达到区域平均产出而不是农场平均的产出所致。由于这个原因，区域产出保险不要求农场水平的风险分级。如果地域非常大，区域产出保险就不易受到道德风险的影响，这是因为个别生产者的行为对区域平均产出并不会产生明显的影响。区域产出保险还具有相对较低的交易费用，因为无须对每一个保险的单位创建与验证 APH 的产出，也没有必要做农场损失的理算。

Miranda (1991)把农场平均的产出保险(例如 MPCI 与 APH 产出保险)与西部的肯塔基州的 102 个大豆农场的区域产出保险进行比较。他发现，一般而言，购买了最优的承保水平的区域产出保险比购买农场平均的产出保险更能减少净产出的偏差。Smith，Chouinard 和 Baquet (1994)把蒙大拿州 Chouteau 县的 123 个干地小麦农场的农场水平的产出保险与 3 个不同的区域水平的产出保险合同进行了比较。他们的整体研究表明区域水平的产出保险对于农场生产者来说能提供有效的风险保护。Barnett 等(2005)把美国 10 个州的(印第安纳州，伊利诺伊州，爱荷华州，堪萨斯州，肯塔基州，密歇根州，明尼苏达州，内布拉斯加州，俄亥俄州，得克萨斯州）66686 个玉米农场与北达科他州和明尼苏达州的 3152 个甜菜农场的农场平均与区域平均的产出保险进行了比较。对于玉米来说，区域产出保险合同在除了内布拉斯加州与密歇根州之外的所有的州运作良好。对于甜菜来说，区域产出保险合同在南部的红河谷运行的不好，但是在西南部的明尼苏达州却运作得很好。红河谷的中部与北部地区的运作结果是喜忧参半。

（二）GRP 指数保险产品与 GRIP 保险

从 1993 年以来，指数保险成为"联邦作物保险计划"资产投资组合的一部分。在那一年，"联邦作物保险计划"开始提供 GRP 指数保险产品。这种产品的赔偿支付是以县的平均产出（指数）而不是投保农户已往年份产出为基础的。对于 GRP 来说，如果"国家农业统计服务机构"（National Agricultural Statistics Service）所估算的县的实际的产出低于引发的产出（期望的产出×承保水平），那么保单的持有人就会得到赔偿。这的确是真的，即使投保农户没有已往年份产出的损失。同样地，如果"国家农业统计服务机构"所估算的县的实际的产出高于引发的产出，那么保单的持有人就不会得到赔偿，即使投保农户有已往年份产出的损失。

当一个农户购买了 GRP 保险，其赔偿支付的计算如下：

每英亩的赔偿＝最大｛0，（引发产出－认定产出）/引发产出｝×

保护的美元数量

这里，引发的产出 ＝ 预期的县水平的产出×承保水平

认定的产出是"国家农业统计服务机构"对于农场所在县的平均产出的估算。承保水平的范围从 70％到 90％，以 5％的水平递增。保护的美元数量计算如下：

保护的美元数量 ＝预期的县的产出×定价×规模

这里的规模由保险单的持有人选择,但限定在90%至150%。

例如,预期的县的玉米的产出是每英亩120蒲式耳。GRP保险单的持有人选择了90%的承保水平,因此引发的产出是每英亩108蒲式耳。如果认定的县的玉米的产出低于每英亩108蒲式耳,保险单的持有人将获得赔偿,而无须考虑保险单持有人农场的实际产出。保险单的持有人也可以选择100%的规模,因此获得保护的钱数为每英亩264美元。一个认定的县的玉米产量仅为每英亩81蒲式耳,相对于引发的产出具有25%的不足。赔偿支付是获得保护的钱数的产品与产出不足的应得赔偿或者是每英亩66美元。见表4—9。

表4—9　　　　　　　　GRP指数保险的例子

预期的县的玉米的产出	每英亩120蒲式耳
承保水平	90%
引发的产出	每英亩108蒲式耳
定价	每蒲式耳2.20美元
规模	100%
每英亩获得保护的钱数	264美元(120×$2.20×100%)
认定的县的玉米产量	每英亩81蒲式耳
产出不足的应得赔偿	25%
每英亩的赔偿	66美元($264×25%)

资料来源:Barry J. Barnett, "Agricultural Index Insurance Products: Strengths and Limitations", *Agricultural Outlook Forum*, Feb. 19, 2004。

保险单仅在有一定规模种植面积的县出售,这样个别种植者的产出将不会对认定的县的平均产出产生重要的影响。因此,与APH农场水平的产出保险不同,GRP的赔偿不是以保险单持有人的实际损失为基础设计的。相反,当认定的指数价值低于触发的水平的时候就产生了赔付，并且保险单持有人对于认定的指数价值不能控制。在 GRP 的情况下，指数是由"国家农业统计服务机构"对县平均产出的估算。

保险产品的精算通常是由损失率来衡量的，损失率的计算是赔偿支付除以交付的保费。损失率大于 1.00，表明赔偿支付超出交付的保费。图 4—2 显示了 1993 年至 2002 年间 GRP 的损失率，这里的保费包括农民交付的保费与联邦政府给予的补贴。在此阶段加权的平均损失率为 1.08。在同阶段，所有的联邦作物保险计划的产品的加权平均损失率为 1.03。

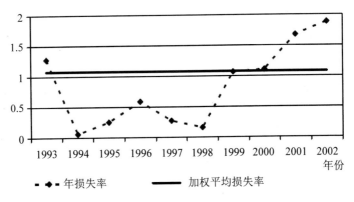

图 4—2　GRP 损失率(1993—2002 年)

资料来源：Barry J. Barnett，"Agricultural Index Insurance Products：Strengths and Limitations"，*Agricultural Outlook Forum*，Feb. 19，2004。

GRIP(Group Risk Income Protection)产品也是一种指数保险产品，其指数是以收入为基础而不是以产量为基础设计的。特别的是，GRIP 指数是以"国家农业统计服务机构"所估算的县平均产出和在特定阶段的结算市场价格的平均价格为基础的。由于收入计算的价格是以期货市场价格为基础的，因此保险单持有人对于指数的认定的价值不能控制，这也正是指数保险产品的重要特点。GRIP 保险目前主要用于大豆与玉米，见图 4—3 和图 4—4。

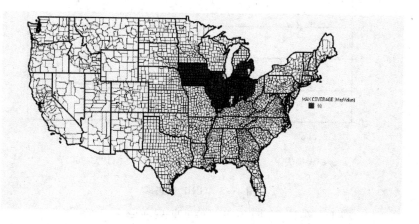

图 4—3 GRIP 用于大豆保险的县

资料来源：Barry J. Barnett，"Agricultural Index Insurance Products：Strengths and Limitations"，*Agricultural Outlook Forum*，Feb. 19，2004。

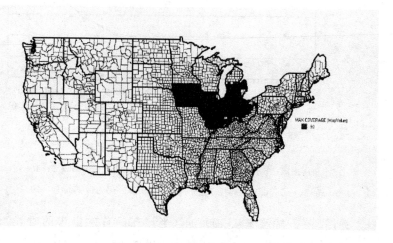

图 4—4 GRIP 用于玉米保险的县

资料来源：Barry J. Barnett，"Agricultural Index Insurance Products：Strengths and Limitations"，*Agricultural Outlook Forum*，Feb. 19，2004。

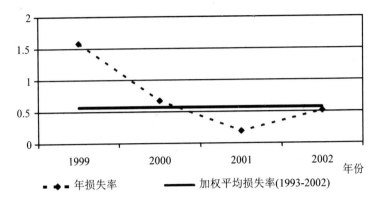

图 4—5　GRIP 损失率

资料来源：Barry J. Barnett，"Agricultural Index Insurance Products：Strengths and Limitations"，*Agricultural Outlook Forum*，Feb. 19，2004。

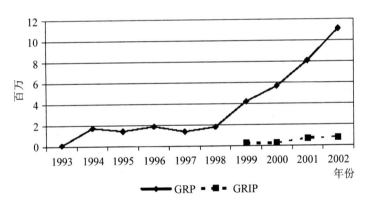

图 4—6　GRP 与 GRIP 的净承保面积

资料来源：Barry J. Barnett，"Agricultural Index Insurance Products：Strengths and Limitations"，*Agricultural Outlook Forum*，Feb. 19，2004。

图 4—5 显示了从 1999 年（当该产品首次出售的时候）至 2002 年的年损失率。在此阶段的加权平均损失率是 0.57，而同期，联邦作物保险计划的所有的产品的加权平均损失率是 1.12。

图 4—6 显示了每年的 GRP 与 GRIP 的净承保面积。图 4—7 显示了每年的 GRP 与 GRIP 的保险责任。对于两种产品来说，

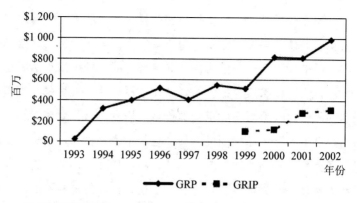

图4—7 GRP与GRIP的保险

资料来源：Barry J. Barnett，"Agricultural Index Insurance Products：Strengths and Limitations"，*Agricultural Outlook Forum*，Feb. 19，2004。

净承保面积与保险责任在此期间都在增加。然而，两种产品在"联邦作物保险产品"全部的资产组合中占相对的比较少的部分。在2003年，GRP与GRIP占"联邦作物保险产品"净承保面积的6.3%以及"联邦作物保险产品"保险责任的4%。

（三）牲畜价格保险

除了GRP与GRIP，"联邦作物保险产品"也在试验两种其他的指数保险产品。一种是"牲畜风险保护"（Livestock Risk Protection，简称"LRP"），保护投保的牛和猪的市场价值的下降；另一种是"牲畜毛保险金"（Livestock Gross Margin，简称"LGM"），仅用于猪的保险，它是保护动物的市场价值与饲料投入成本之间的差额。它们都是指数保险产品，因为其赔偿支付不是以生产者所收到的和（或者）支付的实际价格为基础，而是以在保险单的期限的动物（LRP的情况）或者是动物和饲料的投入（LGM的情况）的期货的市场价格的变化为基础的。因此，两种产品在本质上说都是交易所交易的未来合同的衍生性金融产品。

为什么LRP与LGM的赔偿都是以期货市场价格而不是以

生产者所收到的和(或者)支付的实际价格呢? 假定一种保险产品
进行支付赔偿, 只要当牲畜的生产者所收到的实际价格跌落到一
个特定的触发价格以下的时候。如果现行的市场价格跌落到低于
触发的价格, 那么投保的生产者就几乎没有动力去积极地销售所
饲养的牲畜来获取最高的可能的价格。毕竟, 保险要赔偿触发价
格与收到的实际价格之间的差异。也就是说, 牲畜价格保险如果
以实际销售的价格为赔偿基础的话, 将会增加严重的道德风险的
问题。然而, 个别的牲畜生产者对于期货市场的价格不能产生重
要的影响。因此, 对于 LRP 与 LGM 来说, 它们的赔偿是以指
数而不是以实际的农场经历为基础将会大大地降低道德风险的可
能性。

当把 LRP、LGM 与 GRP 和 GRIP 进行比较, 可以注意到
对于牲畜与主要作物的价格风险比作物生产的风险具有更高的系
统性。在美国, 一个地区的作物生产的下降, 并不意味着其他地
区的作物生产必然地下降。反之, 价格的下降与增加更容易影响
所有的生产者, 不论他们的农场在何地。这就意味着, 一般来
说, 对于提供价格风险保护的 LRP 与 LGM 这样的指数的保险
与提供产出(收入)风险的 GRP 与 GRIP 相比, 人们总是期望风
险越少越好。

(四)其他的农业指数保险产品

气象变化在联邦作物保险计划中是一个很重要的因素, 正是
认识到这种作用, FCIC 让联邦作物保险计划采用新的技术。例
如, FCIC 为草场、牧场与饲料作物介绍了一个新的试验性保险
计划, 即依靠气象站的数据和卫星成像来检测植物的生长并决定
保险的支付。降雨指数保险计划正在科罗拉多、爱达荷、宾夕法
尼亚、南卡罗来纳、北达科他以及得克萨斯各州的 220 个县试
验, 这种产品是用降雨指数来测量预期的生产损失。植物指数保

险计划正在科罗拉多、俄克拉何马、俄勒冈、宾夕法尼亚、南卡罗来纳以及南达科他各州的110个县试验,该产品是以卫星成像为基础来评估某一地区的生产能力,并作为测量预期生产损失的一种手段。这些试验性保险计划可为6.4亿英亩的放牧地与干放草产地中大约1.6亿英亩提供保险。2007年4月2日,草场、牧场与饲料作物的降雨指数保险与植物指数保险已经超过了第一年的销售计划。已经出售了8023个降雨指数保险单,承保面积超过2400万英亩,总责任超过3.28亿美元。植物指数保险的试验计划销售为1687个保单,承保面积超过390万英亩,总责任6170万美元。试验计划地区的参保率大约为17%。①

　　大量的实证研究对于气象指数保险在农业的潜在应用进行了调查。Skees等(2001)发现降雨指数保险计划在非洲北部的摩洛哥与南美洲的阿根廷是可行的。中美洲的墨西哥的一家农业再保险公司已经利用气象指数合同把与天气有关的部分作物保险风险转移到了国际资本市场。Martin,Barnett与Coble(2001)发现降雨指数保险可以对在美国密西西比州的三角洲地区的季节期末的过度降雨所导致的棉花生产与质量损失提供有效的保护。Turvey(2001)考察了安大略湖的气象指数保险的经济状况和定价,并且建议以气温和降水为基础的保险合同用于保险某些作物的产出损失。Vedenov与Barnett(2004)考察了利用气象指数保险来保护爱荷华州与伊利诺伊州玉米与大豆的产出不足以及密西西比州与佐治亚州的棉花产出的不足。他们的发现喜忧参半,故对于气象指数保险在农业上的应用的可行性的"总体评估"十分小

---

① United States Department of Agriculture, "Statement by Eldon Gould, Administrator Risk Management Agency", *Before the Senate Committee on Homeland Security and Governmental Affairs*, Thursday, April 19, 2007.

心。Cao(2004)提出了一种预测产出的指数保险产品，在这里预测产出的指数是特定月份的关于南佐治亚州的玉米种植农户的月累计的冷却度日(cooling degree days)的线性函数，他们的发现表明预测产出的指数所提供的风险保护的有效性是有限的。

有效的气象产出的模型对于设计令人满意的气象指数保险产品是非常关键的。把农业经济的知识带入到气象产出的模型对于完善气象指数保险产品的有效性是非常有潜力的。"农业技术转移的决策支持系统"(简称DSSAT)是一个软件包，它带有作物模型与应用程序，包括作物、土壤、气象数据库和管理程序。DSSAT在100多个县已经应用了15年，主要是通过把土壤的影响、作物表现型、气象与管理的方案结合起来预测产出。该软件包包括27个带有工具的不同的作物模型，这大大方便了实验、土壤与气象数据的搜集与归档。为了通过DSSAT做出预测的产出的指数，把被认定的气象数据输入到模型当中，同时把所有其他的选择变量设定为常数。用DSSAT预测的产出指数保险，由于预测的产出与认定的农场水平的产出不是十分关联的，所以基本的风险还是存在的。然而以DSSAT预测的产出为基础的指数保险比以单一的气象变化为基础的指数保险的基本风险更低，这是因为DSSAT使用多个气象变量，并尝试了在天气变量和影响产出的其他变量之间的相互作用。[1]

(五)指数保险产品的优点

指数保险产品相对于传统保险产品来说具有某些优点。正如上面所提到的指数保险产品的优点之一就是不必提供历史上的农

---

[1]　Xiaohui Deng，Barry J. Barnett，Gerrit Hoogenboom，Yingzhuo Yu，and Axel Garcia，"Evaluating the Efficiency of Crop Index Insurance Products"，*Selected Paper prepared for presentation at the Southern Agricultural Economics Association Annual Meetings*，*Orlando*，*Florida*，February 5—8，2006.

场水平的产出数据。还有一个优点就是指数保险产品不易出现普通保险所出现的道德风险与逆向选择的问题而这两个问题都是由于相关的信息不对称,即保险单的持有人比保险人对于风险能获取更多的信息。从长期来说,这两个问题能引起保险人提高费率的水平,使低风险的保险产品的购买人离开市场。

1. 不易受道德风险与逆向选择的影响

大量的研究已经证明"联邦作物保险产品"所提供的农场水平的保险产品具有道德风险和逆向选择的问题(Skees and Reed;Quiggin, Karagiannis and Stanton; Smith and Goodwin; Coble et al.; Just, Calvin and Quiggin)。这些问题已经导致了较高的费率水平(尽管这种影响被联邦保费补贴所掩盖)和计划利益的不公平(Skees; Glauber and Collins)。

然而,指数保险产品不易受道德风险和逆向选择的影响,因为赔偿是以指数为基础的,而保险单持有人对其并不能控制。进一步地,保险单持有人与保险人相比,对于潜在的认定的指数的价值很有可能没有更好的信息(因此,出现赔偿的概率,或者潜在的赔付的数量)。

对于 GRP 指数保险产品的例子,保险单仅在有一定规模种养殖数量的县出售,因此个别的生产者的产量对于认定的县的平均产量(即指数)不会产生重要的影响。因此,与传统的保险产品不同,赔偿是以保险单持有人不能控制的指数为基础的。因此,没有理由相信种植者比保险人对于预期的县平均产出有更准确的信息。因为没有信息不对称,因此没有道德风险和逆向选择的问题。

以指数为基础的保险产品在减少道德风险与逆向选择方面是很有好处的,购买保险的人面临着某种程度的基本风险。对于以指数为基础的保险产品,基本风险反映了认定的指数与农场水平的产出之间的差异。由于农场水平的产出与保险的指数不是十分相关，购买了指数保险产品的人面临着某种程度的基本风险。例如，对于一个区域产出保险单的购买人来说，在他的农场经历产出的损失而没有收到赔偿是可能的，因为在区域平均产出上不存在不足。同样地，当没有出现农场水平的损失的时候，保险单的持有人得到区域产出保险单的赔偿却是有可能的。

2. 出现误差的可能性较小

对农场水平的预期产出做出精确的估算是很难的。"联邦作物保险产品"农场水平的产出与收入保险产品以 4 年到 10 年产量简单的平均值来计算预期的产出。保险单持有人被要求提供他们的历史的产出的记录。实际上，验证保险持单人所提供的记录是否准确是很难的。

然而，即使保险单持有人提供的历史的产出的记录是准确的，而仅仅用 4 年到 10 年的历史产出的数据所计算的平均产出也经常不能准确地估算出未来真实的产出。为了证明这一点，Skees 与 Barnett 以一个生产玉米的农场为基础，构建了一个程序化的例子。简单地，他们假定农场的产出是正态分布的，即每英亩是 100 蒲式耳，标准的偏差是 35（这对于小的玉米生产地区是合理的）。如果仅仅用 4 年的农场水平的历史产出计算实际生产的历史产出（APH 的产出），就会出现非常大的误差。APH 的产出将会比实际预期的产出高出 15％，因此，名义 85％的承保水平就会提供有效的高于 100％承保水平的有效承保。相反，APH 的产出也会比实际预期的产出低得多。同样，如果也是 15％，那么名义 85％的承保水平将会提供不足 70％的承保水平的有效承保，这是由于 APH 的产出低估了实际预期的产出。

用于计算 APH 产出的数据获取的有限性导致了错误的分类（逆向选择）的问题。那些具有 APH 的产出并相信比实际预期的产出要高的人，将更可能选择购买保险。而那些具有 APH 的产出并相信比实际预期的产出要低的人，将不大可能购买保险。

　　指数保险产品不要求农场水平的产出数据，被要求的数据仅仅是指数的历史的值。这些数据的获得比农场水平的产出数据的时限更长。此外，这些数据是容易获得和验证的。例如，用于 GRP 指数保险的预期的县的产出的估算是以至少 45 年的"国家农业统计服务机构"的该县的产出的数据。采用这么多年的数据和用于计算 APH 产出的 4 年到 10 年的数据相比，可以极大地减少对实际的预期值的估算过高或者过低。事实上，由于县的产出的数据与农场水平的产出数据相比变化不大，这也减少了对于实际的预期值的估算过高或者过低的可能性。此外，所有感兴趣的团体都可以通过"国家农业统计服务机构"的网站获取它的资料。

　　指数保险产品的另一好处是它不要求农场水平的损失理算。Skees 与 Barnett 认为即使拥有非常精细的农场水平的损失理算程序，在估算农场水平的实际产出的时候，也不可能不出现误差。相反，对于大多数的指数保险产品来说，在计算实际认定的值的时候，出现误差的机会就要少得多。再以 GRP 指数保险为例，"国家农业统计服务机构"利用精心开发的统计抽样的程序来估算县的产出。在那些具有充足的产品生产的县，这些程序会把县的产出的估算的误差降到最低。事实上，由于县的产出的数据与农场水平的产出数据相比变化不大，所以与农场水平的产出相比，这也减少了对于县的产出的估算出现误差的可能性。

　　3. 较低的交易成本

　　与传统的保险产品相比，指数保险产品对于保险单的持有人与保险人来说都具有较低的交易成本。这些成本的节省主要是在两个领域：一个是保险的引发，另一个是损失的理算。

对于指数保险产品来说，保险的引发是以指数的预期的值，而不是以个人生产的实际历史的产出为基础的。这就意味着不要求生产者提供农场水平的历史上的产出的数据。这对于新的种植者或者那些耕种新的土地的农户来说，是有好处的。而对于那些在一块土地上耕种了很多年的种植者，查找证明历史产出记录的文献也是耗费时间的事情。无论何种原因，指数保险产品对于那些不能或者不希望提供农场水平产出数据的种植者是有好处的。同样，对于销售代理人来说也是有好处的，因为不要求他们收集种植者提供的产出记录的文献。

指数保险产品与传统的保险产品相比，损失的理算也是节省成本的。一旦指数的认定值被确定，就可以用简单的数学计算来确定每个保险单持有人应得的赔偿的数额，而不要求农场水平的损失理算。而对于 APH 保险，如果要进行赔偿的话，在种植者收获作物之前，损失理算员必须亲自到达现场。在某些情况下，允许种植者收获大多数的作物，但要求留下部分没有收获的田地供理算员检查。由于指数保险产品不要求农场水平的损失理算，所以交易费用对于种植者与保险人来说比传统的保险产品要低。

（六）指数保险产品的局限

当指数保险产品相对于传统的农场水平的产出与收入保险产品具有某些优点的时候，它们也有一个极其重要的局限。该局限是指数保险产品易受高水平的基差风险的影响。

在商品市场，基差是期货交易价格与地方价格的差。基差风险是由于运输的成本和（或）地方供求的条件的变化所导致的基本风险的变化。对于指数保险产品，基差是指数水平（例如 GRP 的县的产出）和农场水平的产出或收入之间的差异。基差风险在指数水平与农场水平的产出或收入之间的差异是变化的。如果农场水平的产出或收入与指数之间没有形成良好的关联，那么每年的基差都会不同。这就意味着即使在某些年份农场出现了损失，一些年份指数保险也不能提供赔偿。同样，指数保险可能提供了赔偿，尽管没有出现农场水平的损失。如果农场水平的产出或收入与指数之间形成了充分的关联，这种状况就会很少发生。然而，如果农场水平的产出或收入与指数之间的关联不是很高的话，基差风险将是如此的大，以至于指数保险不能对种植人提供足够的风险保护。基差风险是指数保险产品的最重要的局限。

指数保险产品本身所具有的基差风险在不同的地区是不同的，而且甚至在同一个地区的不同的农场也是不同的。在最近的实证研究中，Barnett 等检验了 GRP 选取 10 个州的玉米种植者以及北达科他州东部的红河谷流域与西南部的明尼苏达州的甜菜种植者所提供的风险保护为标本。他发现了 GRP 提供的风险保护存在地区差异的证据。正如所预计的，由于较高的基差风险，GRP 在不同的生产地区给种植者提供了相对少的风险保护。Deng，Barnett 和 Vedenov 在美国的东南部的棉花与大豆的种植者发现了类似的结果。对于一个农业种植者来说，很难确定农场水平的损失与指数之间的关联对于一个指数保险产品是否充分，以至能提供足够的农场水平的风险保护。

"联邦作物保险产品"体现的是公共与私人的关系。收取的保费与支付的赔偿都需要在私人保险公司与联邦政府之间分担。私人保险人尤其需要获得私人的再保险以便承保"联邦作物保险产品"保险单的部分潜在的损失的风险。这意味着在"联邦作物保险产品"中，指数保险产品的任何扩大将以私人保险人通过再保险或其他的金融市场的方式来补偿保险单潜在损失风险的能力为条件。

由于赔偿不是以农场水平的损失为基础的，因此从理论上说，个人可以购买农业指数保险产品，甚至不必生产需要保险保护的农业商品。也就是说，个人可以投机农业指数保险。然而，需要特别注意的是，这却是法律所不允许的。法律仅允许"联邦作物保险产品"向可以参保的农业商品的事实生产人提供保险产品。因此对于指数保险产品，保险销售代理人必须验证生产者是否实际地生产其欲使用保险的产品。

实际上，随着农业保险的发展，美国农业保险计划的种类在增加，这可以从 RMA 列出的 22 种常见农业保险计划①中看到，见表 4—10。

表 4—10　　　　　　　　美国 22 种常见农业保险计划

APH 计划（Actual Production History）	GRIP 计划（Group Risk Income Protection）
AGR 计划（Adjusted Gross Revenue）	IP 计划（Income Protection）
AGR-Lite 计划（Adjusted Gross Revenue Lite）	IIP 计划（Indexed Income Protection）
Aquaculture Dollar 计划	LGM 计划（Livestock Gross Margin）
Avocado Revenue Coverage 计划	LRP 计划（Livestock Risk Protection）
CRC 计划（Crop Revenue Coverage）	Pecan Revenue 计划
Dollar Amount of Insurance 计划	RA 计划（Revenue Assurance）
Fixed Dollar 计划	Tobacco-Guaranteed Production 计划
GYC 计划（Grower Yield Certification）	Tobacco-Quota 计划
GYC Span 计划（Grower Yield Certification Span）	Tree Based Dollar Amount of Insurance 计划
GRP 计划（Group Risk Plan）	Yield Based Dollar Amount of Insurance 计划

资料来源：http://www.rma.usda.gov./data/。

五　农业巨灾风险证券化中巨灾债券的应用

在前面我们谈到了美国农业巨灾风险证券化的尝试。从

---

①　22 种常见农业保险计划中开始包括牲畜的保险，如 LGM 计划、LRP 计划。

1997 年开始，美国已成功地运用巨灾债券，把保险业与金融业有效地结合起来。巨灾债券的基本做法是保险公司首先选择特定专业公司或者再保险机构，之后，特定专业公司或者再保险机构发行承担债务的附息证券，而保险公司依照全行业损失情况或者公司特定损失情况保留改变债券利息率的权利。1997 年，US-AA 发行了两种形式的巨灾债券，总计 4.77 亿美元。投资人依照资本金获取正常利息，如若在保障期内，某种引发事件出现，投资人将不能获取利息或资本金与利息都将失去。合同中对于引发事件则在事先有规定。此种发行被超额认购，大量的二级市场交易出现，个人投资者和机构在分担风险的债券上获得了可观的收益。从 1997 年以后，美国联邦政府每年都在发行农业巨灾债券，并呈现增长的趋势，1997 年至 2004 年共计发行农业巨灾债券 184 亿美元，见图 4—8。

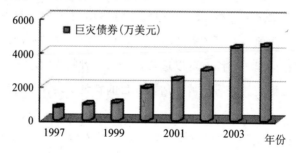

图 4—8　1997—2004 年美国农业巨灾债券发行状况

资料来源：邓国取、罗剑朝：《美国农业巨灾保险管理及其启示》，《中国地质大学学报》2006 年第 6 期。

六　RMA 的 APH 费率方法

(一)RMA 精算程序的目标

作为联邦的一个机构，RMA 具有不同于私人保险公司的目标，私人保险公司的目标是把竞争市场的利润作为开发精算程序的驱动力。在 RMA，"联邦作物保险法案"与制定费率相关的法律语言是这样规定的：

节 508(i)(2)的陈述：费率方法的审核。为了增加大联邦作物保险计划的参与率和保证生产者的权益，"联邦作物保险公司"将定期审核用于保险费率计划的方法，并与 507(c)(2)一致。

节 508(i)(3)的陈述：费率与历史的损失的分析。"联邦作物保险公司"将分析批准的保险单的费率与历史的损失以及区域农业商品的保险的计划。

节 508(d)(2)的陈述：保费的数量将足够承保预期的损失并且具有合理的预留额度。

因此，RMA 以如上的规定执行它的费率，并使其保持精算的稳定性。费率必须做到足以承保预期的损失费用。但是 RMA 不能把费率定得过高，因为这样就会把多数人驱除作物保险的市场。进一步地，费率的资产净值必须被考虑。这种资产净值意味着费率在可能的程度上可以适合每个生产者的风险水平。这也暗示着区域损失的经历将被评估，其目的就是确定保费的数量是否充足。

508 节的几个法律方面。第一，与私人保险公司一样，在计划的参与率与精算的稳定性之间需要平衡。然而，这里的法律解释不包括销售成本、损失理算、核保以及其他的私人保险公司必须做的活动。RMA 的运行成本也没有包括在费率当中，此外对于负责把保险计划送到生产者的批准的保险提供人的行政费用的补偿也没有包括进去。RMA 的费率也不包括对于投资的回报，而这对于私人提供的保险产品是尤其要添加的。费率所包括的预留金的规定可以与私人保险公司的利润与应急费用的规定相比较。

第二，"预期的损失"意味着用于"财产与伤亡保险费率制定原则"的数学期望值。这里保险费率制定的基本原则是"费率是未来成本期望值的估算"。

一般来说,费率的最大构成是对损失的规定。

(二)RMA 精算程序的概述

因为不同的作物会面临不同的风险,具有不同的损失率(赔偿除以保费收入),因此 APH 程序对于每种作物的费率的建立都是分开的。在作物生产的情况下,10 年到 15 年的经历经常被认为是一个长期的可以获得的农场水平的产出,但是这对于费率的制定也不是充分的。因此在开发费率的时候,把一组类似的风险合计起来,是一种通常的和适当的保险惯例。

对于 APH,这种合计是根据作物与不同的地区来做的。根据不同的区域开发费率主要是以县的水平。因此对于每种作物,APH 费率制定的过程主要是依据县的损失率。也有其他的决定因素用于个人生产者的费率的制定,例如利用某些耕作习惯、承保水平的选择以及费率产出①。

RMA 保险计划是不存在歧视的,即在一个县里对于某种作物提供了保险,那么对于所有的生产者都是适用的,只要他们没有违反保险的规定,例如,在泛滥平原的耕作或者耕作惯例与该地区良好的管理是不一致的。因此,几乎没有或者有较少的生产经历的生产者也可以参加保险计划。进一步地,一个县的不同的农场就与土壤的类型、坡度、生产的强度以及灌溉等有关的特点的风险而言,会存在巨大的不同的。因此,RMA 的保险精算面临着那些具有非常少的生产经历的种植人以及与周围的种植人不

---

① 费率产出是一个保险单位建立费率所依赖的产出。在许多情况下,费率产出相当于 APH 的单位产出。然而当代用的产出用于计算 APH 产出或者产出下限被利用的时候,那么用于制定费率的产出并不包括这些代用的产出或者产出的下限。

同的运作方式的人的费率制定问题的挑战。

由于作物保险的一些独特的特点，这种挑战也是复杂的。大多数作物与地区的作物生产的风险是与天气变化密切相连的。在一些极端的天气事件中，天气具有相对高的空间关联性的特点。例如，干旱的发生可以包括数百平方英里的面积。在一个地区所有的作物都可能被影响。没有多年的观察，天气风险也是很难准确地评价的。这就很难决定一个损失事件是 100 年一遇还是 25 年一遇，而这对于保险精算是尤为关键的问题。

APH 费率体系面临的另一个挑战是影响损失与费率的潜在的道德风险与逆向选择的问题。当 RMA 对于投保人的内在风险具有不完全的信息的时候，就会导致在制定费率的时候出现作物保险的逆向选择的问题，而投保人可以根据他们对于风险水平的了解决定选择保险还是退出保险。逆向选择可以在作物保险计划中出现，但也可能被投入保险计划的补贴所掩盖。道德风险是由于生产者在保险合同的经济利益的刺激下所采取的增加风险的行为(Coble et al.，1996)。一个例子就是投保人一旦投保，则不会尽力保护作物免于虫害的影响。在一些情况下，道德风险意味着欺骗的行为。在其他的情况下，道德风险是任何隐藏的而且不同于对保险合同条款的合理的经济反应。对于 RMA 的精算师，利用历史损失成本的方法，如果在时间上和参与者一直是稳定的，那么道德风险将被记录并被计入费率的制定。当道德风险的程度在长期以来不断地演变或者对于参与者来说存在着不同，那么挑战就会出现。减少道德风险的最普通的保险战略之一是可扣除的保险。在 APH 保险的情况下，允许最大的承保水平是85％，这意味着 15％的可扣除的保险(100％—85％)。在 2002 年之前，最大的承保水平是 75％。可扣除的保险减少了道德风险的刺激，因为投保人必须理解首次遭受损失的价值。然而定的太高的价格担保或者 APH 产出可能会反对可扣除的保险。道德风险的问题证明了对于成功的保险产品为什么好的精算分析必须与适当的保险单的设计相适应的问题。

(三)RMA 的 APH 费率方法的概述

用于制定 APH 费率的 RMA 的精算程序主要是利用一个县的某一作物的历史损失的经历来导出那个县的承保单位的费率。过程是通过收集那个县的和(或)作物的观察的保险与损失的数据，再导出一个县的基准的费率。RMA 通过去掉或调整个人的损失的经历来构建 Statplan 数据。例如，改种的损失要从基本的县的费率的计算中区分出来。反之，收入保险经历需要再计算，正如可以用县的基准费率计算的产出保险单。这个过程的目的是使具有不同特点的损失经历达到一个普通的基准。

(四)费率制定的概念/方法：保险经验

1. Statplan 数据库的构建

Statplan 数据库形成了 APH 费率程序的基础。Statplan 的目的就是提供可靠的数据库以便支持稳定的精算的决定。数据库的目的是：使多个保险数据库形成单一的数据库，并在标准的格式下具有多年的数据；过滤数据，达到包括仅具有与风险分析有关的数据；稳定数据库，因此多个分析师将与历史数据一样被评估；总结生产者的经验，借此成为很好的帮手并能快速获得数据。Statplan 的开发步骤是：第一，把 1948 年以后的历史保险的记录汇总以便创建一个简化的数据库，并根据时间形成类似的数据段。第二，对于那些没有根据实际生产历史费率制定的程序进行费率制定的保险单中的信息进行去除。第三，利用更新的程序，即可以允许跨越时段的计算进行对账，因为基本的保险经验数据库正在被不断地更新。第四，开发包含所需信息的数据表以及为了费率制定的目的进行适当水平的合计。

这些程序的结果是构建了一系列的数据表。其中的两个表是生产比率表和县的总结表，它们包含了支持实际生产历史的费率程序的基本数据。生产比率表包括了用于计算生产比率的数据，县的总结表包括了以县为水平的总结的信息以及用于评估特定风险的信息。

下面是关于 Statplan 数据库构建的几个特别问题的处理。

第一，取消冬天的经验。

在 Statplan 的产量表里对于冬小麦和大麦的可选择的承保水平在保持稳定性方面具有挑战。这两种作物在某些地区可以在秋天或者春天种植。在主要地区，秋天和春天的种植是可行的生产惯例，因此要提供带有两种选择的背书保证。这些选择提供了秋天种植的小麦出现损失的承保水平，即出现在秋天的最后的种植期与春天的种植日期之间的损失。当选择其中一种选择的时候，收取额外的保费是适合的。为了维护数据的稳定性，Statplan 数据库把选择这种承保水平的保险单的数据与其他的保险单分开，并且不包括计算县的作物的生产比率的那些数据。

第二，高风险的经验。

RMA 把一些土地划分为高风险。这包括对于作物生产具有可识别的客观存在限制的能增加潜在频率和(或)严重损失的地域；或者面临着大多数投保人通常没有遭遇的种植的风险或者作物的风险。RMA 陈述这些地区包括泛滥平原、排水糟糕的地区、含沙量高的土壤、高铝毒性的土壤、高钠含量的土壤、高碱含量的土壤、腐殖土土壤、带有高或者低的 pH 值的土壤、高度易蚀的土壤等等。对于种植在高风险地区的作物，对于其基准费率要做出调整。因为高风险的经验与一个县的其他地块是不一样的，这样的保险经验被排除在决定基准费率的生产表以外，但可以保存在其他的数据库以便为高风险的费率制定使用。

第三，以整个农场为一计量单位。

以实际生产历史程序为基础的大多数的承保水平是以县的或作物的水平进行保险，或者以灌溉的相对于干地的生产惯例或者地块的地理位置为基础的更为分列的水平为基础的保险。然而，收入保险产品在提供整个农场单位的时候是独特的，因为农场单位可以把一个县的两个或者更多的作物的承保水平综合起来。整个农场单位的保险经验具有特殊的挑战，因为这种经验不能被作物分开。因此，以整个农场承保水平为基础的经验对于开发一个县的某种作物的基准费率不是有用的并被排除在Statplan数据表之外。

第四，被制止的种植。

RMA把被制止的种植定义为"到为县里的承保的作物规定的最后的种植日为止不能成功地用适当的设备种植承保的作物"。为了获取被制止的种植的支付的资格，没有成功的种植必须是"由于出现损失的担保的原因，这种原因在周围地区是普遍的，并能制止其他生产者用相似的特点进行种植"。被制止的承保水平是根据APH的保险的设计为一些承保作物在1994年首次被采用的，后来又增加了其他的作物。被制止的基本种植的承保水平从25%到60%不等，在许多作物又有额外的5%与10%的承保水平的选择。被制止的种植不被认为是生产的损失，因此被制止的种植的赔偿以及相关的责任被排除在县的某种作物的生产比率表之外。这些赔偿与责任被收集在Statplan的其他的数据库，以便用于被制止的种植的评定。如果一个承保单位的一部分被制止种植，而其余的面积仍可种植的话，那么与种植面积相关的经验应包括在生产比率表里，以便用于计算县的基准费率。

第五，书面协议。

RMA对于书面协议的定义是"对基本条款、作物条款或者承保作物的特殊条款所授权的作物保险单上规定的术语加以改变的文件"。书面协议也被用于提供县的承保作物的承保水平，否则承保水平并不提供。根据书面协议所建立的保险经验被排除在标准的 Statplan 的费率数据库之外，因为所包括的风险通常与县里承保的风险并不一致。

第六，晚种的调整。

RMA 对于晚种的面积定义为"对于一个县的承保作物在规定的最后的种植日期之后，对于承保作物的最初种植的面积"。晚种的阶段被定义为在最后的种植日期之后以及在晚种的阶段在此种植面积上提供减少的承保水平。因此，晚种保险经验首先被调整以便反映正确的保险责任和承保水平，但仍然包括在 Statplan 的数据库里。

第七，再种。

RMA 把再种定义为"按照必要的文化惯例去准备土地，以便替代损害了的或者破坏了的承保作物的种子或者植物，然后在具有产出期望的承保区域再种同种作物的种子或者植物，至少产出可以用来决定生产的担保"。为了保险再种的成本而向参保的生产者支付的赔偿不包括在基准费率的计算当中，因此也不保存在生产比率表或者县的总结表里。但是向再种区域支付的赔偿与保险责任包括在 Statplan 的表里和基准费率的开发里，因为种植的区域被期望生产至少能担保的产量。

第八，收入的调整。

由于收入保险计划（尤其是 CRC 与 RA）非常受欢迎，并且占了作物保险很大的比例，所以在建立实际生产历史的费率的时候，利用与这些产品相关的经验是非常重要的。RMA 陈述道为了做到这些："收入调整必须出现，并且用一个自动的程序通过把这些记录转化到 APH 的记录来完成，以备 APH 费率评估使用."这些调整的数据包括在 Statplan 里,对于保险计划带有识别符。下面是 Statplan 对收入产品责任与赔偿的调整:

保险责任的调整:

Statplan 的保险责任＝收入保险责任×(APH 的定价/以收入为基础的价格)

赔偿的调整:

步骤 1A:损失担保＝收入保险责任

步骤 1B:损失担保＝收入保险责任×[最大的(基价,收获价格)/基价]

步骤 2:用于计算的生产(简称 PTC)＝损失担保－收入赔偿

步骤 3:赔偿＝Statplan 的保险责任－[PTC×(APH 的定价/收入收获价格)]

步骤 4:Statplan 的赔偿＝最大的(赔偿,0)

上面所计算的是把对收入保险产品的赔偿转化成它们应得的赔偿,如果承保水平是以固定的 APH 的定价而不是以收入计划的基准价格与收获价格。对于一个需要赔偿的承保单位来说,结果是一个计算的赔偿等于根据 APH 产出保险的应得的赔偿。这可以通过 APH 产出保险产品 CRC 与 RA 在 Statplan 的数据里实现一致,有或者没有收获价格的特点或者选择。

第九,对于再种面积的收入调整。

把收入产品的再种赔偿转换成 Statplan 的产出赔偿的公式如下:

Statplan 的再种赔偿＝收入再种赔偿×(APH 的定价/收入基准价格)

第十,生产率的计算。

用于计算的生产(简称 PTC)＝保险责任－赔偿

保险责任＝预期生产×承保水平

这里：

预期的生产＝保险责任/承保水平

　　生产率＝PTC/预期生产

从上面可以推导出：

　　生产率＝PTC/保险责任×承保水平

最小的生产率 0 与用于一个承保单位计算的生产没有关系。最大的计算的生产率与承保水平相同。例如，如果每英亩的预期的生产是 100 美元并且选择 75％的承保水平，那么赔偿会被记录下来，仅仅在以 APH 定价为基础的每英亩的生产值是低于 75 美元的条件下。因此，最大的计算的生产率是 0.75＝75/100。最大的生产率也被分派到用于计算的生产超过保险责任的情况，因此没有记录，因为没有损失报告。

2. Statplan 数据库的构建：保险责任与赔偿的调整

历史上，RMA 的费率程序包括县和作物水平的目标与基准费率的开发。此程序的基本步骤是通过所有的相关的保险计划、作物类型、作物惯例与承保水平来总结每年的损失经验。对于收入保险计划的保险责任与赔偿转换成上面描述的产量基础。费率程序的另一个关键的步骤是把一个县的一种作物的经验转换成普通的承保水平。用于作为 APH 费率的基础的普通的承保水平是65％。因此，对于承保水平超过 65％的承保单元的损失经验一定被调整下来以便反映承保水平是 65％的损失，而对于承保水平低于 65％的承保单元的损失经验一定被调整上去以便反映承保水平是 65％的损失。这里，我们介绍 RMA 在做出这些承保水平调整时的过程。

第一，保险责任的调整。表 4—11 与表 4—12 显示了一个县的一种作物的 70％与 60％的保险经验的例子。对于每种记录的生产率，这些表显示了如下的信息：单项的赔偿、单项的保险责任、累加的赔偿、累加的保险责任。单项的赔偿与单项的保险责任是在标明的生产率下保险单元的赔偿额度与保险责任的额度。例如表 4—11 显示了具有 0.62 生产率的保险单元的赔偿为 4540 美元，保险责任为 40076 美元。累加的赔偿与累加的保险责任是在标明的生产率或低于这个水平下保险单元的赔偿额度与保险责任额度。例如表 4—11 显示了具有 0.62 生产率或低于这个水平的保险单元的赔偿为 567310 美元，保险责任为 1515350 美元。应当注意的是为了方便，表 4—11 没有显示小于 0.60 生产率的信息，然而这种生产经验被显示在累加的赔偿与累加的保险责任当中。而且，由于最大的 0.70 的生产率被记录在用于计算的生产超出保险责任的所有的情况，因此在 0.70 生产率的单项的保险责任包括对于此生产率以及高出此水平的没有观察到的生产率。在 0.70 生产率的累加的保险责任包括对于此生产率、低于此水平的生产率以及高出此水平的没有观察到的生产率的保险责任。

从较高的或者较低的承保水平到普通的 65% 的承保水平的保险责任的调整是简单的。要求是把在实际承保水平的总的(累加的)保险责任乘以普通承保水平与实际承保水平的比值。例如，表 4—11 显示的是在 0.70 生产率下的累加保险责任为 4681802 美元，这是在 70% 承保水平下的总的保险责任。这个保险责任乘以 65 比 70 的比值，获得了在 65% 的普通承保水平的保险责任为 4347388 美元。表 4—12 显示了在 60% 承保水平的累加保险责任为 41418 美元，把它乘以 65 比 60 的比值，获得了在 65% 的普通承保水平的保险责任为 44870 美元。

表 4—11　　　　　　在 70％承保水平的损失经验的例子

生产率	单项的赔偿 （美元）	单项的保险责任 （美元）	累加的赔偿 （美元）	累加的保险责任 （美元）
0.60	6146	41951	552681	1397956
0.61	10089	77318	562770	1475274
0.62	4540	40076	567310	1515350
0.63	630	6584	567940	1521934
0.64	2465	30436	570405	1552370
→0.65	481	6320	→570886	→1558690
0.66	188	3641	571074	1562331
0.67	1061	27527	572135	1589858
0.68	1144	37072	573279	1626930
0.69	875	46935	574154	1673865
0.70	49	3007937	574203	4681802

资料来源：Keith H. Coble, Thomas O. Knight, Barry K. Goodwin, Mary Frances, Miller and Rod Rejesus, "A Comprehensive Review of the RMA APH and COMBO Rating Methodology Final Report", http：//www. rma. usda. gov. /data/, March15，2010。

表 4—12　　　　　　在 60％承保水平的损失经验的例子

生产率	单项的赔偿 （美元）	单项的保险责任 （美元）	累加的赔偿 （美元）	累加的保险责任 （美元）
0.04	2330	2516	2330	2516
0.25	5083	8812	7413	11328
0.37	1530	4069	8943	15397
0.47	854	3978	9797	19375
0.58	174	4293	9971	23668
0.60	0	17750	9971	41418

资料来源：Keith H. Coble, Thomas O. Knight, Barry K. Goodwin, Mary Frances, Miller and Rod Rejesus, "A Comprehensive Review of the RMA APH and COMBO Rating Methodology Final Report", http：//www. rma. usda. gov. /data/, March15，2010。

第二，赔偿的调整

对于普通承保水平调整赔偿的过程依赖于实际的承保水平比普通的承保水平是高还是低。下面是例子。

例 1：把较高的承保水平调到普通的承保水平

把较高的承保水平调到普通的承保水平的赔偿调整过程是简单的。这里采用表 4—11 的信息证明这个过程。在 65% 的普通的承保水平，支付的赔偿仅在生产率是 0.65 或者低于该值，因此高于 0.65 生产率的记录的赔偿可以被忽略。RMA 所描述的该种情况下的赔偿调整有如下五步，采用表 4—11 的信息。

步骤 1：累加的赔偿($I_{@65}$) = 570886 \$

步骤 2：累加的赔偿($L_{@65}$) = 1558690 \$

步骤 3：在 65%(L_{65})重新强调的累加的赔偿 = $L_{@65} \times 65/70$
= 1447355 \$

步骤 4：赔偿的减少 = $L_{@65} - L_{65}$ = 1558690 \$ - 1447355 \$
= 111335 \$

步骤 5：调整的赔偿(I_{65}) = $I_{@65}$ - 减少的赔偿 = 570886 \$ -
111335 \$ = 459551 \$

步骤 1 与步骤 2 只是在 0.65(与 65% 普通的承保水平有关的)生产率的累加的赔偿与累加的保险责任的陈述。步骤 3 把在 0.65 生产率的 70% 承保水平的累加的保险责任转换成了在 65% 普通的承保水平的保险责任。步骤 4 在 0.65 生产率的累加的保险责任的减少是由于承保水平从 70% 转换到 65% 的结果。步骤 5 调整的 65% 承保水平的赔偿是把步骤 1 减去步骤 4。

例 2：把较低的承保水平调到普通的承保水平

把较低的承保水平调到普通的承保水平的调整赔偿的过程是复杂的，这里我们利用表 4—12 的信息来表明 RMA 在作这些调整时所遵循的过程。

65％的普通的承保水平的赔偿估算的一个下界可以按下面这样计算：

最低的 I_{65} ＝ [$L<_{60}$×65/60] － $L<_{60}$ ＋ I_{60}

最低的 I_{65} ＝ [＄23668×65/60] － ＄23668 ＋ ＄9971

最低的 I_{65} ＝ ＄1972.33 ＋ ＄9971

最低的 I_{65} ＝ ＄11943

这里 $L<_{60}$ 是对于少于实际的承保水平的最高纪录的生产率的累加的保险责任（在我们的例子中是表 4—12 的 0.58 的生产率）。它乘以普通承保水平与实际承保水平的比值，以便获得带有少于实际承保水平的生产率的保险单的保险责任，当被调整到65％的普通承保水平的时候。实际累加的保险责任（$L<_{60}$）要从中减去，以便获得与65％的普通承保水平对60％的实际承保水平的保险有关的保险责任的变化。保险责任的这种变化要加到60％承保水平的累加的赔偿当中，以便获得在65％承保水平的下界或者最低的赔偿。在普通承保水平的下界或者最低的赔偿的估算将准确地反应在此承保水平的赔偿，如果在0.60生产率与0.65生产率之间不存在赔偿。

65％的普通的承保水平的赔偿估算的一个上界可以按下面这样计算：

最大的 I_{65} ＝ [L_{60}×65/60] － L_{60} ＋ I_{60}

最大的 I_{65} ＝ [＄41418×65/60] － ＄41418 ＋ ＄9971

最大的 I_{65} ＝ ＄3451.50 ＋ ＄9971

最大的 I_{65} ＝ ＄13423

此种情况下要注意到 L_{60} 是总的承保责任（包括与在60％的承保水平，低于或者高于60％的承保水平的相关的生产率下的保险责任）。把它乘以普通承保水平与实际承保水平的比值（65/60），这样就得出了在普通承保水平的总的承保责任。减去在

60％承保水平(L_{60})的累加保险责任，得出总的保险责任的变化，如果所有的单元是在 65％的普通承保水平而不是在实际的 60％承保水平被保险的话。把在总的保险责任的这种变化加到 60％承保水平的累加的赔偿(I_{60})当中就可以提供在 65％的承保水平的最大的赔偿。构成这种计算过程的含蓄的假定是所有的保险单具有少于普通承保水平的生产率。如果这是真实的，这将是从 60％的承保水平的赔偿转换到 65％的普通承保水平的赔偿。然而，如果一些保险单具有高于普通承保水平的生产率，那么这个过程过分估算了 65％的普通承保水平的赔偿。

调整的赔偿估算如下：

$$I_{65} = 最小的 I_{65} + [(L_{60} - L_{<60}) \times (65/60) - (L_{60} - L_{<60})] \times (I_{60}/L_{60})$$

$$I_{65} = \$11943 + \{[(\$41418 - \$23668) \times (65/60)] - (\$41418 - \$23668)\} \times (\$9971/\$41418)$$

$$I_{65} = \$11943 + \$356$$

$$I_{65} = \$12299$$

这里 I_{65} 是如上计算的下界或者最低的赔偿。这种赔偿的估算是为少于实际承保水平的生产率的保险单作的调整，而对处于或者高于实际承保水平的生产率的保险单不做调整。其余的部分对处在或者高出实际承保水平的生产率的保险单的赔偿的调整进行了估算。其中"最小的 I_{65}"的右部分可以转换成如下的表达：

$$[(L_{60} - L_{<60}) \times (65/60) - (L_{60} - L_{<60})] \times (I_{60}/L_{60})$$

$$= \frac{\{(L_{60} - L_{<60}) \times [(65/60) - 1)]\}}{L_{60}} \times I_{60}$$

这里分子的第一项是在或者高于 60％的承保水平的总的保险责任，它乘以调整项$[(65/60) - 1]$，以便调整 60％的承保水平的保险责任与 65％的承保水平的保险责任之间的差异。因此，分子是 60％的承保水平的保险责任与 65％的普通承保水平的保险责任之间的差异，而这不作为对于最小的赔偿的调整 I_{65} 的解释。把这除以总的 60％的承保水平的保险责任（L_{60}），以便获得总体保险责任的百分比的变化当对于 60％的或者更高的生产率的保险责任从 60％的承保水平转换到 65％的承保水平。总体保险责任的百分比的变化乘以总体 60％的承保水平的赔偿，然后，如上所述加上最小的 I_{65}，以便获得调整的赔偿估算。这个过程所做的就是直接计算低于实际承保水平的具有生产率的单元的赔偿的变化，估算在实际承保水平或者高于实际承保水平的具有生产率的单元的赔偿的变化，并且加上这两个，从而得出调整的赔偿。对于高出实际承保水平的带有生产率的保险单的估算的假定是赔偿的百分比的变化等于保险责任的可计算的百分比的变化。

3. 费率制定的概念/方法：参考产出

参考产出在决定一个保险单元的保险费率的时候发挥着重要的作用。目前，目标基准产出利用如下的程序制定：第一，过渡产出（t—产出）乘以两个因式，得出活动的限定。第二，如果参考产出在步骤 1 计算的范围内，对于参考产出不作变动。第三，如果参考产出在步骤 1 计算的范围之外，参考产出要进行更新，以便与 t—产出的边界相同。

因此，当一种作物的更新的、目标参考产出被校准在这种作物的 t—产出①的特定范围之内。

4. 费率制定的概念/方法：承保水平费率的相关性

1996 年的《1996 年联邦农业完善与改革法案》规定作物保险

---

① 过渡产出或者 t—产出被定义为"在精算表里提供的估算的产出，它用来计算平均的或者批准的 APH 产出，当不到 4 年的实际的、临时的、和/或者指定的产出在县的一种作物中是有效的"。

的承保水平为50％到75％，并以5％递增。1998年对于选择性的作物与地区，80％与85％的承保水平被增加进来。费率的相关性如表4—13所示。

表4—13 目前的可变的相关性方法之前的固定的承保水平的相关性

承保水平	费率的相关性
85％	1.60
80％	1.22
75％	1.00
70％	0.79
65％	0.65
60％	0.51
55％	0.47

资料来源：Keith H. Coble, Thomas O. Knight, Barry K. Goodwin, Mary Frances, Miller and Rod Rejesus, "A Comprehensive Review of the RMA APH and COMBO Rating Methodology Final Report", http://www.rma.usda.gov./data/, March15, 2010。

2002年开始，RMA开始利用可变的承保水平的相关性。研究发现当基础费率增加的时候，承保水平的差值减少。可变的承保水平的差值可以利用中位数回归的方法来估算一个模型，这里隐含的承保水平的差值是如下的函数：承保水平(和它的平方数)、在65％承保水平的县水平的基准费率(和它的平方数)，以及在65％承保水平的承保水平与县水平的费率之间的相互作用。

承保水平的差值＝$\beta_0 + \beta_1 \times$承保水平$+ \beta_1 \times$承保水平^2

$\beta_4 \times$费率$_{65} + \beta_5 \times$费率$_{65}^2 + \beta_6 \times$承保水平$\times$费率$_{65}$

从模型估算的参数带有从历史上单位水平的产出经验所计算的实际承保水平的差值，它支持着随着基准费率不同而不同的承保水平差值的发展，并适合不同作物的损失的经验。

5. 目标费率的开发

一旦 RMA 在 Statplan 数据开发的过程中调整了现存的损失的经验，精算部门就会开展多步骤的过程为一个县或作物的计划而开发目标费率。事实上，RMA 相信目标费率应作为一个县的费率可以依靠的基准费率。

(1)上限损失成本

"风险管理局"使用巨灾的加载程序来减少县或者作物计划的经验的异常值的影响。因为农作物的损失具有罕见且严重的特点，甚至几十年的县损失经验可能会受到抽样误差。巨灾的荷载是一种精算技术，它可以减少抽样误差的影响，当真正的抽样误差的大小不为人知的时候。巨灾的加载的目的是从县或作物的数据中去除异常的经验，但并不去除正常的损失经验。一般来说，巨灾损失对于一个州的一种作物会遍及所有的县。因此，一个县或作物计划的上限损失成本的经验不是荷载，在某种意义上来说它是增加到费率的一个额外的因素，更是重新分配一个州的或者作物计划的损失经验。

对于一个县，它的巨灾(CAT)赔偿计算如下：

CAT 赔偿＝[调整的赔偿/调整的保险责任－上限的损失成
本率]×调整的保险责任

CAT 赔偿被用于巨灾荷载的计算，而没有进入巨灾赔偿的损失可以用于计算县的卸载率。

(2)净承保面积

"风险管理局"采用信誉加权来解决相邻的县的费率的问题。在"风险管理局"的程序中的信誉是净承保面积的一个函数，因此净承保面积的历史记录保存在 Statplan 的程序当中。

(3)县的没有加载费率的决定

县没有加载的费率是在去掉巨灾赔偿与周边县的损失成本率

之后的县的损失成本率的加权组合。多年来，"风险管理局"对于目标县采用 60％的加权，对于周边县的损失成本率采用 40％的加权。"风险管理局"现在把周围的县看作是县的组合或者信誉的补充。"风险管理局"采取的步骤是：步骤 1：目标县在申请上限之后，是否具有最近的至少连续 6 年的数据，至少有 5 个曝光单元和至少一个非零的赔偿观察。如果答案是肯定的，利用 Bühlmann 方法计算信誉加权，如果答案是否定的，进入下一步。步骤 2：县的组合在申请上限之后，是否具有最近的至少连续 6 年的数据，至少 5 个曝光单位和至少一个非零的赔偿观察。如果答案是肯定的，那么利用 0％的信誉对于目标县进行费率的设定。如果答案是否定的，那么对于县的费率的设定就比较主观了。

利用 Bühlmann 加权方法计算目标费率的方法如下：

$$R = ZX + (1-Z)\mu，这里 Z = P/P+K$$

公式当中，R＝县的卸载目标费率；Z＝Bühlmann 信誉因数，范围从 0 到 1；X＝采用信誉的单个县的样本平均值(一个县的所有可以获取数据年份的可以调整的上限损失成本率的平均值)；μ＝解释平均值(全部的县组合的所有可以获取数据年份的可以调整的上限损失成本率的平均值)；P＝曝光单元(目标县的一种作物在所有作物年的净面积数量除以适当的 α)；K＝v/a，这里 v＝目标县的可以获取数据年份的可以调整的上限损失成本率的样本偏差；a＝来自县组合的 Xs 的样本偏差。

目标费率是县的上限经验(公式里的 X)与县组合作为整体的经验(μ)的加权平均值。一个县的信誉(Z)随着 P 而增加。如果县的年与年之间经验的偏差(v)是低的，而且，或者在县组合的各县的平均经验中存在许多的偏差(a)，那么县的信誉也在增加。因此信誉加权增加了来自周围县的额外的信息，在这种情况下单个县的经验或者是少的(较少的曝光单元),或者是有较大的不同。它也是一个稳定的机制,可以用来减少相邻县的费率之间的差距。

(4)州巨灾荷载

一种作物的巨灾荷载的计算如下:

州巨灾荷载=∑县的巨灾的赔偿/∑所有县的保险责任

州巨灾荷载对于所有的州与作物被限定在最大为0.0325,最小为0.0065。

(5)县巨灾荷载

由于州巨灾荷载的上限为0.0325,一些州或者作物的计划具有县的巨灾荷载的规定,对于超出0.0325的任何州要与每个县的可调整的保险责任成比例。由于州巨灾荷载的上限为0.0325,它可以应用到所有的县,而不考虑一个县所表明的卸载目标费率,所以州巨灾荷载代表了具有良好经验的县的总体费率的一个较大的比率。如果州巨灾荷载大于0.0325,可做如下的计算来建立目标县的县巨灾荷载:

目标县的赔偿比例=∑目标县的巨灾的赔偿/∑州的巨灾赔偿

额外的州的赔偿=额外的州的巨灾荷载×可调整的州的保险责任

目标县的保险责任=∑目标县的可调整的保险责任

目标县的巨灾荷载=(目标县的赔偿比例×额外的州的赔偿)/目标县的保险责任

(6)不同的费率荷载

有三种费率荷载进入费率制定的程序当中:防止种植费率荷载,再种植费率荷载,质量调整费率荷载;然而,并不是所有的作物保险单都包括这些承保选择。在防止种植的情况下,作物从来都不种植。在再种植承保的情况下，会采取措施防止再种植作物遭受额外的成本损失。质量损失反映了减少的作物价值而不是生产。开发这些荷载的程序并没有十分明确，原因是没有能力准确地验证"风险管理局"数据的质量损失以及在其他情况的有限的经验。

(7)灾害预留因子

法律要求"风险管理局"在制定费率的时候"包括预期的损失与合理的预留"。灾害预留的目的是满足计划的合理的预留要求。"风险管理局"对于所有的作物与保险计划的目前灾害预留的因子为0.88。这个因子要纳入费率，方法是把没有加载的县的费率与县的巨灾荷载除以0.88。

(8)可选择的单元因素

各种作物的面积都允许加入APH计划，包括选择性的、基本的、企业的以及全农场单元。Statplan费率的数据是这些单元结构的混合。然而在2009年以前的损失经验主要是基本的与选择性的单元经验。《2008年农场法案》对补贴有了变化，鼓励企业承保。因此未来的经验可能会包括更多的这方面的经验。

基本的单元结构是费率建立的参考单元设计。"风险管理局"对于历史上的可选择的单元经验进行加载，方法是对选择的基本单元进行打折。多年以来，对于基本单元的打折因子设定为10%。但是目前10%的基本单元的打折应改进行改善，以便适应不同的作物、地区以及单元结构(包括企业的单元)。"风险管理局"正计划完成不同的单元打折。

(9)县目标费率

一般来说，县目标费率包括两个主要的部分：变动的费率部分与固定的费率部分。区别是变动的费率部分因投保单元的批准的产出不同而不同，而固定的费率部分在所有批准的产出当中保持着常数。

(10)目标费率的判定

为了保持费率的准确性，"风险管理局"在确立费率的时候进行评估，有时候进行干预。可能的情况是县的经验有限或者县的经验没能反映预期的产出。很可能是县的数据缺少信誉，被判定为没有信誉的县的目标费率要接受强制性的评估。

6. 强制性的上限要求

立法规定，"风险管理局"的费率改变的上限为20%。然而保费的降低可以超过20%，以便允许基准费率在3年内达到目标基准保费费率。为了总结上限的过程，下面是基准生产者费率（简称BPR）的公式：

$$BPR = [(APH \text{ 产出}/\text{参考产出})^{\text{期望的}} \times \text{参考费率} + \text{固定的荷载}] \times \text{承保差异}$$

APH产出与参考产出的比率的范围是在0.5与1.5之间。为了评估费率的改变，"风险管理局"把两种生产者的费率，即最初的费率与目标的费率进行了比较。在计算中四个因素可以导致费率的改变：参考产出、参考费率、固定的荷载与承保差异。这些因素的总的影响可以通过如下两个公式的计算进行比较：

$$BPR_{\text{最初的}} = [(APH \text{ 产出}/\text{参考产出}_{\text{最初的}})^{\text{期望的}} \times \text{参考费率}_{\text{最初的}} + \text{固定的荷载}_{\text{最初的}}] \times \text{承保差异}_{\text{最初的}}$$

$$BPR_{\text{目标的}} = [(APH \text{ 产出}/\text{参考产出}_{\text{目标的}})^{\text{期望的}} \times \text{参考费率}_{\text{目标的}} + \text{固定的荷载}_{\text{目标的}}] \times \text{承保差异}_{\text{目标的}}$$

这里下标"最初的"反映了基准的阶段值，而"目标的"表明了目标值。费率变化的上限用如下公式：

如果$BPR_{\text{目标的}} > BPR_{\text{最初的}}$，那么

$$BPR_{\text{上限}} = \text{最小的} \{BPR_{\text{目标的}}, \text{最小的}[(1.09 + 0.06 \times \triangle BPR_{65}) \times BPR_{\text{最初的}}], 1.2 \times BPR_{\text{最初的}}\}$$

这里$\triangle BPR_{65}$是在65％的承保水平下的基准保费费率的百分比的变化。

如果$BPR_{目标的}＜BPR_{最初的}$，并且$BPR_{目标的}$将在3年后达到，那么

$$BPR_{上限}＝BPR_{最初的}\times 最大的(0.91-0.06(BPR_{最初的}/BPR_{目标的}-1)，0.8，BPR_{目标的}/BPR_{最初的})$$

如果$BPR_{目标的}＜BPR_{最初的}$，并且$BPR_{目标的}$将不能在3年后达到，那么

$$BPR_{上限}＝1.23\times BPR_{目标的}$$

7. APH的业务程序与关键性的控制

每年，"风险管理局"为全美国几千个县或者作物的计划制定费率。在许多情况下，为一个特殊的县或者作物计划有多种保险的设计。为了保持质量，"风险管理局"制定了严格的档案计划并且保持了关键的控制。尤其特殊的是，有一系列的评估与多种检查。"风险管理局"的精算部对于费率确定过程中的所有的因素进行定期评估和更新文献支持。特别的是，费率因素每三年评估一次，除非研究表明可以更长间隔进行评估。

第四节　政府监管下私营保险公司经营农业保险的绩效

1996年以后美国农业保险制度的发展具有了明显的政府政策支持，私营保险公司进行市场化运营，较之前的联邦政府与私营保险公司共同经营农险的保险制度又向前发展了一大步。2009年作物种植年，承保面积约为2.65亿英亩，农业保单达120万份。保险计划为796亿美元的作物价值提供了承保范围。在过去的10年当中，作物保险计划持续稳定地扩大，这可以从承保面

积的买高比例的增加看到。2009 年，10 种主要作物的承保面积的 92％具有买高保险，而 1999 年仅为 73％。不仅仅是买高水平在增加，而且购买的保险形式正在向更加综合的收入保险转化，2009 年的收入保险占了承保面积的 57％，而 1999 年仅为 27％。此外，平均承保水平①在增长，2009 年平均承保水平增加到了历史的最高纪录 73％，而 1999 年为 67％。下面对本阶段的绩效进行具体的进一步评价。

一　美国联邦农业保险计划的规模进一步扩大

农业保险是美国经济发展的重要组成部分，其发展规模，即农业保险业的规模，体现了农业保险在一国经济中的作用和地位，成为衡量农业保险制度变迁绩效的关键指标。

（一）保费收入

农业保险的保费收入是指经营各种农业保险业务所获得的总的收入，反映了该国农业保险业的市场规模。从表 4—14 可以看出本阶段的农业保险的保费收入呈现的是不断上升的态势，已经从 1997 年的 17.8 亿美元的收入增加到了 2009 年的 89.5 亿美元的收入，增长了 4 倍还多。与表 3—6 相比可以发现，1981 年至 1994 年间农业保险的保险费收入在 1996 年以后增幅更大。2009 年的保费收入与美国农业保险制度建立之初 1981 年的相比较，增长了 22 倍还多。总之，从保费收入来看，联邦农业保险计划的规模大幅度地提高了。

---

① 平均承保水平是指保险占总作物的百分比。

表 4—14 美国联邦农业保险计划保费收入统计表(1997—2009 年)

单位：亿美元

年份	保费收入
1997	17.8
1998	18.8
1999	23.1
2000	25.4
2001	29.6
2002	29.2
2003	34.3
2004	41.9
2005	39.5
2006	45.8
2007	65.6
2008	98.6
2009	89.5

资料来源：http://www.rma.usda.gov./data/。

(二)承保面积

农业保险承保面积，即农民参与保险所投保的实际面积，是农业保险市场规模的一个重要的标志。本阶段农业保险净承保面积的年发展情况见表 4—15。从表中可见，1996 年以后农业保险净承保面积呈现的是总体增长的态势，虽然在 2008 年国际金融危机的影响下，2009 年净承保面积与 2008 年净承保面积相比有所下降，但 2009 年净承保面积仍表现为较高的年份，与 1997 年相比，增长了 45%。与表 3—6 相比可以发现，1981 年至 1994 年间农业保险的承保面积增幅更大，2009 年的承保面积与 1981 年的相比较，增长了约 4.88 倍，因此，从农业保险承保面积来看，美国联邦农业保险计划的规模进一步地扩大了。

表 4—15　美国联邦农业保险计划净承保面积统计表(1997—2009 年)

单位：英亩

年　份	净承保面积
1997	182,188,000
1998	181,834,000
1999	196,918,000
2000	206,466,000
2001	211,329,000
2002	214,865,000
2003	217,409,000
2004	221,020,000
2005	245,856,000
2006	242,082,000
2007	271,646,000
2008	272,284,000
2009	264,755,000

资料来源：http://www.rma.usda.gov./data/。

（三）保险责任

保险责任是指保险人承担的经济损失补偿，即保险合同中约定由保险人承担的危险范围，在保险事故发生时所负的赔偿责任。在美国的农业保险中，保险公司承担的保险责任额也是农业保险计划发展规模的体现。从表 4—16 可以看出，美国农业保险的保险责任额呈现的是整体上升的趋势，并由 1997 年的 25459037000 美元增加到了 2009 年的 79566981000 美元，增加了 2.13 倍。而且与 1989 年至 1995 年间相比较，增幅更大。因此，从保险责任额度来看，美国联邦农业保险计划的规模也壮大了。

表 4—16 美国联邦农业保险计划保险责任额度统计表(1989—2009 年)

单位:美元

年份	保险责任额度
1989	13,535,807,000
1990	12,828,368,000
1991	11,215,994,000
1992	11,334,059,000
1993	11,353,421,000
1994	13,608,387,000
1995	23,728,452,000
1996	26,876,812,000
1997	25,459,037,000
1998	27,921,436,000
1999	30,939,450,000
2000	34,443,753,000
2001	36,728,588,000
2002	37,299,303,000
2003	40,620,507,000
2004	46,602,280,000
2005	44,258,916,000
2006	49,919,480,000
2007	67,341,327,000
2008	89,901,672,000
2009	79,566,981,000

资料来源:http://www.rma.usda.gov./data/。

(四)美国农业保险业务发展规模分析

1. 美国农业保险业务发展模型的建立

美国农业保险业的发展有其自身变迁的特性,这里结合对于农业保险供求中的影响因素分析,对于美国农业保险业务发展的模型进行如下设定：

第一，保费收入（P）。这里把此参数纳为对美国农业保险业务发展规模的衡量标准。由于农业保险业务的规模扩大，保费收入亦将提高；反之，如果保费收入提高了，那么就会推动农业保险业务进一步发展。

第二，国内生产总值（K）。这里的国内生产总值纳为衡量农业保险需求的经济增长因素与农业保险供给当中可用于保险经营资本的近似值，因此成为对于美国农业保险业务发展具有影响的重要自变量。

第三，美国农业保险经营管理体制对于其农业保险业务发展的影响。这里设定虚拟变量为 A_1。

$A_1 = 1$ 为政府监管下私营保险公司经营农业保险的经营管理体制。

$A_1 = 0$ 为政府与私营保险公司共同经营农业保险的经营管理体制。

从前面的研究中可知，美国农业保险经营管理体制在 1980 年至 1996 年为政府与私营保险公司共同经营农险，而 1996 年以后，FCIC 逐步脱离农作物保险的直接业务的经营，再经过 1998 年与 1999 年两年时间的调整，FCIC 彻底地从农作物保险的直接业务中退了出来。美国的农业保险的经营管理体制体现的是政府监管下私营保险公司经营农险，即政府是政策、法规的制定人与监管人并同时提供再保险。因而这里选择 2000 年为 $A_1 = 1$ 的正式开始年份，1981 年至 1999 年为 $A_1 = 0$ 的年份。

第四，法律制度调整对于其农业保险业务发展的影响。这里设定虚拟变量为 A_2。

$A_2 = 1$ 为近期法律制度调整对于美国农业保险业务发展具有影响的时期。

《1994 年作物保险改革法案》使美国作物保险发生了变化，是美国作物保险史上的里程碑；而《2000 年农业风险保障法》则加大了对美国农业保险的投入，改善了基本产品，加大了对农险的法制化监管等；《2008 年农场法案》对于农险进一步改革；《2009 年联邦作物保险法》进一步调整。因此从《1994 年作物保险改革法案》颁布之后的 1995 年开始到 20 世纪末，再到 21 世纪的这几年均为 $A_2 = 1$ 的时期。

$A_2 = 0$ 为远期法律制度调整对美国农业保险业务发展具有影响的时期。

《1994 年作物保险改革法案》出台前的 80 年代与 90 年代，主要立法变动包括：1980 年的《联邦农作物保险法案》开始允许私营保险公司加入农险经营以及其他的新规定、1988 年的《联邦作物保险委员会法案》对农险建议做出评价、1990 年的《食物、农业、资源保护和贸易法案》进行了进一步调整。这里选择 1981 年至 1994 年为远期法律制度调整对美国农业保险业务发展具有影响的时期。

综上所述，美国农业保险市场业务发展模型表述如下：

$$P_i = \beta_1 + \beta_2 K_i + \beta_3 A_1 + \beta_4 A_2 + \beta_5 A_1 K_i + \beta_6 A_2 K_i + \varepsilon$$

2. 美国农业保险业务发展规模分析

这里所用为 1981 年至 2009 年的数据，共有 29 个样本观测值。统计数据如表 4—17 所示。

表 4—17　　　联邦农业保险保费收入与美国国内生产总值数据表

T	P(亿美元)	P_1	K(亿美元)	K_1
1981	3.77	14.84	31284	31.87
1982	3.96	15.59	32550	33.16
1983	2.86	11.26	35367	36.03
1984	4.34	17.09	39332	40.07
1985	4.40	17.32	42203	42.99
1986	3.80	14.97	44628	45.46
1987	3.65	14.37	47395	48.28
1988	4.36	17.17	51038	51.99
1989	8.19	32.24	54844	55.87
1990	8.36	32.91	58031	59.11
1991	7.37	29.02	59959	61.08
1992	7.59	29.88	63377	64.56
1993	7.56	29.76	66574	67.82
1994	9.49	37.36	70722	72.04
1995	15.43	60.75	73977	75.36
1996	18.39	72.40	78169	79.63
1997	17.15	67.52	83043	84.59
1998	18.76	73.86	87470	89.10
1999	23.10	90.94	92684	94.41
2000	25.40	100.00	98170	100
2001	29.62	116.61	101280	103.17
2002	29.16	114.80	104696	106.65
2003	34.31	135.08	109608	111.65
2004	41.87	164.84	117125	119.31
2005	39.49	155.47	124558	126.88
2006	45.80	180.31	132466	134.94
2007	65.62	258.35	138112	140.69
2008	98.60	388.19	142043	144.69
2009	89.49	352.32	138350	140.93

资料来源：http：//www.rma.usda.gov./data/，U.S. Bureau of Economic A-nalysis，其中2009年的GDP数据根据IMP公布的增长率计算而得。

表 4—18 联邦农业保险保费收入与美国国内生产总值指数化数据表

T	P_2	K_2	CPI	A_1	A_2
1981	28.11	60.68	52.8	0	0
1982	27.84	59.52	56.0	0	0
1983	19.48	62.66	57.8	0	0
1984	28.34	66.80	60.3	0	0
1985	27.71	68.79	62.5	0	0
1986	23.50	71.37	63.7	0	0
1987	21.77	73.15	66.0	0	0
1988	24.99	75.68	68.7	0	0
1989	44.78	74.03	72.0	0	0
1990	43.36	77.60	75.9	0	0
1991	36.69	77.22	79.1	0	0
1992	36.67	79.21	81.5	0	0
1993	35.47	80.83	83.9	0	0
1994	43.40	83.67	86.1	0	0
1995	68.64	85.15	88.5	0	1
1996	79.47	87.41	91.1	0	1
1997	72.45	90.76	93.2	0	1
1998	77.99	94.09	94.7	0	1
1999	94.04	97.63	96.7	0	1
2000	100.00	100.00	100.0	1	1
2001	113.43	100.36	102.8	1	1
2002	109.86	102.06	104.5	1	1
2003	126.48	104.54	106.8	1	1
2004	150.26	108.76	109.7	1	1
2005	137.10	111.89	113.4	1	1
2006	153.98	115.23	117.1	1	1
2007	214.58	116.85	120.4	1	1
2008	310.55	115.75	125.0	1	1
2009	282.99	113.20	124.5	1	1

资料来源：1981年至2008年的CPI数据来自 U.S. Bureau of Economic Analysis，2009年的CPI数据根据IMP公布的增长率计算而得。

数据表中,P 为名义联邦农业保费收入,K 为名义美国国内生产总值,P_1 与 K_1 分别为以 2000 年为基期(100)把 P 与 K 进行指数化得到的数据。CPI 为美国以 2000 年为基期(100)的消费价格指数,用 CPI 分别去除 P_1 与 K_1 可得联邦实际农业保险保费收入与美国实际国内生产总值的指数 P_2 与 K_2。这里采用指数计量分析目的是剔除计量单位与通货膨胀的影响。

把如上数据放在 SPSS11.5 里作回归分析,结果如下。

ANOVA[b]

	Model	Sum of Squares	Df	Mean Square	F	Sig.
1	Regression	140482.547	5	28096.509	28.364	.000[a]
	Residual	22782.975	23	990.564		
	Total	163265.522	28			

a. Predictors:(Constant),A2k2,A1,k2,A2,A1k2

b. Dependent Variable:p.2

Model Summary[b]

Model	R	R Square	Adjusted R Square	Std. Error of the Estimate	Change Statistics					Durbin-Watson
					R Square Change	F Change	df1	df2	Sig. F Change	
1	.928[a]	.860	.830	31.47323	.860	28.364	5	23	.000	.730

a. Predictors:(Constant),A2k2,A1,k2,A2,A1k2

b. Dependent Variable:p.2

$$P_2 = -18.93 + 0.7k_2 - 678.4A_1 - 44.531A_2 + 6.815A_1K_2 + 0.861A_2K_2$$

$$(83.331) \quad (1.148) \quad (333.871)$$

$$(297.719) \quad (3.513) \quad (3.340)$$

$$n = 29 \quad F = 28.364 \quad R^2 = 0.86 \quad DW = 0.73$$

Coefficientsa

Model		Unstandardized Coefficients		Standardized Coefficients	T	Sig.	Correlations			Collinearity Statistics	
		B	Std. Error	Beta			Zero-order	Partial	Part	Tolerance	VIF
1	(Cons-tant)	-18.973	83.331		$-.228$	.822					
	k2	.700	1.148	.165	.610	.548	.865	.126	.047	.082	12.141
	A1	-678.400	333.871	-4.298	-2.032	.054	.798	$-.390$	$-.158$	.001	737.275
	A2	-44.531	297.719	$-.297$	$-.150$	.882	.718	$-.031$	$-.012$	.002	647.967
	A1k2	6.815	3.513	4.712	1.940	.065	.825	.375	.151	.001	972.501
	A2k2	.861	3.340	.596	.258	.799	.790	.054	.020	.001	881.362

a. Dependent Variable: p2

复相关系数 R^2 与 F 统计量表明自变量对模型有很强解释力，T 统计量计算结果表明除了虚拟变量 A_2 有影响但不十分显著之外，其余变量对于 P_2 影响显著，模型 DW 统计量表明不存在自相关。

综上，估计方程可概括为：

$$E_1 = (P_2, A_1 = 0, A_2 = 0, K_2) = -18.93 + 0.7K_2$$

$$E_2 = (P_2, A_1 = 1, A_2 = 0, K_2) = -697.33 + 7.515K_2$$

$$E_3 = (P_2, A_1 = 0, A_2 = 1, K_2) = -63.461 + 1.561K_2$$

$$E_4 = (P_2, A_1 = 1, A_2 = 1, K_2) = -741.861 + 8.376K_2$$

从以上计算结果可以发现虚拟变量 A_1 对保费收入 P_2 的影响十分显著。这说明美国农业保险经营管理体制对于其农业保险业务发展具有重要的影响。从前面的讨论中可知美国农业保险的经营管理体制在 1981 年至 1996 年是政府机构与私营保险公司一起经营农险的模式，而 1996 年之后，尤其是 2000 年之后完全进入政府监管下私营保险公司经营农险的模式。从上述模型分析中可得出，美国农业保险经营管理体制对于保费收入具有显著的影响，这表明美国农业保险经营管理体制的演变对于其农业保险业务的发展起到了巨大的推动作用,说明了美国目前的农业保险经营管理体制,即政府负责规则的制定、履行监督与稽核的职能、提供再保险兼财税补贴,而私人保险公司几近市场化的运营状态,较政府机构与私营保险公司共同经营农险的经营管理体制又向前迈进了一大步,说明美国政府对于其农业保险制度的阶段性安排,较前一段在调整、改进、升级之后已进入良性的发展。美国农业保险制度的演进使美国农业保险业务的迅猛发展。美国农业保险制度进入了一个较高的发展阶段。

综上,可以看出虚拟变量 A_2 对保费收入 P_2 也是具有影响的解释变量,但没有 A_1 影响的显著。若设定虚拟变量 A_2 为法律制度调整对于美国农业保险业务发展的影响,则 A_2 对保费收入 P_2 的影响说明了法律制度的调整对农业保险业务规模有影响是无疑的。但是从长期来看,尽管 1994 年《作物保险改革法案》是美国作物保险史上的又一里程碑,以及 1994 年之后的其他几部法律对于美国农业保险制度的发展具有深远影响,但是农业保险保费收入渐进性的增加,表明了 1994 年之前的法律制度以及其之后的法律制度对于农业保险保费收入的增长都在发挥着重要的作用。美国农业保险制度演进的渐进性,也表明了法律制度影响的长期性、持续性、稳定性,更体现了制度变迁是由量变到质变的累计过程。美国农业保险法律制度的调整与改变融进了对于美国农业保险制度有持续影响的渐进性制度变迁过程当中,唯有多种因素积累到一定程度并导致农业保险制度发生变迁时,即农业保险的经营管理体制发生根本性改变时,美国农业保险业才会有突破性变化。

二 保险精算稳定性大大提高

前面已经谈到损失率的计算是赔偿支付除以总的保费收入,

它是对保险精算稳定性的一种衡量指标。损失率超过 1.00 表明计划支付的赔偿超过了保费收入，保险人没有获利。反之，损失率低于 1.00 表明计划支付的赔偿少于保费收入，保险人获利。从表 4—19 可以看出，1997 年至 2009 年的 13 年间，联邦作物保险计划的损失率只有 2002 年的损失率较高，达到了 1.39，另外 1999 年与 2000 年略超出 1，分别为 1.05 与 1.02，而其他的10 个年份均低于了 1。进一步比较表 3—8，可以看出在 1981 年至 1996 年的 16 年间，唯有 1994 年与 1996 年两年的损失率在 1以下，其他的 14 年均高于 1。总之，1996 年以后的联邦作物保险计划的损失率基本控制在了 1 以下，情况远远地好于之前，说明保险精算的稳定性大大地提高了。

表 4—19　　美国联邦农业保险计划的损失率(1997—2009 年)

单位：英亩

年份	损失率
1997	0.56
1998	0.89
1999	1.05
2000	1.02
2001	1.00
2002	1.39
2003	0.95
2004	0.77
2005	0.60
2006	0.77
2007	0.54
2008	0.88
2009	0.57

资料来源：http://www.rma.usda.gov./data/。

小　结

美国政府根据《1996 年联邦农业完善与改革法案》在当年成立了 RMA，专门监管美国的农业保险，而政府 FCIC 逐步从直接经营农业保险的业务中退出，美国农业保险制度进入了政府监管下私营保险公司经营农险的阶段。在这一农业保险制度变迁的过程中，美国政府在制度的设计与制度的供给当中再次发挥着至关重要的作用，虽然政府在农业保险的经营中仍需大量的投入资金，但是美国农业保险业务规模呈现了继续扩大的良好态势，联邦作物保险计划的损失率基本控制在 1 以下，保险精算的稳定性大大地提高了。根据经济学家的观点，政府作为社会公共产品供给的主体，应当主动参加制度的变迁，进而凭借制度的创新来弥补自发性制度变迁之不足，加快新制度供给，实现制度的均衡。在制度的设计有多个均衡的时候，政府应谨慎研究相关历史经验的资料，对于特定经济中发挥重要作用的政治、历史以及社会因素加以确定，在众多均衡当中选出可以增进社会总福利的均衡。本阶段农业保险制度的发展，联邦政府采取的诸如立法改革、依法监管农业保险、RMA 的建立与监管措施以及其他新的措施是基本应用了制度经济学理论。正是在美国政府强有力的推动下，本阶段的农业保险制度的变迁较上一阶段相比，又向前迈进了一步。

第五章

美国农业保险制度演进
特征与演进逻辑

第一节 美国农业保险制度演进的基本特征

一 政府主导下的强制性农业保险制度变迁

根据诺斯的制度外生理论，一个国家能够凭借其自身的组织力量与合法垄断的暴力潜能设计某种制度以及强制推行一种制度，还能够规模性地移植某些制度以便对迫在眉睫的制度需求加以解决。而诱致性制度变迁往往属于一个缓慢的演进过程，需通过个人和团体间反复的博弈，在社会需求迫切的制度变革时，诱致性变迁经常没有能力。强制性制度变迁与诱致性制度变迁的主体是不同的，前者是政府或国家通过法律和命令引入并实现的，后者是由个人或者一群人在获利机会的驱动下自发地倡议、组织乃至实行的。

中国学者庹国柱（2002）曾提出，从制度变迁的方式来看，美国农业保险制度变迁是一种强制性制度变迁，但并未做出分析。纵观美国农业保险制度的建立和变迁，笔者认为美国农业保险制度演进体现的是政府主导下的强制性制度变迁。

根据新制度经济学理论，国家是强制性制度变迁主体，缘于政府在资源配置权力和政治力量的优势地位，所以政府决定了制度供给的形式、方向、战略以及进程安排的主导力量。依照既定的约束条件与目标函数，是政府在宪法的框架下进行的制度创新，进而制定实际的操作准则。强制性制度变迁体现出来的优势是，政府可以最快的速度与最短的时间推动制度变迁，可以用"暴力潜能"与强制力等优势减少制度变迁的成本。

美国农业保险制度的建立和变迁是与美国农业的发展、农业政策的变化和美国整体经济政策的演变紧密地结合在一起的。与"大危机"下的农业危机、罗斯福政府对经济福利问题的考虑、政府的政治权宜、早期私营商业保险公司经营农险失败的驱动相对应，1938年政府通过颁布《联邦农作物保险法》，建立了经营农业保险的政府机构FCIC，正式揭开了美国农业保险制度的序幕，确立了以政府单独经营农业保险的初始制度模式。20世纪70年代以后，美国经济滞胀、国家干预政策失败，并从凯恩斯主义的国家干预向新自由主义转变，以及农业发展不稳定与风险较大因素，美国政府于1980年颁布了几经修订的新的《联邦农作物保险法案》，开始允许私营保险公司经营农险，形成了政府机构和私营保险公司一起经营农险的局面，从而进入了以政府与私营保险公司合作为特征的美国农业保险制度的发展阶段。与20世纪90年代的"克林顿经济学"的政策主张和美国农业政策具有明显的市场化特征相对应，1996年美国政府根据《联邦农业完善与改革法案》成立了RMA专门监管美国的农业保险，而政府FCIC逐步从直接经营农业保险的业务中退出。美国农业保险制度进入了政府监管下私营保险公司经营农险为主要特征的阶段。可以看出，美国农业保险制度变迁的历程，整体上是依赖政府颁布的一系列的法律和政令而实现的，属于强制性的供给行为，尽管存在着诱致性制度，但并不属于由下至上的诱致性经济需求的行为。

从实践来看，美国农业保险制度的变迁是依赖于政府权力中心的推动，首先确立了完全由政府经营农险的经营体制，进行农业保险的摸索性经营；然后规定私营商业保险公司可以加入农业保险经营，从而进入政府与私营保险公司共同经营农险的阶段；最后逐步建立市场机制，形成政府出政策进行监督管理，完全由私营保险公司经营农业保险的阶段。美国农业保险制度变迁的内容与步骤，虽然其发展方向是逐渐靠拢市场机制，但整体的变迁还是依赖政府的设计和操控。它的时序安排、各阶段的制度模式，以及启动的方式是完全取决于政府权力中心的意愿和能力的，具有明显的制度设计的特征。随着美国农业保险制度的不断发展与改革，也许原先的力量对比与权力结构将会改变，从而使制度变迁的主导力量发生改变，然而因为集权性特征在具有准公共物品的农业保险资源的配置过程中体现的更为突出，因此可以推断，在未来的很长时期内，美国农业保险制度改革中以政府主导的制度变迁方式将不会发生实质性的变化。

二　福利取向的演进过程

（一）农业保险补贴的福利分析

1. 没有政府补贴情况下的农业保险的福利分析

下面把农业保险市场分为有政府补贴和无政府补贴两种情况进行有关福利的考察。

首先对没有政府补贴的农业保险加以分析。如图 5—1 所示，S_0 是引进农业保险制度前的商品的供给曲线，由于生产风险不能转嫁，所以该供给曲线中包含了风险费用的部分，对于这部分风险费用需由农民加以支付。进一步来说，假如农民选择耕种其他更为安全的作物，并不意味着无须承担风险，那么此时的这种风险费用也应纳入风险费用。

现假定农业保险制度被引入，并且保险费用全部由农民支付，但是农民的风险由于保险的存在一定会降低，于是供给曲线由最初的 S_0 右移至 S_1，S_1 在 S_0 的下方。当需求不是完全弹性时，供给曲线的向下移动使得农产品的价格由最初的 P_0 降到 P_1，此时，消费者获得的超额盈余（消费者剩余）为 P_0ADP_1。农民由最初生产 Q_0 产量到生产 Q_1 的产量，这时候的成本降低了 AC，费用净节省为 OAC。此时，农民虽然没有得到政府的补贴，但是这种费用的节约仍会促使他们购买保险。进一步地，在农业保险被广泛地采用时，供给曲线就会向右移动，产品价格就会下降，生产者的净福利是 P_1DO 的面积和 P_0AO 的面积的差，其值或为正或为负。消费者得到的净福利是 P_0ADP_1。就全社会而言，其净福利的大小是 OAD 的面积，而 OAD 的面积大小主要取决于供给曲线从 S_0 移动到 S_1 的幅度，而这是由农民购买保险的额度以及产品的需求供给弹性所决定的。因为 S_1 包含所支付的保险费，因而面积 OAD 所表示的净福利所得就是农业保险在无政府补贴时的社会价值。

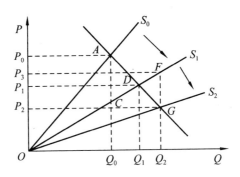

图5—1　农业保险补贴的福利分析

就整个社会而言，社会的福利就是消费者剩余和生产者剩余之和的增加量，即 OAD 的面积总是正值，这表明引入农业保险之后，整个社会的福利水平也随之提高。社会福利增量的大小主要在于供给曲线 S_0 向 S_1 移动的幅度、农民购买农险的额度以及农产品需求弹性的大小。如果农民参加农险的数量提高，农产品的供给弹性就会加大，需求弹性减小，此时社会福利的增加量将增加，也就是 OAD 的面积增大。但是生产者的剩余则会因向消费者转移而逐渐减少，而生产者的最终获益比农业保险引进前要少，即生产者剩余增量是负的，因此农业的平均利润也降低了。

2. 政府补贴农业保险的福利分析

引入农业保险之后，由于农业保险的利益外溢的特点，获得好处的是农产品的消费者，所以导致农业保险供给的减少，这时政府往往采取补贴农业保险的手段，把消费者获得的好处返还到生产者手中。从图 5—1 可见，政府进行补贴后，供给曲线由原来的 S_1 进一步下移到 S_2 的位置，此时均衡产量从 Q_1 提高到 Q_2，并且产品价格也从 P_1 下落至 P_2。很明显，ODG 是政府给予补贴之后的社会福利，也就是生产者与消费者增加的剩余，但是它是小于补贴成本 P_3FGP_2 的，因此存在净损失。

保险公司经营农业保险亦需要经营成本。随着保险公司经营农业保险规模的不断扩大，经营成本也会随之增多。保险公司在经营农业保险的过程中主要是依靠大数法则获取利润的。在额（主要是农民）投保量大和风险赔付很高的年份，如果政府进行补贴，这时的结果将是：参加了保险的农民因为参保而获得产量稳定和增大的保证，消费者得到了比较多的消费者剩余，社会的福利亦增大，尽管政府给予的补贴有可能导致社会的净损失，但是所产生的社会净损失会以政府补贴的方式转移到保险公司的手里。

(二)以福利为取向的美国农业保险制度的演进

从上一节的分析可知：政府对农业保险进行的补贴是对社会资源进行的一种再分配，如果分配合理，结果是消费者可以得到更多的消费者剩余，农民(生产者)的生产风险通过购买农业保险的方式降到了最低的程度，而保险公司则在经营农业保险的过程中得到了政府给予的补贴剩余，最终，在这种经营活动中社会福利实现了最大化。

进一步地，根据庇古的福利经济学理论"收入均等化"的观点，如果把富人收入的一部分转移给穷人，社会的福利就会增大，收入转移的途径就是通过政府的税收，再以贴补的形式返还。根据庇古的"社会资源最优配置论"，对边际个人纯产值大于边际社会纯产值的部门进行征税，对边际私人纯产值小于边际社会纯产值的部门实行补贴，通过这种征税和补贴，就可以使经济资源从边际个人纯产值大的地方转移到边际个人纯产值小的地方去，以减少边际个人纯产值与边际社会纯产值之间的差距，其结果将使经济福利增加。美国联邦政府经常积极干预经济，对农业保险给予补贴、对私营保险公司给予财政支持和税收优惠、保险费打折等一系列的福利政策，期望通过资源的最优配置进而增加社会福利。由于农业保险具有消费和生产的双重正外部性，生产者(农民)购买了农业保险之后，一方面会使自己的收入得到稳定的保障，另一方面使再生产得以顺利实施并使国民经济得以稳定，而保险公司提供农业保险一方面为农业生产提供保证，另一方面也起到了促进总体经济发展的作用，所以农业保险部门是庇古福利经济学理论的边际个人纯产值低于边际社会纯产值的部门，而美国联邦政府通过纳税人的收入对农业保险大量补贴，达到资源的优化配置，实现提高社会福利的目的，较好地体现了庇古福利经济学理论的运用与实践。

在讨论的美国农业保险制度的建立动因分析当中曾谈到当时的罗斯福政府以立法形式确认美国实行农业保险制度，正是出于提高本国经济福利的考虑，而美国农业保险制度在1938年《农业调整法案》的第五部分明确地写道："本法案的目的是通过农作物保险的稳定制度来提高农业经济的稳定性，为设计和建立这类保险提供有益的研究和经验，从而提高国家的经济福利。"①可见，美国农业保险制度的建立就是为了提高本国经济福利的目标。

研究美国的农业保险制度从最初的建立到之后的发展，可以看到美国联邦政府对农业保险采取的是财政补贴的机制，而这正体现的是以福利为取向的演进态势，正如庹国柱（2002）的观点：美国农作物保险是美国社会福利制度的一部分。

农业保险建立初期，美国联邦政府负担了农作物保险计划的全部运营费用以及行政费用，并以2000万美元首开了小麦的保险。经过数年实践发现农业保险的费率高，农户的参保率低，农业保险无法形成规模。为了改变美国农业保险的不良业绩，联邦政府先后于1980年、1994年与2000年修改农业保险的有关法案，将农业保险险保费补贴率不断提高，有效地减少了农户作物保险的费用，提高了农户参与农业保险计划的可能性，从而提高了社会的福利。保险费补贴以总的保险费费用的百分比来计算，保费补贴比率始创于1980年《联邦农作物保险法案》（简称1980年法案），并通过1994年的《作物保险改革法案》（简称1994年法案）与2000年的《农业风险保障法》（简称2000年法案）大幅度地提升（见表5—1）。

---

① 《农业调整法案》即1938年的《联邦农作物保险法》。原文是：It is the purpose of this title to promote national welfare by improving the economic stability of agriculture through a sound system of crop insurance and providing the means for research and experience helpful in devising and establishing such insurance.

表 5—1　作为总保费百分比的农业保险保费补贴比率在美国的演变

作为总保费百分比的保费补贴比率的演变			
承保水平[a]	1980 年法案	1994 年法案	2000 年法案
55%	30.0%	46.1%	64.0%
65%	30.0%	41.7%	59.0%
75%	16.9%	23.5%	55.0%
85%	—	13.0%	38.0%

注：a 本表的承保水平选择的是最高承保水平价格。

资料来源：Barry J. Barnett，"The Federal Crop Insurance Program：Opportunities and Challenges"，*Agricultural Outlook Forum*，Thursday，February 20，2003。

美国联邦政府从 1980 年开始一直致力于对农业保险补贴的提高。1980 年补贴的最高幅度达到保险费的 30%，1981 年至 1994 年间平均为 24%，1994 年《作物保险改革法案》要求增加保险费的补贴水平，最高补贴的幅度可达保费的 55%，1995 年至 2000 年间平均是 54%。2000 年法案又要求提升保费的补贴水平，最高可达保费的 67%，2001 年至 2008 年间的年平均是 59%。① 参见表 5—2。

美国联邦政府对从联邦作物保险计划购买的任何产品都给予大比例的保费补贴，所遵循的原则是当承保的比例增加时，补贴的费用就下降。另外，由于补贴是总保险费的百分比，因此所得到的补贴额度因商品的价值和保险费率②而不同。当然高风险地区和高风险商品的保险费率是较高的，所以在美国生产高风险商品或在高风险地区生产的农户会获得更多的补贴。图 5—2 显示

① 张玉环：《美国农业保险项目与灾害救助项目关系变化》，《农村经济》2010 年第 3 期。

② 保险费率指保险 1 美元的保费费用。

表 5—2　　　　　　　联邦政府的农业保险费的补贴水平　　　　单位：%

保障水平 ab	50/ 55	50/ 100	55/ 100	60/ 100	65/ 100	70/ 100	75/ 100	80/ 100	85/ 100	总平均
1980 年法案	—	—	30	—	30	—	17	—	—	24 (1981—1994)
1994 年法案 c	100	55	46	38	42	32	24	17	13	54 (1995—2000)
2000 年法案	100	67	64	64	59	59	55	48	38	59 (2001—2008)

注：a 产量保障水平/价格选择水平（用于计算赔偿额度与保险责任）。

b 过去保障水平的间距是 5%，1999 年与 2000 年试行把 60%—75%（80%）的保障水平的间距变为 1%，2001 年后改回 5%。

c 1999 年与 2000 年的保费补贴不含采取灾害援助项目打折的 30%。

资料来源：张玉环：《美国农业保险项目与灾害救助项目关系变化》，《农村经济》2010 年第 3 期。

了 2000 年美国不同地区每英亩的平均保费的补贴情况。每英亩的最高的保费补贴出现在加利福尼亚州（California）和弗洛里达州（Florida）的高价值的作物以及南部地区生产的棉花和花生，而在主要的生产地区诸如伊利诺伊州（Illinois）和埃瓦州（Iowa）（棉花和大豆）的每英亩的保费补贴是相对比较低的。

根据美国联邦政府的观点，对于联邦作物保险需要补贴的原因之一是鼓励农场主购买保险而不是依靠事后的灾害援助。解释这种观点的理由是其他灾害援助的费用要高于作物保险的补贴，而且国会大大地提高作物保险补贴数量的原因是想借此提高农场主自愿参加保险计划的比率，然而实际上美国的农业保险补贴和灾害援助的数量都在持续地上升。

图 5—3 是 1995 年到 2006 年间美国作物保险补贴以名义美元和通货膨胀调整的美元①两种形式的增长，名义美元作物保险

————————

① 通货膨胀调整的美元是按 2006 年计算的。

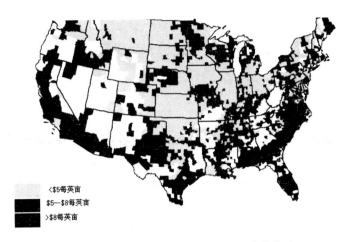

图 5—2　2000 年美国每英亩平均保险费的补贴

资料来源：Barry J. Barnett，"The Federal Crop Insurance Program：Opportunities and Challenges"，*Agricultural Outlook Forum*，Thursday，February 20，2003。

补贴的数量已经增长了 201.5%，通货膨胀调整的美元的作物保险补贴增长了 127.9%。1995 年至 2004 年期间补贴的数量增加了 124.7%，相当于总农场产出价值增长了 34.4%（都是以名义美元计算的）。

关于美国联邦政府给农业保险的补贴，中文文献有一些相关著述。

李军、段志煌（2001）：1980 年至 1999 年间，美国联邦政府用于作物保险的财政补贴数额累计高达 150 亿美元（含费用补贴等），仅仅在 1999 年一年就花费了政府 22.4 亿美元。

龙文军、吴良（2002）：美国的农险保费补贴因险种不同而补贴的比例也存在差异，美国政府在 1998 年至 2000 年期间对于参加保险的农户的纯保费的补贴率是 55%，三年期间累计补贴达到 36 亿美元，2000 年的补贴额平均约是纯保费的 53%，保费补贴额平均为 16.3 美元/公顷，其中，对于巨灾保险的全部保费给

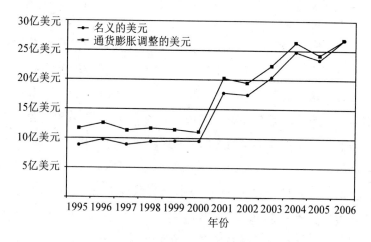

图 5—3　美国作物保险补贴的增长

资料来源：Robert W. Klein and Gregory Krohm，"Federal Crop Insurance：The Need for Reform"，*Journal of Insurance Regulations*，2008 National Association of Insurance Commissioners。

予补贴，收入保险与多种风险农作物保险等保费的补贴率大约是 40%。①

　　冯文丽(2007)：1981 年至 1993 年间，美国政府用于农户保费补贴年均数量是 1.3 亿美元，在 1994 年至 2003 年间，年均农险保费补贴升至 12.29 亿美元，在 2006 年，美国农险补贴增至 33 亿美元，仅保费补贴就达 22 亿美元，占了补贴总额的 67%。除此之外，联邦政府用于保险公司经营管理费的补贴连年增加，在 1981 年至 2003 年间，美国政府用在保险公司的总补贴已多达 93.44 亿美元；政府用于保险公司经营管理费用补贴，已经从 1992 年的 2.4 亿美元增加到了 2003 年的 7.34 亿美元；2004 年，联邦政府对于私人商业保险公司 2.42 亿美元的巨灾赔偿金支付，

①　龙文军、吴良：《美国农业保险的发展历程和经验》，《世界农业》2002 年第 3 期。

进行了全部补贴。

张介岭（2009）：2004年，美国的农作物保险的保费总额是41.9亿美元，而联邦政府2004年给予的作物保险的补贴是24.8亿美元，这占保费总额约为59％，另外，联邦政府针对农作物保险给予下述政策与经济的支持：通过FCIC向私营保险公司提供超额损失再保险与比例再保险的保障，联邦政府、州政府等对作物保险实行一切税赋的免征，通过法律的形式，联邦政府鼓励州政府依据其自身财力，给予农作物保险以补贴，联邦政府对参加保险的农场主提供保费50％—80％的补贴，这样农场主无须支付很多的保费便可以参加农业保险。①

联邦作物保险计划的设计与实施是帮助农场主减少生产风险，从而提高整个国民的福利，为此政府贯彻了农业保险的补贴计划，并且这些补贴一直在平稳地增加并扩大到联邦政府提供的其他农业补贴中。

除了上述重点谈到的农险补贴之外，联邦政府在农业保险计划实施的过程中还一直贯彻了税收优惠、对农业再保险的支持、保费打折、对私营保险公司的财政支持等优惠政策。

总之，美国政府使用纳税人的钱作为补贴和激励手段，使不稳定的保险渡过难关，尽管成本较高，并遭到大量的质疑，而且某种程度上鼓励了计划受益人的糟糕的风险管理，但是这种随着美国的农业保险制度不断完善而不断提升的农险补贴以及农险优惠政策的实施，使美国的农业保险制度的演进具有了明显的以福利为取向的特征。

---

① 张介岭：《美国对农业保险实施政策上支持市场化运营》，《农村财政与财务》2009年第4期。

三　对强制性制度安排的路径依赖

美国农业保险制度从最初的建立到之后的变迁具有典型的强制性制度安排的特征。在该制度建立之初，以国家经营的惯性维持和之后的市场机制的发育，使得美国农业保险制度的演进一直依赖于政府的制度安排。

根据诺思的路径依赖理论，制度在变迁的过程中对原有的制度具有惯性的"路径依赖"，并且在路径依赖的影响下，制度变迁既可能走入良性的循环轨道而改进优化，又可能走入不良循环轨道而长期地维持没有绩效的制度。路径依赖发生的原因包括规模效应、协作效应、学习效应以及适应性预期①，制度向量形成的联系网络对于政府潜在利润的获得带来极大的递增效应，且此种递增效应必将导致制度一旦进入运行，就将沿着一定的路径演进，从而决定了一种制度的长期运行轨迹。此外，农业保险中的信息不对称、系统性风险、正外部性、不完全保险市场的交易费用较高以及交易的不确定性等，进一步决定了对以政府为主导的强制性制度安排的路径依赖。

一种制度的初始选择构成路径依赖的决定性因素。美国农业保险制度变迁的初始选择是以政府单独经营为特征的国家对农业保险制度的绝对控制，这就决定了美国农业保险制度之后的变革从根本上依赖于美国联邦政府权力中心的能力与意愿。由此美国农业保险制度的演进从一开始就拥有了强制性制度变迁的特征，进而随着这种制度安排带来的经济福利与宏观经济绩效的提高而走入良性的循环轨道并改进优化。

美国农业保险制度最初是在 1938 年建立起来的，由政府全

---

①　本论文的理论部分对此四项原因有详细的论述。

权负责农业保险的经营，尽管 1980 年变革为私营商业保险公司和政府共同经营，以及 1996 年之后形成政府监督管理而以私营商业保险公司经营为主的体制，但是这种制度变迁的路径依赖始终没有离开政府。政府在美国农业保险制度演进中始终扮演着重要的角色，而该制度的变迁形成了对政府强制性制度安排的刚性依赖。

美国农业保险制度迄今为止经过 70 多年的变革历程，因其制度演进的路径选择和对政府制度安排的路径依赖而备受关注。美国农业保险制度变迁的路径以及其制度变迁的步骤、采取的有效措施，使其制度变迁的收益普遍递增。美国政府通过安排与设计农业保险制度，稳定了农民及农业的收入，支持了经济发展。当然，美国农业保险制度演进在形成对于政府的强制性制度安排的路径依赖时，联邦政府也投了巨大的财力。图 5—4 显示的是美国政府用于作物保险计划的费用，包括对保险公司的管理费补偿、对保险公司的运营费补偿，以及对生产者的补贴。正是由于美国政府一直对作物保险进行大量的财政投入，才更加强化了其农业保险制度依赖于这种政府财政支持下的制度的安排，而政府也因为其强大的财政实力而强化了其权力中心的能力和意愿。

第二节　美国农业保险制度演进的基本逻辑

美国农业保险制度演进过程中体现的以福利为取向的演进过程，以及在政府的强制性特征基础上的对于制度安排的路径依赖的特点，究其根源是美国联邦政府在农业保险制度的规则形成、转变以及改革的过程中始终追求的是国家效用最大化的目标，这一目标主宰着美国农业保险制度演进的历程，构成了美国农业保险制度演进的基本逻辑。

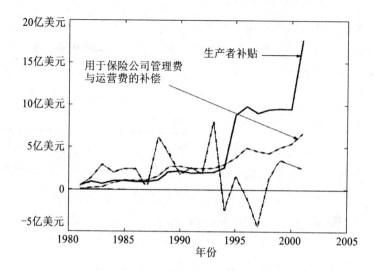

图 5—4　美国联邦政府用于作物保险计划的费用

资料来源：Alan Ker and A. Tolga Ergun, "On the Revelation of Private Information in the U. S. Crop Insurance Program", *The Journal of Risk and Insurance*, Vol. 74, No. 4, 761—776, 2007。

对于其他保险行业制度变迁的研究多以保险公司本身利润的最大化为出发点，但是由于农业保险具有的农业风险防范、促进农业经济乃至整个国民经济发展的特殊性，决定了美国农业保险制度的演进并不完全基于保险公司自身效用的最大化方向，而国家效用最大化才是更为根本的决定性因素。作为准公共物品属性的农业保险，就生产者（农民）而言，购买了农业保险所获取的个人利益与其所获的利益总量相比是低的；就商业保险公司而言，出售农业保险所获取的个人利益亦少于他们的供给成本。农业保险所具有的购买与供给的双重正外部性决定了农业保险制度的变迁，最终体现的将是国家效用的最大化。美国政府是农业保险制度在变迁的主导人，政府主导的农业保险制度变迁的目标就是使其所代表的国家效用不断地增加。黄英君（2009）认为，农业保险制度在变迁过程中，作为理性经济人的国家及其统治代理人，并不是完全依照制度均衡与否和需求的大小来决定是否进行制度创新，而是在有限理性的条件下追求自身的利益和效用最大化，农业保险制度的供给与变迁取决于对国家效用函数中的成本和收益的比较分析。[①]

国家在追求其自身效用最大化的时候，既付出了成本又获得了收益，而效用的取得与否以及效用的大小又取决于两者之间的比较，因而这里把国家效用函数简化为制度选择的净收益函数，那么在分析美国农业保险制度演进逻辑时，国家效用函数可以简化为：

$$U = I(x, y) - C(x, y)$$

上式中 U 代表国家效用值。I 为收益变量，具体来说农业保险的收益可以包括提高农民收入以及促进经济发展等。C 为成本变量，主要是指国家对农业保险的投入。进一步地，x 代表的是国家做出的制度安排，对于美国农业保险制度，具体包括：政府单独经营农业保险的制度安排、政府与私营保险公司共同经营农业保险的制度安排、政府监管下私营保险公司经营农险的制度安排。y 代表的是农业保险制度演进的背景，即美国农业经济的发展状况，国家总体经济政策的导向等。因此，国家效用值随 I 的增大而增大，随 C 的增大而减少，即 $\frac{\partial I}{\partial x} < 0$，$\frac{\partial C}{\partial x} > 0$，上式进一步简化为：$U = L(x, y)$。

美国农业保险制度在演进的过程中，x 是政府可以调整的主观变量，y 是既定的，为客观变量。美国政府在农业保险制度的

---

① 黄英君：《中国农业保险制度的变迁与创新》，《保险研究》2009 年第 2 期。

安排中追求的是效用函数的最大化，即 $maxU = U(x, y)$。

1938 年，美国联邦政府通过立法手段确立了美国农业保险制度，同时做出了政府单独经营农险的制度安排。从国家效用函数来分析，此阶段的 x 的制度安排体现的是美国联邦政府对于农业保险行业的绝对产权垄断，这种产权的绝对垄断使得美国联邦政府全权负责对农业保险的投入，这在前文的讨论中可以看出美国政府既要单独承担运营成本又要承担过高的赔偿，国家投入的成本大，影响了国家的收益。此外，由于此阶段农险制度的发展在美国还处于摸索阶段，国家的农险技术水平不高，而农民由于国家对于他们的保费补贴等优惠是在 1980 年后开始提升的，他们对于农业保险的有效需求不足。因而，这将导致 $\dfrac{\partial I}{\partial x} < 0$，$\dfrac{\partial C}{\partial x} > 0$，所以此阶段的 U 值较低，并不理想。

进入 1980 年，美国政府再次通过立法手段对其农险制度做出了政府与私营保险公司共同经营农业保险的制度安排，此阶段的 x 的制度安排体现的是国家放松了对于农业保险行业产权的绝对垄断，私有产权开始出现。一方面由于私营保险公司拥有优秀的保险人才和保险技术，可以与国家一同把农业保险做大做好，在前文论及政府与私营保险公司共同经营农险的绩效中可以看到，1981 年至 1996 年间联邦作物保险计划的保单数量、承保面积、参保率与总收取保费较此前阶段迅速提高，因而此阶段的

$$\frac{\partial I}{\partial x} > 0$$

另一方面私营保险公司在经营农业保险的时候要进行投入而承担经营成本，因而会缓解国家对于农业保险投入的压力，实际上即使 C 没有减少而保持不变，那么此阶段的 U 值较上一阶段相比也是在增加的。

1996 年美国联邦政府做出了新的制度安排，即政府监管下私营保险公司经营农业保险，此阶段的 x 的制度安排体现的是以私有产权为主，政府的作用在于监管。实际上，本阶段的农业保险制度的安排体现的是美国政府负责制定政策，进行监管，并对私营保险公司和农户采取补贴等优惠措施。私营保险公司在政府补贴等优惠政策的激励下经营农业保险，由于政府对私营保险公司的大力支持，私营保险公司存在较大的获利空间，极大地调动了私营保险公司经营农业保险的积极性，因而农业保险制度的绩效与前一段相比又有了很大的提升，所以此阶段的

$$\frac{\partial I}{\partial x} > 0$$

而美国联邦政府虽然由于补贴等优惠措施以及监督付出了成本，但是并不亲自经营，因而省去了经营成本，且补贴等优惠措施是前一阶段也在实施的，所以，

$$\frac{\partial C}{\partial x} < 0$$

可以说此阶段的 U 值与前两阶段相比是最高的，也是最为理想的。

通过以上分析可见，正是由于美国政府在不断地追求其国家效用的最大化，才导致了美国农业保险制度演进沿着政府单独经营农险、政府与私营保险公司共同经营农险、政府监管下私营保险公司经营农险的路径演进。国家效用最大化构成了美国农业保险制度演进的基本逻辑。

小　　结

美国农业保险制度演进的基本特征，即美国农业保险制度演进体现的是政府主导下的强制性农业保险制度变迁、体现了以福

利为取向的演进过程、体现了对于强制性制度安排的路径依赖。而美国农业保险制度演进的基本逻辑，即美国政府在其农业保险制度的规则形成、转变以及改革的过程中始终追求的是国家效用最大化的目标，国家效用最大化主宰着美国农业保险制度演进的历程，构成了美国农业保险制度演进的基本逻辑。

第六章

研究结论与启示

第一节　研究结论

美国农业保险制度从最初的建立以及之后的不断发展与改革，具有典型的强制性制度安排的特征，其演进是政府主导下的强制性制度变迁，体现了以福利为取向的演进过程，体现了对强制性制度安排的路径依赖。国家效用最大化主宰着美国农业保险制度演进的历程，构成了美国农业保险制度演进的基本逻辑。

前五章主要分析了美国农业保险制度的历史演进、各阶段制度演进的背景、采取的主要措施、各阶段制度变迁的绩效、农业保险的准公共物品属性与农业保险的经营离不开政府、农业保险市场的信息不对称与政府与私营保险公司共同经营农险等问题。美国农业保险制度在建立之初的业绩总体上并非令人乐观，这是因为政府单独经营农业保险还处于试验与摸索的时期，其初期面临着两个主要问题：农户的低参保率和与保费相比的过高的赔偿。但是，通过对美国农业保险制度之后的发展分析，尤其是迄今为止的发展分析，可以看出，美国农业保险业的业绩有了大幅度的提高，美国农业保险业务规模的扩大以及保险精算的稳定性的提高正在表明美国农业保险制度的演进使美国农业保险制度的发展逐步纳入了良性发展的轨道。

通过研究和分析，可以总结如下结论：

第一，美国农业保险制度的建立与发展离不开美国联邦政府的支持。纵观美国农业保险制度的演进历程，美国联邦政府一直发挥着不可或缺的作用。1938 年，美国联邦政府以法律的形式正式确立了农业保险制度，从 1980 年至 1996 年，再从 1996 年至今的美国农业保险制度演进过程中，美国联邦政府出台了大量的农业保险政策和法律法规来支持农业保险的发展。由于农业保险具有获利少、成本高、风险大的特点，私营保险公司经营农业保险较难，而从经济学角度来看农业保险是具有正外部性的准公共物品，所以农业保险的经营对政府提出了要求。正因如此，美国政府始终坚持农险补贴、税收优惠、农业再保险、对私营保险公司的财政支持等优惠政策。如果没有美国政府长期不断的支持，就没有美国农业保险制度今日之发展。

第二，美国农业保险的目前经营管理体制是一条较为合理的、有效的选择。美国农业保险的经营管理体制由政府单独经营农险到政府与私营保险公司共同经营农险，再到政府监管下私营保险公司经营农险的演进历程表明，目前美国农业保险的经营管理体制是一条比较合理的、行之有效的途径，即私营保险公司在美国政府的政策性农业保险的经营框架内经营农险，政府机构发挥行之有效的监管职能，因为从美国农业保险制度演进的现阶段的绩效中可以看到，美国农业保险业务的规模扩大了，保险精算的稳定性大大地提高了。

第三，美国农业保险制度从建立到发展再到进一步完善，是多种因素凝聚在一起共同作用的结果。这里面包括农业保险的法律法规的作用、国家的农险政策及财政支持、FCIC 的职能发挥、RMA 的监管职能的发挥、各州政府机构的监管职责、私营保险公司在经营农业保险方面的职能发挥、农业保险产品的开办与创新、保险业与金融业有效的结合、新技术、新工具与成功的合作应用于农业保险的监管、依法监管农业保险、保险服务与教育等诸多因素的共同作用。唯有多种因素累加在一起才形成了美国农业保险制度向前发展的巨大推动力量。

第二节　中国农业保险制度的发展简况

一　农业保险的萌芽（1949 年以前）

由于受西方资本主义思想的影响，早在 20 世纪 20 年代，中国就开始在一些地区尝试农业保险的试验。中国农业保险现代史上的早期实践的险种十分有限。例如，农业经济专家曾在湖北、安徽探索试办以养猪保险为代表的农业保险。另外，金陵大学农学院、江苏农民银行、中国农业银行、太平洋保险公司等，从学术研究和农业贷款资金安全的需要，先后在江宁、江浦等县和南京、无锡等地试办过为数很少的牲畜保险。此时期，乌江耕牛保险会①和北碚家畜保险社②是农业保险试验较典型的案例。

中华人民共和国成立前，国民政府还建立过国家级的农业保

---

①　1933 年金陵大学农学院与上海银行把乌江镇作为农业试验区，为了确保农业试验区发放农业贷款资金的安全，于是把农民组成耕牛保险协会，开始承办耕牛保险。1934—1935 年，该镇共有 15 个村成立了耕牛保险协会，入会会员 61 户，投保耕牛 63 头，保险金额为法币 3267 元，投保后每头牛先交部分保险费，当年的死亡率超过 2% 时再加收保费。但是由于农民的保险认识不强，且保费负担较高，保障力度又不大，投保的标的也少，最终停办了耕牛保险，乌江耕牛保险会也会不复存在。

②　北碚家畜保险社是中国现代保险史上较早开办家畜保险的机构之一。1939 年，农本局（国民政府控制粮、棉、纱、布的机构）在重庆农业试验区设立家畜保险经营处，并首先成立了北碚家畜保险社，以猪为保险标的。自负盈亏的北碚家畜保险社，因投保标的少、赔付率高，不久就停办了该项保险。

险公司，即中国农业保险股份有限公司。1939 年国民政府的经济部建立了农本局，农本局在重庆建立了家畜保险经理处。1944年 3 月家畜保险经理处独立，改名为"国民政府中国农业特种保险股份有限公司"，1947 年 6 月又改名为"中国农业保险股份有限公司"。该公司在重庆北碚小规模地试办了一些耕牛和猪保险，并主要经营盐载保险、茧纱保险等业务。

二　农业保险的探索阶段（1950—1958）

中华人民共和国成立后的 1949 年 10 月 20 日，中国人民保险公司正式成立，并在各地相继成立了分支机构。1950 年，为了促进农业发展和保证农业生产的安全，中国人民保险公司借鉴苏联农业保险的发展模式，率先在北京郊区、山东商河以及重庆北碚试办牲畜保险，到 1951 年年底，在全国有 600 多家保险公司分支机构开展这一业务。1951 年至 1952 年，中国人民保险公司开始在一些地区进行作物保险的试验。如先后在山东、苏北、陕西、山西、四川、江西、河北等省及北京、西安等市共 36 个地点试办了棉花保险。在作物保险的实践过程当中由于强迫命令，所以在农民当中造成的影响并不好。1953 年，中央指示在农村实行机构精简，集中力量搞好农业生产，给农民以休养生息的机会。

1954 年，为配合"农业合作化"，中国人民保险公司决定重点恢复办理农村保险业务。1955 年农业保险按"积极准备、稳步发展"的精神复办，至 1955 年年底，全国共有 13 个地区开办有大牲畜保险业务，其中东北地区业务占全国牲畜保费收入 98％以上。1956 年，中国人民保险公司又提出，今后保险工作的任务是"适应'农业合作化'的需要，把工作重点转向农村保险"。1956 年至 1957 年，农业保险业务在整顿与调整中开展。

这期间，中国农业保险取得了一定成绩，上百万名受灾农民得到了经济补偿，对农业生产的恢复与发展起到了积极作用，减轻了国家的救济和信贷负担。总体上看，政府干预是中国农业保险事业得以产生发展的第一推动力。农业保险虽属于自愿性保险，但由于政府的行政要求，实际上为强制保险，客观上扩大了农业保险的经营范围，降低了农业保险的代理成本。但行政强迫投保行为毕竟属于工作方法的缺陷，后来通过整顿得到了较大纠正。在此阶段，中国开展的农业保险基本方向是正确的。

三　农业保险的停滞发展阶段（1959—1981）

1958 年 1 月，中国人民保险公司第六次全国保险工作会议做出了重点试办农作物保险的决定，同时决定办理牲畜保险，尤其扩大办理养猪保险。然而由于 50 年代末期的农业"大跃进"所引发的一浪高过一浪的"浮夸风"使各地农作物产量上报造假，从而导致农作物的承保产量难以确定，试办不长时间，农作物保险就搁浅了。1958 年 10 月，全国财贸会议在西安举行大会认为"人民公社化"运动的出现使得保险工作作用意义不大，因此决定除了国外保险业务仍然继续办理，立即停办国内保险业务。按照会议的精神，从 1959 年 1 月开始，农业保险在全国范围内停办。从此，农业保险长期处于停滞的状态，直至 1981 年。

这一时期，国家不仅统一组织中国各地的农业生产，还统一承担农业遭受的风险，而农民本身没有参加保险的驱动力，再加上国家对农业保险的停办做出了明确的规定，这样一来解决农业自然灾害的保险手段彻底丧失了，因此农业的减灾防损主要依赖国家拨付救灾资金给予的支持。

四　农业保险的恢复发展阶段(1982—1993)

1978 年年底以来，在中国农村广泛兴起了家庭联产承包责任制，在农村也纷纷涌现了"农工商经济联合体"、"专业户"、"重点户"等，由于他们对于风险分散的需要，因此出现了开展农业保险的强烈呼声。1982 年 2 月，中央提出了应"积极创造条件，抓紧做好准备，逐步试办农村财产保险、畜牧保险等业务"，从此农业保险开始恢复发展。1984 年，中央再次指示农业保险要"不断摸索经验，因地制宜地逐步扩大试办范围"。这表明，在农民富裕起来之后，有安全保障的迫切要求，预示着农村保险业务将成为中国保险事业发展的一个重点。1985 年，中共中央、国务院在《关于进一步活跃农村经济的十项政策》中进一步地指出"应积极兴办农村保险事业"。1986 年，中共中央在《关于 1986年的工作部署》中再次提出"应积极发展农村各项保险事业"。政策层面的系列指导文件为农业保险的迅速恢复与发展奠定了基础。

自 1982 年农业保险业务恢复到 1986 年的试办阶段，农业保险由中国人民保险公司代表政府进行垄断经营。4 年的农业保险恢复取得了较好的成效，1986 年，中国人民保险公司试办的农业保险险种已达 100 多个，保险标的包括粮食作物如小麦、水稻、玉米等，经济作物如烟叶、西瓜、亚麻、棉花、甘蔗、甜菜等，以及牲畜、水产等养殖物。这段时期，"人保公司"的农业保险保费收入从 1982 年的 23 万元快速提高到 1986 年的 7800 多万元。但是，与此同时，虽然"人保公司"农保业务迅猛增长，但由于较高的赔付率，所以其亏损情况也比较严重，因而，在一定程度上束缚了农业保险的发展。

从 1987 年开始，为了改变农业保险严重亏损的局面，使农业保险步入健康发展的轨道，中国政府又发布了系列促进农业保险发展的指导性政策文件。1987 年至 1992 年是中国农业保险快速发展的时期，期间政府等机构颁布的促进农业保险发展的几个主要政策文件有：1985 年《中共中央、国务院关于进一步活跃农村经济的十项政策》，提出了"积极兴办农村保险事业"；1986 年又在《中共中央、国务院关于一九八六年农村工作的部署》中进一步强调"应积极发展农村各项保险事业"；1987 年中央 5 号文件提出"发展农村社会保障事业，有条件的可试办合作保险"。1991 年《中共中央关于进一步加强农业和农村工作的决定》明确要求："积极发展农村保险事业，扩大险种范围，鼓励农民和集体投保。在各级政府的支持下，建立多层次、相互联系的农村专项保险基金，逐步建立农村灾害补偿制度。"

中央政府的政策精神促进了中国农业保险的重新兴起。在农村商品经济的发展以及中央农村改革政策的激励下，虽然中国的农业保险在一定程度上还受到商业保险公司体制的约束，但是中国人民保险公司在其内部专门成立了负责农村保险的业务部门，该部门统一管理相关业务，因而为农业保险的发展增添了活力。除此之外，各地区积极开展了评比"农业保险先进县"的活动，为农业保险获得各地方行政政策的支持以及资金支持打开了一些渠道。某些地区的省级保险分公司也和省政府的财政、民政、体改、工商、税务、人民银行、农业、气象等有关技术部门协作试办，进行了大量多元化的农业保险经营模式的试点工作。其中比较典型的有被称为"三南"的农业保险模式：云南的人保分公司为地方政府代办农险的经营模式、湖南的人保分公司和地方政府联合共保农险的经营模式、河南的农村统筹保险互助会，在独立核算的基础上向人保分公司进行分保的经营模式。这段时期，由于"人保公司"在全国统一核算种植业保险与养殖业保险，所得的赢利与亏损可以通过保险公司的内部险种进行互补，因此农业保险业务规模得到了迅速的扩大。1987 年，中国人民保险公司有关农业保险业务收入为 10028 万元，1992 年达到了 86190 万元，增加了约 7.6 倍。可以说，1987 年到 1992 年是中国农业保险大幅度增长的阶段，是农业保险发展的黄金时期。

五　农业保险的萎缩阶段(1993—2003)

1992 年 10 月，中共中央提出，中国经济体制改革的目标是建立社会主义市场经济体制，1993 年 11 月，党的十四届三中全会通过了《关于建立社会主义市场经济体制若干问题的决定》，《决定》指出中国国有企业改革的方向是建立现代企业制度。1994 年之后，新的国家财会制度开始实施，因而中央政府财政部对"人保公司"实施以上缴利税为主要目的的新财务核算机制，一切与经济效益挂钩，从此中国人民保险公司开始向商业保险公司全面转轨。1996 年 8 月 23 日《国务院关于农村金融体制改革的决定》第五部分中提出："在总结试点经验的基础上，逐步在农业比重较大的县建立农村保险合作社，主要经营种养业保险。在发展农村合作保险的基础上，创造条件成立国家和地方农业保险公司，主要为农村保险合作社办理分保和再保险业务。国家农业保险公司在中国人民保险公司原有农业保险机构的基础上组建。为避免农业保险机构因承保种养业保险造成亏损，国家将在政策上给予适当的扶持。"然而，同年 12 月 30 日中共中央、国务院做出《中共中央、国务院关于切实做好减轻农民负担工作的决定》以后，农业保险业务全面下滑，中国农业保险进入了 10 年的萎缩阶段。1994 年与 1995 年，"人保公司"农业保费收入分别是 5.04 亿元与 4.96 亿元。尽管 1996 年政府税务部门开始免征农险的营业税，"人保公司"的农险保费收入曾在 1996 年与 1997 年分别达到 5.74 亿元与 7.13 亿元,但没有超出 1992 年的历史峰值。随后在 1998 年至 2003 年间,"人保公司"的农业保险保费收入从 6.17 亿元减少至 2.36 亿元。1994 年至 2003 年,全国农险保费总收入的变动情况基本和"人保公司"农险的发展轨迹相同,从 5.04 亿元减少到 4.46 亿元。

六　农业保险进入新的发展阶段(2003—　)

2003 年,中国保险监督管理委员会(简称保监会),开始着手研究现代农业保险的理论创新,同年 11 月,基于对国内外各种农险制度的调查研究和比较分析,保监会出台了《建立农业保险制度的初步方案》,并确立了建立多层次体系、多渠道支持、多主体经营的符合中国国情的农业保险制度。

2004 年,中央 1 号文件明确提出了"加快建立政策性农业保险制度,选择部分产品和部分地区率先试点,有条件的地方可对参加种养业保险的农户给予一定的保费补贴"。同年,中国保监会在黑龙江、吉林、上海、新疆、内蒙古、湖南、安徽、四川、浙江 9 个省区正式启动政策性农业保险的试点。在此之后的 2005 年到 2009 年间,历年中央 1 号文件连续 5 年以及《中共中央关于推进农村改革发展若干重大问题的决定》(2008 年 10 月),都在不断地提出发展政策性农业保险的具体要求。在中央政府政策的支持和鼓励下,中国进行了新的政策性农业保险的试点,形成了上海安信、黑龙江垦区阳光相互制、吉林安华、新疆建设兵团中华联合、浙江共保体等典型模式,取得了一定成效,为进一步推动中国政策性农业保险的发展奠定了较好的工作基础。

在几年的政策性农业保险的试点工作中,从中央到地方都倾注了极大的热情,政策性农业保险在各地区蓬勃发展。在中央和地方的财政支持下,全国 31 个省、直辖市、自治区都开始试验农业保险。先后有 18 家财产保险公司进入农业保险领域，其中，中国人保、中华联合、上海安信、安徽国元、吉林安华、黑龙江阳光相互 6 家公司在 2010 年占据了全国农业保险份额的 97％。农业保险保费收入从 2006 年的 8.5 亿元增加到 2009 年的 134 亿元，增加了近 15 倍。根据 2010 年的前 9 个月的统计，农业保费总收入为 121.09 亿元。目前就保费收入而言，农业保险已经成为中国财产保险公司的第三大险种。另据报道，在 2008 年中国农业保险保费收入的规模仅次于美国，居于全球第二位。[①]

第三节 研究美国农业保险制度的历史发展 对中国在该领域的发展的启示

1982 年，中国开始逐渐恢复农业保险，之后的 1992 年至 2003 年间曾停办了大部分农业保险业务，唯有上海、云南、新疆等地区有一定规模的业务。2004 年中央发布 1 号文件，鼓励开展农业保险，并在 9 个省市开始农险试点。2007 年，中央财政首次针对 6 个省区的 5 种作物开展保费补贴试点工作，并对能繁母猪的保险给予 11.5 亿元预算额度的支持，政策性农业保险的发展有了起色。因此，从 2003 年开始中国的农业保险进入了新的发展阶段，尤其是近几年来农业保险的保费收入的规模迅速扩大，标志着中国的农业保险较以前相比有了较大的起色，但是把我国农业保险制度的发展和美国相比较起来，应该说中国的农业保险还处在恢复发展的摸索时期，农业保险制度亟待完善。目前中国的农业保险制度的发展仍然面临着许多问题，例如农业保险没有专门的法律法规、政府对于农业保险的保费补贴等财政支

---

① 庹国柱：《农业保险试验四年回顾与展望》，《中国保险》2011 年 1 月号。

持需要进一步提升、农业保险的经营管理体制有待规范、农业保险经营中道德风险与逆向选择问题突出、保险监管机制的不完善、缺少农业保险巨灾风险分散机制、农业保险人才的匮乏等。因此通过对美国农业保险制度演进的研究，对于中国农业保险制度的构建和发展具有很大的启示。

第一，加大政府对于中国农业保险的财政支持力度。

通过对美国农业保险制度演进的研究，可以看出美国农业保险制度演进是以福利为取向的演进，如果没有政府的财政支持，就不可能有美国农业保险制度今日之发展，因此加大中国政府对农业保险的财政支持力度，已成当务之急。从美国农业保险的经验可以看出，政府的财政补贴是一国农业保险得以成功开办并保持持续发展的最为重要的条件之一。中国政府可以借鉴美国的做法，采取直接农业保险补贴乃至间接农业保险补贴的方式。直接农业保险补贴就是对农民保险费的补贴，间接农业保险补贴可以体现在贷款优惠、减免税收、保险费打折等方面。实际上，2007年中国政府财政部印发《中央财政农业保险保费补贴试点管理办法》，2008年再次印发《中央财政种植业保险保费补贴管理办法》与《中央财政养殖业保险保费补贴管理办法》[①]，一些地区已经展开了农险补贴的试点工作，政府已经开始认识到了自身的责任。近几年来，中国政府的财政部门对于农业保险的补贴问题作了大量的研究和改进。例如，中央对于西部省份的农业保险的财政补贴比例由 35% 提高到了 45%，并获得了较好的效果。但是目前的财政补贴仍然存在着很多需要解决的问题。例如，中央财政补贴的盘子带有不确定性、中央、省、地县的"三级补贴联动"的制

---

① 朱俊生、庹国柱：《公私合作视角下中国农业保险的发展》，《保险研究》2009 年第 3 期。

度难以适应农业保险进一步发展的要求、省和地县随着农业险种的增多与承保面积的扩大很难有持续的财政补贴的能力、偏远与贫困地县因财政实力非常有限而难以承担农业保险补贴的重负等。此外，通过观察美国的农业保险经营经验可以看出，美国政府不仅致力于农业保险的高额补贴，而且从其他方面的财政支持入手，例如政府对于农业保险的农户以贷款优惠以及保险费打折等、对于经营农业保险的保险公司以减免税收和直接的财政支持等，因而，中国政府也应当在贷款优惠、减免税收、保险费打折、对保险公司的财政支持等方面有所行动。

当然，中国现阶段的经济实力远不及美国。从目前看，中国的农业保险还不能是中国社会福利制度的一部分，但农业保险至少应是政策性农业保险，即中央政府提供低保费下的保险供给，不以赢利为出发点，借助财政力量对农险给予补贴。可以考虑将政府用在农民的部分种粮补贴以保费补贴的形式提供。近年来，中央政府一直给予种粮农民以财政直接补贴，以鼓励人们专心种粮，以便促进粮食生产与农业增收，保证国家的粮食安全。虽然每年高达数百亿的补贴具体在每个农民的手里并不是很多，若是考虑能够把其中的一些资金变成农民的保险费，这将会对农民很有帮助，也能缓解经济发展相对滞后地区的农险财政支持的压力。建议中国财政实力较强的地方政府挑起重担，建立起政策性农险财政补贴的长效机制。鉴于目前中国政府财政支持的现状，也可以考虑从法律层面规制政府农险补贴以及其他方面的财政支持，以确保农业保险在中国的有效经营。

第二，合理设计中国农业保险的经营管理体制。

从对美国农业保险制度演进的研究，可以得出美国目前的农业保险经营管理体制是较为合理、有效的选择。美国目前的农业保险经营管理体制体现的是联邦政府负责农业保险政策的制定并给予农业保险补贴和更为广泛的财政支持，而以私营保险公司经营农险为主，政府的作用在于监管，私营保险公司的运营接近市场化的状态。应该说美国目前的农业保险经营管理体制是美国农业保险制度长达 70 多年演进的结果，它也许给中国指明了农业保险经营管理体制未来的发展方向，而目前中国的农业保险制度的发展还处在摸索的阶段，不可能把美国的模式完全地照搬过来，因此在学习美国农险经营经验的同时，应当不断地完善中国的农业保险经营管理体制，把他人好的东西借鉴过来。就目前中国农险发展来看，各地可以考虑多种模式的经营管理体制①，让各种组织形式的农险机构参与进来，再进行业绩上的比较，经历一段时间之后让市场做出选择，业绩良好的组织形式可以成为农险经营机构。在中国中央政府的农业部可以考虑成立类似于美国 RMA 这样专门管理农险的机构，负责制定有关农险政策，对于农业保险做出总体的规划并加以监管等。由于农业保险的特殊性，中国可以考虑建立政策性的农险机构，包括设立全国性的或者地方性的政策性农险公司、在农业发展银行的业务中引入政策性农险、政府机构，民政管理部门还可以考虑代理政策性农险的业务；政府可以考虑建立农业再保险机构，为原保险提供再保险，也可以批准其他有资质的保险公司经营农业再保险业务。

第三，农业保险迫切需要专门的法律法规。

从美国农业保险制度的演进历程中可以看到，美国农业保险

---

① 2003 年，中国保险监督管理委员会推荐了 5 种农业保险发展模式，要求通过试点后总结经验，逐步形成具有中国特色的农业保险制度。5 种农业保险发展模式包括：与地方政府签订协议，由商业保险公司代办农业险；设立专业性农险公司；设立农业互助公司；设立政策性农险公司，其前提是地方财政具有兜底的条件；引进外资或合资保险公司，其前提是这些公司具有农保经营的先进技术及管理经验。

制度的确立与变迁、各项农业保险政策的实施都离不开农业保险法律法规的保证。在本书第四章关于美国农业保险业务规模的模型分析中也可以看到，法律制度的调整对农业保险业务发展规模提供了健康发展的保证，虽然法律制度的调整对于农险保费收入的增加是渐进性的，但法律制度的影响是长期的、持续的、稳定的。令人遗憾的是，到目前为止中国仍未制定并颁布农业保险的专门的法律法规。1995 年，中国颁布了《保险法》，在 2002 年与 2009 年经过两次修订，但是没有专门的农业保险的法律出台。

在前面的章节中已经分析了农业保险是具有正外部性的准公共物品，而农业保险消费的正外部性导致农业保险的有效需求存在着不足，农业保险生产的正外部性导致农业保险有效供给存在着不足，因而农业保险单纯地依赖私营保险公司遵从市场力量去经营是不可行的，即根本不存在一个商业性的农业保险的市场。美国的经验是有了政府的足够补贴与其他方面的财政支持，才有私营保险公司愿意涉足农业保险，才有农民购买农业保险，农业保险的市场才能运转起来。美国的经验也将是中国经营农业保险的必走之路，这样一来就会出现一系列的问题：

既然农业保险的经营离不开政府的支持，那么政府到底在农业保险制度中扮演什么样的角色呢？赋予政府多大的权利和义务以及边界？而没有专门的农业保险的法律法规对此加以规定，势必会导致问题的发生。实际上，由于中国农业保险法律法规的缺失，各个省、市政府在农业保险推行中的角色定位不尽相同。有的省政府除了支付一定的保险补贴之外，其他的就不参与了；有的省政府积极参与农业保险的经营决策与微观管理，虽然不亲自主办保险业务；有的省、市政府扮演"保险人的角色"，找保险公司为其代办。在这种情况下，如果出现大灾而发生损失，就会因准备金不足而难以支付参加了保险却遭受灾害农民的赔偿。实际上，有些地方的农民就已经出现了类似的问题，农民很难得到足够的赔付。由于没有法律制度的保证，几年来的中国农业保险在实践中遇到了许多尴尬的问题。有的省政府因为自己投入财政资金进行农业补贴，便要做农业保险经营的主力，反对保险公司购买再保险，导致农户在遭受重大损失之后失去再保险的支持，经营陷入困难，甚至损害了参保农户的利益。

此外，政府在农业保险的微观经营中也发挥着重要的作用。政府不仅要承担部分保险的补贴，而且在农业保险的业务开展、宣传、灾害查勘、保险核对、理赔、定损等方面也要有所作为。尤其是在中国，政府在如上环节的作用发挥显得更为重要，离开了政府的支持，保险公司难以独自担当起经营农业保险的重担。然而，中国没有专门的农业保险法律对此加以规定。进一步地，对于地方政府，尤其是县、乡政府在帮助和支持农业保险机构的时候，是否可以得到一定的报酬。但是按照中国的现行法律的规定，政府部门得到报酬是不符合法律的，此问题正在使地方政府感到困惑，以致束缚了农业保险的经验的活动。因此，农业保险活动的开展亟待有专门的法律法规加以规定。

在美国，关于农业保险宏观方面的管理，是由政府机构"风险管理局"来执行的。在前面的讨论中知道，"风险管理局"包括三个部门：保险服务部门、产品管理部门、风险服从部门。"风险管理局"负责调查风险、开发和批准保险费率、管理保费和补贴支出、批准和支持产品，以及对公司进行再保险等。而中国目前没有这样的农业保险统一的管理机构，所以很难进行风险区划和费率分区，进而科学合理地厘定费率。只有有了公平合理的价格，政府才能安心地进行补贴，农业保险的逆向选择和道德风险的问题才能有效地加以控制。农业保险的统一的管理机构是需要依法建立的，没有这样的机构，失去了这样的平台，农业保险的风险评定、费率的合理厘定、合理的财政预算和管理、农业保险巨灾的风险转移，都不容易落实。

因此，中国农业保险的发展急需农业保险的立法加以保证，应当尽快出台农业保险法或者类似的法规，对于其保障范围、目标、保障水平、政府的作用、组织机构和运行方式、农民的参与方式、保险责任、保险费率、管理费与保险费分担原则、国家对农险的监督管理、资金运用、各有关部门的配合、税收规定等进行规范，确立法律依据，以便实际操作。期待从法律制度层面早日确立中国农业保险的制度架构，给予各类组织载体的合法地位，使政府监管、财政补贴、对保险公司的再保险等更加制度化、规范化，促进各方更加协调的配合，使中国的农业保险业务发展规模更上一层楼。

第四，不断完善中国农业保险的机构监管。

农业保险体现的是政策性保险，这就不同于商业保险。农业保险产品接受政府的价格补贴，有的地方经营机构还要接受政府的经营管理费的补贴。而且，农业保险还要需要农业、财政、税务、气象、民政等多个政府相关部门的配合，因此农业保险的监管内容、监管形式和监管方式就有其特殊性。[1]

从前面的讨论中可以看到，美国农业保险的机构监管的成功经验就是在美国联邦政府农业部设立代表政府专门监管农险的机构 RMA。这是因为农业保险是政策性保险而不同于商业性保险，因此美国等国家采用专门的监管机构，而不是商业性保险监管部门。然而，目前中国的农业保险的机构监管体现的是多头监管。农业保险财政补贴资金的分配与使用是由中央政府财政部进

---

[1]　朱俊生、庹国柱：《中国农业保险制度模式运行评价》，《中国农村经济》2009 年第 3 期。

行监管，商业保险公司的农业保险的活动是由保监会进行监管，农业部门既要协助监督保险业务的活动，还要协助保险机构进行农业保险业务的开展、定损与理赔。有些社团法人①与合作组织应当归属民政部门管理，可是民政部门无力监管或者监管不了。中国农业保险当前的多头机构监管增加了监管协调成本，耗费了很多的监管资源，甚至出现监管摩擦与监管真空。关于多头机构监管出现的问题，庹国柱（2010）举出了如下的例子：各地都在积极建立农业保险大灾准备金或基金，有的地方省、地、县三级都建立了大灾准备基金，可是对于该基金的筹集、管理、运用等方面的监管由谁来做却并没有定下来。也有的地方在农业保险的经营当中出现了较为严重的道德风险的问题，可是监管起来却非常的难，由于道德风险的问题导致风险损失并不严重地区的赔付率却高达300％、500％，甚至高达2000％，保险经营机构感到苦不堪言。有的地方甚至出现了套取财政补贴资金的现象，这些问题又和基层政府存在着千丝万缕的联系。虽然监管机构很多，但是似乎都鞭长莫及。②

因此，建议在中央政府农业部设立类似于美国RMA的专门监管机构，这样将会极大地降低并减少目前多头机构监管农业保险出现的问题和利益的摩擦。应当建立专门的类似于美国的RMA这样的监管执行机构。美国RMA的成功监管，使得我们应当考虑到农业保险监管执行机构应当建立在政府的核心层，同时以法律的形式规定其法律地位、职能、其他的与监管农业保险必须具有的相关权利与职责和监管的适当程序等。政府通过参与

---

① 如中国渔业互保协会，以及浙江、福建等省的本省渔业互保协会。

② 庹国柱：《当前农业保险发展急需解决的几个问题》，《经济与管理研究》2010年第6期。

立法的手段在政府农业部内建立的政府 RMA 监管机构应具有高度的权利监管、高素质的农业科技与农险专业人才队伍，以及完备的资源支持。RMA 的自治程度与专业化程度越高，越能制定并执行高质量的监管规则，并能最大限度地排除利益集团的干预。

监管机构应制定系统的、明确的监管目标。农业保险监管能否达到满意效果的因素之一就是监管机构是否具有系统的、明确的监管目标。通过前面的研究讨论可以看到，美国 RMA 的所有监管措施都是立足在它制定的四大目标基础之上的，而围绕四大目标 RMA 采取的监管措施保证了美国农业保险的有效运行，因而考虑在中央政府农业部建立类似于美国 RMA 的专门的监管机构，接下来应当考虑制定主导农业保险监管的明确目标。目标的建立可以结合我国的农业保险实际情况，本着保证农业保险的可靠性、确保农业保险计划的稳定性与完整性、维护农业保险的安全运行以及提高农业保险制度的运营效率等进行科学合理的拟定。

发挥地方政府机构的农险监管职能。美国农业保险机构监管的成功之处也在于州政府机构承担了相应的农险监管职能。因此在建立专门监管农险的机构 RMA 的同时，应鼓励地方政府参与农险监管。应考虑以法律的形式规定地方政府的监管职能、监管范围以及监管权限等，发挥地方政府机构的监管职责和地区优势，既不能越位又能及时补位，起到对于 RMA 监管职能良好的补充与配合的作用，从而提高农险监管效果。

鼓励其他机构协助 RMA 的监管。由于在实施农业保险的过程中存在着欺诈、乱用与浪费的现象，因而在美国的农险监管过程中 RMA 不仅依靠自己的成员去工作，而且需要与农场服务机构、保险提供人以及"农业部总监查办公室"等其他机构合作。中国也应当根据自己的实际情况，在反农险欺诈、乱用与浪费的监管过程中，积极调动保险提供人、农业服务机构、督察机构参与到农险监管中来，也可以适时地成立某些新机构配合 RMA 的农险监管。其他机构协助 RMA 监管所采取的措施可以借鉴美国的做法，也可以根据实际制定新的措施。

此外，根据美国农业保险的监管经验，美国农业保险的成功监管离不开农业保险监管的技术水平。进入 21 世纪以后，新的前沿技术开始应用于美国农业保险的监管，例如，采用数码红外空中摄影技术监测作物的生长状况、测量灌溉的有效性、进行土壤分析、检测疾病与虫害的出现等来估计作物的收成，建立数据储存库以及数据采集等，这些新技术的应用极大地提高了人们对于农业保险的欺诈的事前预防，取得了成效。因此，中国为了提高农业保险监管的成效，可以考虑借鉴美国的做法，建立农业保险的信息库，把其他一些先进的技术应用在农业保险的监管上。总之，中国农业保险监管的未来之路也不应脱离现代技术与现代管理。

第五，建立中国的农业巨灾保险管理机制。

农业巨灾是指发生概率小，但是一旦发生所引发的损失远远高于预期损失的灾害，而且其累计的损失高于承受主体，包括农户、农业保险公司或政府的承受能力。中国是一个农业巨灾发生频率很高的国家。据统计，1949 年 10 月以后，通常的年份，全国受灾的农作物面积为 400 万公顷至 4700 万公顷，倒塌房屋 300 万间左右，再加上其他方面的损失，每年自然灾害造成的直接经济损失达 400 亿—500 亿元人民币，有些年份的损失尤其严重。进入 20 世纪 90 年代，农业巨灾的发生机会多，成灾频率高，损失巨大。① 实践经验表明，经营农业保险的风险极大，发

---

① 邓国取、罗剑朝：《美国农业巨灾保险管理及其启示》，《中国地质大学学报》2006 年第 6 期。

生巨灾损失是在所难免的。因而，在中国开展农业保险的时候，如果没有一套完整的巨灾保险管理机制，保险公司就不敢也不愿意对洪灾、旱灾、台风、虫灾等大灾进行承保。由此看来，建立中国的农业巨灾保险管理机制显得十分重要。

在前面的讨论中还可以看到，在美国的农业保险制度的演进过程中，联邦政府不断地探索与创新，目前已经形成了比较完善的农业巨灾保险管理体系。美国的农业巨灾保险管理体系主要包括如下的内容：1994 年，根据《作物保险改革法案》推出了巨灾农业保险（Catastrophic Crop Insurance），为农业生产者提供了基本的安全保障，可以帮助他们应对农业遭受的突发性的重大损失；根据 1994 年《作物保险改革法案》还推出了区域风险保险计划，根据该法案，如果农户遇到农业巨灾并引发巨大的农业损失，造成家庭生活与生产受到严重的影响时，已加入区域风险保险计划的农户将有权获取"农民家庭紧急贷款计划"；在美国，20 世纪 80 年代末期以及 90 年代初期遭受了系列严重自然灾害，因而保险业开始借助金融手段解决大面积自然灾害的供应资金。根据资料报道，1987 年至 1995 年期间，美国巨灾平均赔款超出 150 亿美元。农业巨灾往往使保险公司损失巨大，因而，保险业为获取灾前、灾后的资金来源，将眼光投向资本市场，其实践的内容包括：偶然的盈余票据的发行、以指数做基础的农业巨灾保险合约、巨灾债券等；美国联邦政府还通过财政手段、税收手段、再保险手段对农业巨灾保险进行最大的支持。

目前，在中国的农业保险制度的框架下，两级（省、保险机构）与三级（中央、省、保险机构）的巨灾保险管理体系还不很健全，一旦发生巨灾经常出现赔不起的情况，因而导致弱势群体的利益受损以及保险公司由于巨灾的出现从市场中退出的现实。因而，在中国开展农业保险必须建立巨灾保险管理机制。从美国的农业巨灾保险管理体系来看，可以考虑从如下几个方面做起：

其一，借鉴美国的做法，从立法的角度建立起中国的农业巨灾保险。先从国家层面来进行筹划与安排，保证巨灾损失在较大的空间得以分散。对于农业巨灾保险可以考虑不收取保险费而只收取部分的管理费，而这就要求政府在保险补贴、财政支持、税收优惠、金融、人力资源等多方面具有更大的支持力度。政府唯有把有限的资源加到关于国计民生的农业巨灾保险的支持上来，中国的农业保险才会有进一步的促进。

其二，借鉴美国的做法，建立类似美国的"农民家庭紧急贷款计划"，即对于参加了农业巨灾保险的农民，在遇到农业巨灾并引发巨大的农业损失，使得家庭生活与生产受到严重的影响时，可以借助紧急贷款的方式渡过难关。

其三，借鉴美国的做法，在中国的农业巨灾保险的管理机制上可以考虑把农业保险与资本市场联系起来。在美国，保险业为获取灾前、灾后的资金来源，将眼光投向资本市场，其实践的内容包括：偶然的盈余票据的发行、以指数做基础的农业巨灾保险合约、巨灾债券等。中国是一个农业灾害频发的国家，政府面临着巨大的、无法分化的农业系统风险，而有限的国内农业预算又使政府无法消化这些风险带来的损失，因而可以考虑把农业保险与资本市场联系起来。美国的做法非常值得借鉴，偶然的盈余票据的发行、以指数做基础的农业巨灾保险合约、巨灾债券、巨灾期权、巨灾掉期等保险证券化的设计，可以使政府将农业巨灾保险中不可分化的风险以高度降低的交易成本转向资本市场，建立一种利益与风险共存的保险运行机制，调动起各方投资者对农业巨灾风险保障的投资信心，从而促进中国农业巨灾保险的加速发展。

　　第六，重视农业保险人才的培养与农业保险的信息服务。

　　农业保险的发展要求较强的技术性、专业性，因此农业保险的建设与管理需要一批既懂保险知识又懂农业经济与农业技术的管理人才。然而，我国农业保险事业的发展面临着保险人才匮乏的严重局面。目前，中国大概有 70 多所院校设立了保险专业，每年培养出来的毕业生约 2000 人至 3000 人，难以保证保险业发展的需要。并且，这些保险专业并不开设农业保险的课程，没有学习过与农业保险相关的技术与知识经济。据统计，目前进入农业保险部门的人员大多不是保险专业的毕业生，保险机构需要对他们进行重新补课和专业的培训。[①]

　　通过对美国农业保险制度的研究，可以看到美国不断地开发出新的农业保险的产品、利用先进的科技进行农业保险的监管、不断加大作物保险的教育与信息服务等，而所有这些都是离不开其农业保险的人才资源的。

　　因而，中国要加强农业保险人才的培养，利用专业人才有计划地开发适合中国的农险产品，尤其是开发区域产量指数保险、农业气象指数保险、系列收入保险等多功能产品，使保险产品不断地创新，形成中国农业生产的"防护墙"，从而降低理赔成本，减少道德风险，使中国农业保险制度向前发展。为了提升农险专业技术人员的素质，可以通过委托培养、函授、代培养等多种渠道提高基层农业保险业务骨干的实践技能、业务水平乃至职业道德水准，为农业保险的正常运营提供保证。

　　美国的"风险管理局"已经形成了较为完善的作物保险教育与信息计划，为各州尤其是 15 个服务水平较低的州的农户提供作

---

　　① 庹国柱：《当前农业保险发展急需解决的几个问题》，《经济与管理研究》2010 年第 6 期。

物保险的教育与信息,大大地增加了农民的参保意识与风险管理工具的有效利用。因此,也应当重视农业保险的信息服务的建设。在服务提供上,可以考虑建立咨询机构与信息研究机构,适时向农民提供作物保险的教育、及时的信息服务,不断地加强农业保险的宣传力度。只有加强提供作物保险的教育与信息,才能增强农民的保险意识,从而大大地提升农业保险这一风险管理工具的有效利用。

参 考 文 献 ·

英文文献

［1］ Alan Ker and A. Tolga Ergun. On the Revelation of Private Information in the U. S. Crop Insurance Program［J］. The Journal of Risk and Insurance. 2007, Vol. 74, No. 4, 761-776.

［2］ Ariel Dinar. Economics of Agricultural Crop Insurance: Theory and Evidence［M］. Kluwer Academic Publishers, 1994.

［3］ Barry J. Barnett. Agricultural Index Insurance Products: Strengths and Limitations ［ N ］ . Agricultural Outlook Forum. Feb. 19, 2004.

［4］ Barry J. Barnett. The Federal Crop Insurance Program: Opportunities and Challenges［D］. Agricultural Outlook Forum. Thursday, February 20, 2003.

［5］ Barry J. Barnett, J. Roy Black, Yingyao Hu, and Jerry R. Skees. Is Area Yield Insurance Competitive with Farm Yield Insurance［J］. Journal of Agricultural and Resource Economics 30（2）: 285-301, 2005.

［6］ Barry K. Goodwin. Instability and Risk inU. S. Agriculture ［J］. Journal of Agribusiness18(1), March 2000.

［7］ Barry K. Goodwin, Vincent H. Smith. The Economics of Crop Insurance and Disaster Aid ［M］. The AEI Press, 1995.

［8］　Barry K. Goodwin. Premium Rate Determination in the Federal Crop Insurance Program：What Do Averages Have to Say about Risk ［J］. Journal of Agricultural and Resources Economics，19 (2)，382-395，1994.

［9］　Carl H. Nelson and Edna T. Loehman. Further Toward a Theory of Agricultural Insurance ［J］. Amer. J. Agr. Econ. August 1987.

［10］　Chad E. Hart and Darnell B. Smith. The FAPRI Baseline Model of the Federal Crop Insurance Program［R］. Technical Report 98-TR 40，July 1998.

［11］　Fernando Carriazo，Roger Claassen，and Joseph Cooper. Crop Insurance，Disaster Payments，and Incentives for Land Use Change in Agriculture：A Preliminary Assessment［R］ American Agricultural Economics Association Annual Meetings in Milwaukee，WI July 26-28，2009.

［12］　Federal Crop Insurance Act As Amended，Through P. L. 111—80，Effective October 21，2009.

［13］　Galveston，Texas. Recap of the 2008 Crop Insurance Year：What Can We Learn from Models［D］. Economics and Management of Risk in Agriculture and Natural Resources Annual Meeting. March 19-21，2009.

［14］　Goodwin，Barry K. An Empirical Analysis of the Demand for Multiple Peril Crop Insurance［J］. American Journal of Agricultural Economics. 75：425，1993.

［15］　Jim Cubie. Promotion Conservation Innovation in Agriculture Through Crop Insurance［N］. Agricultural Outlook Forum，Tuesday，February 23，1999.

［16］　Joseph W. and Keith J. Collins. Crop Insurance，Disaster

Assistance, and the Role of Federal Government in Providing Catastrophic Risk Protection [J] . Agricultural Finance Review, Fall 2002. .

[17] Keith H. Coble, Robert Dismukes and Joseph Glauber. Private Crop Insurers and the Reinsurance Fund Allocation Decision [D]. World Risk and Insurance Economics Conference. August 7— 11, 2005.

[18] Keith H. Coble, Thomas O. Knight, Barry K. Goodwin, Mary Frances Miller and Roderick M. Rejesus. A Comprehensive Review of the RMΛ APH And COMBO Rating Methodology [D]. Draft Final Report. March15, 2010 .

[19] Kenneth D. Ackerman. The New Crop Insurance Reforms: Where we've been, Where We're going[Z]. USDA Agricultural Outlook Forum. February 22, 2001.

[20] Kenneth D. Ackerman. Agricultural Risk Protection Act 2000[Z]. Risk Management Agency. June20, 2000.

[21] Knight, T. O and K. H. Coble. Survey of U. S. Multiple Peril Crop Insurance Literature Since 1980[J]. Review of Agricultural Economics. 1997.

[22] Milliman, David Appel and Phillip S. Borba. Historical Rate of Return Analysis[R]. Prepared for Risk Management Agency, United States Department of Agriculture. August 18, 2009.

[23] Peter Hazel, Carlos Pomareda, Alberto Valdes. Crop Insurance for agricultural Development[M]. The Johns Hopkins University Press, 1986 .

[24] Recap of the 2008 Crop Insurance Year: What Can We Learn from Models [R]. Economics and Management of Risk in Agriculture and Natural Resources Annual MeetingGalveston, Texas,

March 19-21, 2009.

[25] Richard E. Just, Rulon D. Pope. A Comprehensive Assessment of the Role of Risk in U. S. Agriculture[M]. Kluwer Academic Publishers, 2002.

[26] Risk Management Agency: Preventing Fraud, Protecting Farms[R] Program Compliance and Integrity, Annual Report to Congress, January 2002-December 2002. .

[27] Robert W. Klein and Gregory Krohm. Federal Crop Insurance: The Need for Reform [J]. Journal of Insurance Regulation. 2008.

[28] Robert Dismukes and Joseph Glauber. Crop & Revenue Insurance: Premium Discounts Attractive to Producers[N]. Economic Research Service/USDA. March 2000.

[29] Robert Dismukes and Keith H. Coble. Managing Risk with Revenue Insurance [J]. WWW. ERS. USDA. GOV/AMBER-WAVES. May, 2007.

[30] Robert Dismukes and Monte Vandeveer. U. S. Crop Insurance: Premiums, Subsidies & Participation [J]. Agricultural Outlook. December 2001.

[31] Shiva S. Makki, Agapi Somwaiu. Asymmetric Information in the Market for Yield and Revenue Insurance Products[R] Economic Research Service/USDA. Apr. , 2001.

[32] Shiva S. Makki and Somwaru. Demand for Yield & Revenue Insurance: Factoring In Risk, Income & Cost[J]. Economic Research Service/USDA. December 1999.

[33] Statement by Eldon Gould , Administrator Risk Management Agency , United States Department of Agriculture Before the Senate Committee on Homeland Security and Governmental Affairs,

Thursday, April 19, 2007.

[34] Steven C. Harms, Executive Vice President. History of Crop Insurance in the United States [R] . http://www. rainhail. com.

[35] Terea Serra, Bany K. Goodwin, Allen M. Featherstone. Modeling Changs in the U. S. Demand for Crop Insurance during the 1990s[J]. Agricultural Finance Review. 2003(63): 109-125.

[36] Turvey. An Economic Analysis of Alternative Farm Revenue Insurance Policies[D]. U. S. Department of Agriculture, 2006.

[37] United States General Accounting Office. Crop Insurance USDA's Progress in Expanding Insurance for Specialty Crops [R]. April 1999.

[38] United States Government Printing Office. Economic Report of the President [R] . Transmitted to the Congress January, 2009.

[39] USDA. Risk Management Agency, Strategic Plan for 2006—2011[Z]. 2007, 4.

[40] Wang, Hong Holly and Zhang, Hao. On the Possibility of Private Crop Insurance Market: A Spatial Statistics Approach[J]. Journal of Risk & Insurance. 70: 111-124, 2003.

[41] Vercammen, James and G. Cornelius van Kooten. Moral Hazard Cycles in Individual-Coverage Crop Insurance[J]. American Journal of Agricultural Economics[J]. 76: 250-261.

[42] Viswanath Tirupattur, Robert J. Hauser, Nabil M. Chaherli. Crop Yield and Price Distributional Effects on Revenue Hedging [D]. OFOR Paper Number 96-05, December 1996.

[43] Xiaohui Deng, Barry J. Barnett, Gerrit Hoogenboom, Yingzhuo Yu and Axel Garcia. Evaluating the Efficiency of Crop In-

dex Insurance Products [D]. Selected Paper prepared for presentation at the Southern Agricultural Economics Association Annual Meetings Orlando, Florida, February 5-8, 2006.

中文文献

[1] 安平:《农业保险临危救驾》,《中国保险报》2009 年 10 月 13 日。

[2] 庇古:《福利经济学》,华夏出版社 2007 年版。

[3] 陈彩虹:《美国农业保险的变迁与创新》,《全球瞭望》2002 年第 9 期。

[4] 陈璐:《政府扶持农业保险发展的经济学分析》,《财经研究》2004 年第 6 期。

[5] 程恩富、胡乐明:《新制度主义经济学》,经济日报出版社 2005 年版。

[6] 陈钦:《西方经济学的农业保险理论》,《农村经济与科技》2008 年第 19(9)期。

[7] 陈书静:《诺斯经济哲学思想研究》,上海人民出版社 2008 年版。

[8] 陈林、杨新顺:《农业保险理论与实务》,陕西人民出版社 2009 年版。

[9] 陈锡文:《中国政府支农资金使用与管理体制改革研究》,山西经济出版社 2004 年版。

[10] 蔡书凯、周葆生:《农业保险中的信息不对称问题及对策》,《市场周刊》2005 年第 4 期。

[11] 邓国取、罗剑朝:《美国农业巨灾保险管理及其启示》,《中国地质大学学报》2006 年第 6(5)期。

[12] 段昆:《美国农业保险制度及其对我国农业保险发展的启示》,《中国软科学》2002 年第 3 期。

［13］　道格拉斯·C. 诺思：《制度、制度变迁与经济绩效》，上海三联书店 1994 年版。

［14］　戴丽丽：《国外农业保险制度典型介绍及比较》，《中国城乡金融报》2008 年 5 月 4 日。

［15］　丁少群、庹国柱：《国外农业保险发展模式及扶持政策》，《世界农业》1997 年第 8 期。

［16］　凡勃仑：《有闲阶级论关于制度的经济研究》，商务印书馆 1983 年版。

［17］　费友海：《对农业保险制度模式与运行机制的经济学分析》，西南财经大学硕士论文，2006 年。

［18］　费友海：《农业保险属性与政府补贴理论探析》，《广东金融学院学报》2006 年第 3 期。

［19］　冯炳英：《美国农业保险制度的发展》，《环球瞭望》2004 年第 4 期。

［20］　冯文丽、林宝清：《美日两国农业保险模式的比较及我国的选择》，《中国金融》2002 年第 12 期。

［21］　冯文丽、苏晓鹏：《美国农业保险制度变迁的经济学分析》，《金融教学与研究》2003 年第 1 期。

［22］　冯文丽、苏晓鹏：《农业保险市场中的信息不对称及化解机制》，《农村金融研究》2009 年第 7 期。

［23］　冯文丽：《农业保险理论与实践研究》，中国农业出版社 2008 年版。

［24］　格鲁奇：《比较经济体制》，中国社会科学出版社 1985 年版。

［25］　广东省哲学社会科学研究所：《美国农业经济概况》，人民出版社 1976 年版。

［26］　高德步：《世界经济通史》下卷《现代经济的发展》，高等教育出版社 2005 年版。

［27］ 胡美琪:《胡萝卜加大棒——美国推出农作物保险改革法》,《中国保险》1995 年第 11 期。

［28］ 胡亦琴:《论农业保险制度的基本框架与路径选择》,《农业经济问题》2003 年第 10 期。

［29］ 胡跃高:《农业总论》,中国农业大学出版社 2000 年版。

［30］ 宏涛、张梅:《农业保险经营模式的经济学分析》,《农村经济》2004 年第 10 期。

［31］ 黄英君:《中国农业保险制度的变迁与创新》,《保险研究》2009 年第 2 期。

黄英君、叶鹏:《我国农业保险发展变迁的制度分析》,《兰州商学院学报》2006 年第 2 期。

［32］ 何文强:《美国农业保险监管的法制化及其对我国的启示》,《甘肃社会科学》2008 年第 6 期。

［33］ 蒋丽君:《农业保险:理论研究与实践探索》,中国商业出版社 2007 年版。

［34］ 晋颖、张晶:《美国农业保险的发展概括与启示》,《当代经济》2008 年第 5 期。

［35］ 柯武刚、史漫飞:《制度经济学社会秩序与公共政策》,商务印书馆 2003 年版。

［36］ 康芒斯:《制度经济学》,商务印书馆 1983 年版。

［37］ 康芒斯:《制度经济学》,商务印书馆 1962 年版。

［38］ 康拉德·布莱克:《罗斯福传——坐在轮椅上转动世界的巨人》,中信出版社 2005 年版。

［39］ 科斯、阿尔钦、诺斯等:《财产权利与制度变迁——产权学派与新制度学派文集》,上海三联书店、上海人民出版社 1994 年版。

［40］ 柯武刚、史漫飞:《制度经济学》,商务印书馆 2000 年版。

［41］ 李超民：《美国农作物保险政策与农业支持》，《农业经济问题》2009 年第 5 期。

［42］ 李飞：《美国农业保险的发展历程与经验及其对中国的启示》，《中国与世界》2008 年第 6 期。

［43］ 李军等：《农业风险管理和政府的作用》，中国金融出版社 2004 年版。

［44］ 李军：《农业保险的性质、立法原则和发展思路》，《中国农村经济》1996 年第 1 期。

［45］ 李志学、程猛：《美国和日本的农业保险模式及其对我们的启示》，《西安石油大学学报》2007 年第 17(1) 期。

［46］ 李政、金晓彤：《从日美经验看我国农业灾害补偿制度的构建思路》，《现代日本经济》2008 年第 5 期。

［47］ 李健、汪洋、杨斌：《从美国"标准再保险协议"看我国农业再保险》，《北京农业职业学院学报》2009 年第 23(1) 期。

［48］ 刘京生：《中国农村保险制度论纲》，中国社会科学出版社 2000 年版。

［49］ 刘燕：《中美农业保险发展之比较》，《江苏农村经济》2005 年第 3 期。

［50］ 林毅夫：《关于制度变迁的经济学理论：诱致性变迁与强制性变迁》，转引自科斯《财产权利与制度变迁——产权学派与新制度学派译文集》，上海三联书店 1994 年版。

［51］ 林人慧：《中美农业保险生态的比较与启示》，《乡镇经济》2007 年第 1 期。

［52］ 龙文军、吴良：《美国农业保险的发展历程和经验》，《世界农业》2002 年第 3 期。

［53］ 卢现祥：《新制度经济学》，武汉大学出版社 2004 年版。

［54］ 厉以宁等：《西方福利经济学述评》，商务印书馆 1984 年版。

［55］《马克思恩格斯选集》第 1 卷，人民出版社 1995 年版。

［56］马歇尔：《经济学原理》下册，商务印书馆 1981 年版。

［57］道格拉斯·C. 诺思：《经济史上的结构与变迁》，商务印书馆 1992 年版。

［58］道格拉斯·C. 诺思：《经济史中的结构与变迁》，上海三联书店、上海人民出版社 1994 年版。

［59］牛军：《克林顿治下的美国》，中国社会科学出版社 1998 年版。

［60］潘勇辉：《财政支持农业保险的国际比较及中国的选择》，《农业经济问题》2008 年第 7 期。

［61］潘勇辉、刘飞：《中美财政支持农业保险的比较研究》，《商业时代》2008 年第 27 期。

［62］青木昌彦：《比较制度分析》，远东出版社 2001 年版。

［63］潘龙清：《对美国农业保险制度考察及发展上海农业保险事业的思考》，《上海农村经济》1997 年第 3 期。

［64］任素梅：《农业保险概论》，中国农业出版社 1995 年版。

［65］施红：《美国农业保险财政补贴机制研究回顾》，《保险研究》2008 年第 4 期。

［66］孙蓉、杨立旺：《农业保险新论》，西南财经大学出版社 1994 年版。

［67］孙香玉：《农业保险补贴的福利研究及参保方式的选择》，南京农业大学博士论文，2008 年。

［68］孙善功、李嘉晓、陈盛伟：《农业保险：发展历程、启示与思考》，《哈尔滨工业大学学报》2009 年第 11 期。

［69］宋英杰：《中国农业保险概述》，中国社会出版社 2006 年版。

［70］庹国柱：《国外发展农业保险的模式、背景和政策》，《中国农村观察》1996 年第 2 期。

[71] 庹国柱、李军：《国外农业保险：实践、研究和法规》，陕西人民出版社1996年版。

[72] 庹国柱、李军：《农业保险》，中国金融出版社2004年版。

[73] 庹国柱：《美国农业保险的变迁与创新》，《全球瞭望》2002年第9期。

[74] 庹国柱、李军、王国军：《外国农业保险立法的比较与借鉴》，《中国农村经济》2001年第1期。

[75] 庹国柱、王国军：《中国农业保险与农村社会保障制度研究》，首都经济贸易大学出版社2002年版。

[76] 庹国柱：《农业保险试验四年回顾与展望》，《中国保险》2011年1月号。

[77] 庹国柱：《当前农业保险发展急需解决的几个问题》，《经济与管理研究》2010年第6期。

[78] 吴定富：《中国风险管理报告》，中国财政经济出版社2008年版。

[79] 王和、皮立波：《论发展我国政策性农业保险的策略》，《保险研究》2004年第2期。

[80] 王珏：《世界经济通史》中卷《经济现代化进程》，高等教育出版社2003年版。

[81] 王新亮、汪延法：《美国农业保险的历程及启示》，《农村经济》2004年第11期。

[82] 王桂胜：《福利经济学》，中国劳动社会保障出版社2006年版。

[83] 汪洪涛：《制度经济学》，复旦大学出版社2003年版。

[84] 汪洋：《农业保险法律制度研究》，西南政法大学硕士论文，2008年。

[85] 徐更生：《美国农业政策》，经济管理出版社2007年版。

[86]　谢丛龙：《美国农业保险简介》，《环球保险》1999年第2期。

[87]　谢丛龙：《浅谈美国农业保险政策及其改革》，《中国保险管理干部学院学报》1999年第4期。

[88]　谢家智、蒲林昌：《政府诱导型农业保险发展模式研究》，《保险研究》2003年第11期。

[89]　叶晓凌：《信息不对称与农业保险有效供给的经济分析》，《商业研究》2007年第2期。

[90]　易炼红：《健全市场经济条件下的农业保护体系》，湖南人民出版社1998年版。

[91]　喻国华：《当前我国农业保险发展模式问题研究述评》，《求索》2005年第1期。

[92]　一凡：《美国农业保险成果经验对我国的启示》，《金融时报》2006年12月6日。

[93]　姚壬元：《政府介入农业保险：理论依据与政策内容》，《现代管理科学》2009年第9期。

[94]　姚旭文、姚旭辉：《非正式制度与农业保险制度变迁研究》，《经济研究导刊》2008年第18期。

[95]　易炼红：《健全市场经济条件下的农业保护体系》，湖南人民出版社1998年版。

[96]　杨春杰：《美日农业保险政策研究》，吉林大学硕士论文，2006年。

[97]　朱俊生、庹国柱：《公私合作视角下中国农业保险的发展》，《保险研究》2009年第3期。

[98]　朱俊生、庹国柱：《中国农业保险制度模式运行评价》，《中国农村经济》2009年第3期。

[99]　朱文生：《中国保险业制度变迁与绩效研究》，中国金融出版社2005年版。

[100]　朱延福：《宏观经济学》，中国统计出版社 2002 年版。

[101]　郑适：《关于政府补贴农业保险的政策研究》，《长白学刊》2007 年第 4 期。

[102]　张辉：《美国的农业保险》，《中国保险》2005 年第 12 期。

[103]　张介岭：《美国对农业保险实施政策上支持市场化运营》，《农村财政与财务》2009 年第 4 期。

[104]　张介岭：《美国农业保险保障农民收入》，《北京农业》2006 年第 8 期。

[105]　张路雄：《美国农业保险考察报告》，《中国农村经济》2002 年第 1 期。

[106]　张时霖：《美国农业保险制度》，《世界农业》1999 年第 11 期。

[107]　张晓铃、吴可立：《美国的农业支持政策和对我们的启示》，《经济社会体制比较》1996 年第 9 期。

[108]　张鸣、斯扬、王志润：《百年大对照：中国与世界》第 4 卷，吉林摄影出版社 2000 年版。

[109]　张兆义、郑适、韩雪：《美国农业保险模式发展及对中国的启示》，《世界经济研究》2008 年第 5 期。

[110]　张跃华：《需求、福利与制度选择——中国农业保险的理论与实证研究》，中国农业出版社 2007 年版。

[111]　张玉环：《美国农业保险项目与灾害救助项目关系变化》，《农村经济》2010 年第 3 期。

[112]　张廷武：《农业经济散论》，远方出版社 1993 年版。

[113]　张宇燕：《经济发展与制度选择》，中国人民大学出版社 1992 年版。

[114]　宗国富：《中国农业保险经营模式研究》，吉林人民出版社 2008 年版。

[115]　赵汝林：《金融知识学生读本》，广西人民出版社 1998

年版。

相关网站

[116]　USDA

[117]　U. S. Census Bureau

[118]　IMF